本书受辽宁师范大学历史文化学院中国史一级学科博士点建设经费资助，是国家社会科学基金"贡赋经济视角下明代地方财政流通机制研究"（项目批准号 21BZS064）和国家社科基金后期资助项目"明代浙直地区乡贤祀传研究"（21FZSB062）的阶段性研究成果。

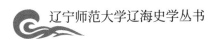

辽宁师范大学辽海史学丛书

明代基层社会治理
诸问题探研

A Study on the Issues of Local Social
Governance in the Ming Dynasty

丁亮 张会会 ○ 著

中国社会科学出版社

图书在版编目（CIP）数据

明代基层社会治理诸问题探研／丁亮，张会会著 . —北京：中国社会
科学出版社，2024.4

（辽宁师范大学辽海史学丛书）

ISBN 978 – 7 – 5227 – 3351 – 7

Ⅰ.①明…　Ⅱ.①丁…②张…　Ⅲ.①社会管理—研究—中国—明代
Ⅳ.①D691

中国国家版本馆 CIP 数据核字（2024）第 065274 号

出 版 人　赵剑英
责任编辑　宋燕鹏
责任校对　李　硕
责任印制　李寡寡

出　　　版　中国社会科学出版社
社　　　址　北京鼓楼西大街甲 158 号
邮　　　编　100720
网　　　址　http://www.csspw.cn
发 行 部　010 – 84083685
门 市 部　010 – 84029450
经　　　销　新华书店及其他书店

印　　　刷　北京明恒达印务有限公司
装　　　订　廊坊市广阳区广增装订厂
版　　　次　2024 年 4 月第 1 版
印　　　次　2024 年 4 月第 1 次印刷

开　　　本　710×1000　1/16
印　　　张　14.5
插　　　页　2
字　　　数　215 千字
定　　　价　79.00 元

目　录

绪　　论

本书分别从徭役派征、乡里教化和佐贰官分职分防三个方面，考察明代地方官府社会治理实践活动的历史过程，思考明代国家权力介入基层社会的思路及其实践方式的变化轨迹。三个主题虽然分属财政、教化、政治等不同的领域，但研究者择取的角度却可以将其统一置于"国家与社会"关系这一较为宏阔的话题之下来讨论。

赵轶峰教授指出，国家与社会的关系，在相当程度上是政府与社会的关系，即公共权力体系与作为其基础与目的的社会之间的责任、权力、利益配置形态及其运行状态①。由此可以看出，政府的基础属性仍是社会共同体，只是其凭借高度的组织性和军事实力的优势，在社会组织中取得了支配性地位，获取了公共事务的管理权。毫无疑问，政府与社会的互动必然是多面向的历时性过程。赵轶峰教授将国家与社会的关系归纳为六个关键问题，分别是政府的合法性问题、公权力和私权利之间的关系、公权力和社群自治的关系、政府责任与权力结构、社会与国家互动中的主动性程度、精英草根各阶级与政府的关系格局等。

中国历代王朝建立之初，统治者都会在政权的合法性建设、权力的广泛性覆盖与深入性渗透以及王朝统治下民众价值观念的引导等方面作出积极努力的尝试，吸纳并改造各类型的社会组织，重新

---

① 赵轶峰：《论国家与社会的一般关系——兼析明代国家与社会之历史关系》，《天津社会科学》2012 年第 6 期。

建立新政权的统治秩序。但在王朝初年"军事帝国"的色彩褪去以后，政府在日常公共事务管理中发挥愈加重要的作用，社会组织的能动性亦会有显著的加强，社会分化与阶层固化日益明显。凡此种种，都需要权力组织转换公共秩序的治理思路，重新界定自身的权责；官绅民各阶层与各类社会组织也要在互动中重新找寻自我定位。而这正是本书试图在明代历史进程中找寻的社会图景。

明史学者一般将明代初年的国家体制称之为"洪武型体制"，涵盖了明王朝官僚、财政、教化、军事等多方面的制度建设。在社会管控方面，明初以严格的户籍制度和坊里甲制度将民众纳入社区单位，实现静态管理。包括商人、匠人和普通百姓在内的人员与物资的流动都是高度指令性的，必须有官府的准许方可长距离的移动。但这种强势的静态管控是以军事弹压为前提实现的，并不意味着明初地方政府介入基层社会的程度很深。明初虽然对官厅胥吏以及乡村社会中的豪强、富民和各类非法组织进行了强有力的打击和震慑，却并没有改变以粮里长治理基层社会的思路。因为明太祖对基层社会的管理秉持着"以良民治良民"的方式，赋予坊里甲组织较高的自治权力。①

在此指导思想下，明初田赋、物料的征解均采用民收民解制度，徭役佥派虽然有严格的"配户当差"制度，但赋役指令都需要依托粮里长等"职役性精英"，在里甲内协调完成。所以在国家强制管控与里甲自治之间，地方官府的财政权力并非十分深入。黄仁宇曾说，明代的财政管理方针以县为基本的税粮征收单位，府是基本的会计单位，省是中转运输单位，在一定程度上反映出地方政府的尴尬定位。②

仁宣以后，王朝准军事化的财用动员体制在弱化，自周忱巡抚

---

① 参见高寿仙《变与乱：明代社会与思想试论》，人民出版社2018年版，第22—32页。

② [美]黄仁宇：《十六世纪明代中国之财政与税收》，生活·读书·新知三联书店2007年版，第26页。

江南以来，地方官府开始建立自主的财政体系。从皂隶折银以及均徭法的推行开始，地方官尝试寻找"定额外"的财政增长空间。经成弘时期至嘉靖初年，明代地方政府终于确立了以"四差"徭役体系为核心的地方财政体制。本书第一章即以"配户当差"和里甲制为中心，分析明初上供物料和杂泛差役在里甲内的实现机制。

赋役派征活动以外，明王朝亦赋予里甲以社区自治的职能，推行国家的礼法教化。明初地方教化同样带有较明显的"老人责任制"色彩，乡饮酒礼的举办、民事纠纷的解决均高度依赖老人、里长等"职役性精英"。地方官介入教化事务以乡贤名宦祠的建设最具代表。成弘以前，乡贤名宦祠的建设基本属于地方官的个体性行为，各地祠祀的形制与规模差异很大。以嘉靖初年"更正祀典"为契机，地方官员配合朝廷大力建设乡贤祠和名宦祠，包括祠祀的规制、位置、祭祀时间以及祭祀经费等均被严格的规范，且根据教化对象的不同，尤其注意乡贤、名宦的分祠建设。本书第二章即以乡饮酒礼、乡贤名宦祠的祭祀为中心，分析明代地方官推行教化的方式以及基层教化中的官绅互动。

与里老掌握自治权力相对的，是朱元璋对基层官府胥吏的不信任乃至厌恶。其在打击胥吏群体的同时，还严禁公人下乡扰害百姓。所以明初社会治安一方面依托坊里甲等基层社区完成，另一方面以巡检司巡查盘诘和卫所军事弹压来管理人口流动和民众反乱。仁宣以后，明王朝的社会管控力度放松，流通经济活跃，流动人口增长，原有的静态管理方式愈加不适应新的社会形势。基层社会以府县官府为中心，佐领官分职分防的方式介入基层社会的管理思路逐渐明显。

成化荆襄流民起义以后，朝廷因应新的社会形势，陆续在各地添设巡捕佐领官巡缉盗贼，维系治安。巡捕佐领官的出现，改变了原有治安缉盗过程中县卫不通摄、巡检司品秩低等诸多不便，统一统领巡检司与巡捕弓兵、民壮和保甲组织，完成辖区内的治安巡捕职责。不仅如此，巡捕官还以保甲组织为支点，广泛介入基层社会包括治安在内的诸多事务管理之中。

与明代经济多元化发展相伴的，是商业市镇的涌现。市镇是以交换、消费经济和流动人口为主的聚落形态，与传统乡村社会和政治型城市的管理方式完全不同。嘉靖以后，佐贰官驻防渐成为市镇管理的经常形态。地方官府会根据市镇的类型和规模，设置不同级别的府县佐贰官，统一管理市镇的税收和治安。本书第三章即通过明代中后期佐领官的分职与分防情况，考察官府介入基层事务管理的实践方式。

总之，明代中期以后，地方官府无论在财政、教化还是治安等方面，施政思路都有明显的转变，在介入基层事务管理的实践中，重新明确了自身的权责。当然也有在国家与社会的互动中，重寻官绅民社会角色定位的过程。考察任何历史时期政府与社会的关系时，都不能回避"皇权是否下县"这一根本性论题。应该看到，与明代地方官府积极介入地方公共事务管理同时演进的，是职役性精英衰落，身份性精英等社会群体崛起的过程。里甲蜕变为单纯的计税单位，粮长、里长沦为毫无特权的徭役负担，官绅大户成为主导乡村社会的主要力量，政府对基层事务的管理仍需依靠新兴社会精英阶层。

徭役审编的册籍虽然实现了对每个应役民户资产和人丁的计算，但赋役征派必须通过乡绅或宗族组织才能真正落实；乡贤名宦的入祀程序虽由官府严格把控，但择贤的标准则出自官绅、学生的"公论"；保甲虽然是巡捕官介入基层治安的支点，但保甲组织的实际控制权却仍掌握在乡绅巨室的手中。正如高寿仙所言，明代地方官府对基层社会的介入仍体现出"官绅共治""多元竞合"的状态。①

---

① 高寿仙：《"官不下县"还是"权不下县"？——对基层治理中"皇权不下县"的一点思考》，《史学理论研究》2020 年第 5 期。

第 一 章

明初徭役派征与里甲制

"国家之所以破胎而出，就是利用了新石器时代晚期的谷物和人力模块，以之作为控制和占取的基础。"[①] 这是詹姆斯·斯科特在论述国家产生原因时提到的两个关键性因素，种植性农业和劳役制度。从国家组织的角度来看，他更强调"大型社会，有组织的用强制力支配俘虏，这的确是国家的发明"[②]。虽然我们不能将明代的民众视作可以任意驱使的俘虏，可"画地为牢"的里甲组织和"指定服役"式的"配户当差"制度，毫无疑问体现出明代国家初期组织赋役派征活动时两个主要的意图和特点。这两种制度虽然都有深厚的历史根源，但在明初二者又有明显的完善与发展。国家希望通过这种组织形式实现对社会的有效管理，完成赋役资源的派征。

当然，无论国家如何设计和完善它的管理体制，都只是"国家的视角"。再分配式的赋役派征手段只能利用却未必能够真正的改变那些长久存在的互惠式基层社会组织。正如刘志伟所强调的，里甲户籍既是政府统治的手段，又是国家控制权力的象征，国家与社会的对话透过里甲制的种种矛盾展现出来。[③] 所以，我们将里甲视为国

---

① ［美］詹姆斯·C. 斯科特：《作茧自缚——人类早期国家的深层历史》，中国政法大学出版社 2022 年版，第 131 页。

② ［美］詹姆斯·C. 斯科特：《作茧自缚——人类早期国家的深层历史》，第 204 页。

③ 刘志伟：《在国家与社会之间——明清广东地区里甲赋役制度与乡村社会（增订版）》，北京师范大学出版社 2021 年版，第 65 页。

家赋役派征组织的同时，不能忽略里甲制需要嵌套在自然聚落之上发挥作用，同样不能忽略基层社会因地而异的多样性、稳定的聚落形态与习俗习惯。即便我们看到官府在账目管理上可以做到赋役负担按户产均摊，但那仍是国家控制权力的"象征"，任何财用与徭役的派征都要依托里甲或其他替代性社会组织来完成。

本章的任务就是通过梳理明初上供物料和杂泛差役派征方式的变迁及其在基层社会的实现方式，观察明代国家如何通过里甲制度实现赋役征收与基层治理。

第一节 里甲制的编排原则与有效应役户口

财用资源获取的有效性最能体现国家对地方社会的治理能力，也最能体现国家与社会的互动关系。明初国家建立了一整套的赋役派征体系，学界常以"洪武型财政"体系描述之。简单讲，就是地方官府以户籍制度和里甲制度为依托，完成田赋和物料的征解，获取各级官府所需的人力。但这只是从国家的视角对明代赋役财政结构最初形态的描述，随着中央与地方各级官府需求的增加，地方社会结构的变化，明代赋役派征机制和实现方式也在不断调整。

虽然学界对明代赋役制度的变迁已然有非常详尽的描述，但几乎都在强调明代赋役财政的货币化与市场化的渐次演变过程。其实这个描述过于简化，叙述逻辑相对单一，既没有体现出地方官府以"役"为核心建立财用体系的过程，也没有充分展现出基层社会实际的应役形态，因而有必要在前人研究的基础上重新梳理这一过程，重新分析"役"型财政的确立过程与运行机制。

里甲制是明初赋役派征和基层控制的基本组织，是明王朝在地方确立有效统治的基础。对明初徭役佥派的认知当从剖析里甲的构成开始。关于里甲制的制度渊源、构成、职能及其与自然聚落之间的关系，明史学界已然积累了相当丰厚的成果。① 但近年来学界对新出"试行黄册"的整理和研究，以及系列明代赋役制度研究成果的陆续发表，无疑对我们深入认识明初以里甲组织为基础的赋役派征活动是大有裨益的。② 本章无意全面梳理里甲制的构成与特点，仅补充分析与明初赋役派征相关的几个问题。

里甲是国家编制的以一百一十户为单位的基层组织。按《明史》的记载：

> 洪武十四年诏天下编赋役黄册，以一百十户为一里，推丁粮多者十户为长，余百户为十甲，甲凡十人。岁役里长一人，甲首一人，董一里一甲之事。先后以丁粮多寡为序，凡十年一周，曰排年。在城曰坊，近城曰厢，乡都曰里。里编为册，册首总为一图。鳏寡孤独不任役者，附十甲后为畸零。僧道给度牒，有田者编册如民科，无田者亦为畸零。每十年有司更定其册，以丁粮增减而升降之。册凡四：一上户部，其三则布政司、府、县各存一焉。上户部者，册面黄纸，故谓之黄册。③

但这段史料只反映了里甲编制的"国家视角"，是明王朝对基层社会一种简单的、标准的度量手段。里甲制因地域不同差异很大，如高寿仙所言，里甲制的运行兼顾了原则性和灵活性。④ 首先，国家编制里甲就是希望通过建立"画地为牢"式的基层组织，完成国家

---

① 参见 [日] 栗林宣夫《里甲制の研究》，文理书院 1971 年版；唐文基《明代赋役制度史》，中国社会科学出版社 1991 年版；栾成显《明代黄册研究》，中国社会科学出版社 1998 年版；鲁西奇《中国古代乡里制度研究》，北京大学出版社 2021 年版等。

② 本书认同尹敏志的观点，将洪武三年编制的户籍册统一称为"试行黄册"，将畸零户满五十户而置立的册籍称为"小黄册"。参见尹敏志《静嘉堂藏宋刊明印本〈汉书〉纸背文书初探——以洪武三年浙江试行黄册为中心》，《文史》2023 年第 2 期。

③ （清）张廷玉等撰：《明史》卷 77《食货一》，中华书局 1974 年版，第 1878 页。

④ 高寿仙：《明代农业经济与农村社会》，黄山书社 2006 年版，第 164 页。

催征钱粮和勾摄公事的任务。① 但细读明初颁布的《教民榜文》即可发现，明太祖同时赋予里甲组织高度自治的基层社区的职能。即充分发挥里长、老人等职役群体的权威，利用既有村庄聚落内部的习俗与习惯，维护里甲内部的礼法秩序。当然，明初政治体制的设计凸显严于治官、宽以待民的思路，朱元璋希望通过基层的自治来减少官府公人的介入，从而减轻基层胥吏对民众的侵扰。

因此，明代的里甲制是在承认原有自然聚落的基础上编制而成的，它不仅是册籍上以一百一十户为一个单元的行政单位，其内部有更加丰富的户籍内涵。在赋役派征的活动中，国家只能按既定的里甲组织来计算赋役负担和分派财政指令，具体的实现过程必须依靠粮里长等职役性精英。

松本善海、鹤见尚弘以及鲁西奇等学者的研究都表明，明初的里甲制是在宋元都保和村社的基础上重建的，而这些行政单位已然成为稳定的地域单位。所以，明朝在洪武二十四年（1391）第二次大造黄册时，对里甲编制和自然聚落之间的关系给出了比较详细的指导意见：

> 凡编排里长，务不出本都，且如一都有六百户，将五百五十户编为五里，剩下五十户分派本都，附各里长名下带管当差，不许将别都人口补凑。其畸零人户，许将年老、残疾并幼小十岁以下，及寡妇、外郡寄庄人户编排。若十岁以上者编入正管，且如编在先次十岁者，今已该二十岁，其十岁以上者各将年分远近编排，候长一体充当甲首，其有全种官田人户，亦编入图内轮当。②

① ［日］山根幸夫：《关于明代里长职责的考察》，《东方学》1952 年第 3 期。
② （明）申时行等：（万历）《明会典》卷 20《户部七·户口二·黄册》，中华书局 1989 年版，第 132 页。

这条诏令直接申明了编排里甲"务不出本都"的原则，即在一个自然聚落之内，首先选取丁粮多的人户，按照一百一十户的原则编制里甲。另有编不尽的人户则附在各里甲中"带管当差"。"带管户"以外还有"畸零户"，涵盖年老、残疾、十岁以下的幼小、寡妇、寄庄等户。其实，这种编排原则在洪武初年编制"试行黄册"的时候就已经确立了，根据《吴兴续志》的记载：

　　黄册里长，洪武三年始定。每一百户为一图，每图以田多者一户为里长，管甲首一十名。不尽之数，九户以下附正图，十户以上自为一图，甲首随其户之多寡而置，编定十年一周。总计七百六十六图，该里长七千六百六十名，甲首七万六千六百六十名。[①]

对比两条史料可知，"试行黄册"推行的时候，编排不尽的人员全部称为"不尽之数"，没有洪武二十四年（1391）那种细致的区分。这一点，鹤见尚弘的研究已然指出，在明代文献中，带管户与畸零户也基本是不区分的。

两处文本中另一处不同的地方是，洪武二十四年（1391）规定，编排不尽的人户是附在"各里长名下带管当差"。但"试行黄册"推行时，都图内编排不尽的人户在小于九户时是附在正图内的，大于十户要另立一图，也需要设置里长甲首。

最新发现的"试行黄册"文本也提供了洪武初年编制里甲时的更多细节。这批文献一部分是洪武三年（1370）浙江处州府的"试行黄册"，为上海图书馆藏公文纸印本《后汉书》《魏书》的纸背。

---

　　① 《吴兴续志》，《田赋》，收于《永乐大典方志辑佚》，中华书局 2004 年版，第765 页。

此外还有尹敏志披露的日本静嘉堂藏纸背文书中的"试行黄册"。①
根据宋坤、张恒所引《后汉书》卷四第十三叶背所载：

> 仰将本都有田人户，每壹伯家分为十甲，内选田粮丁力近
> 上之家壹拾名，定为里长，每一年挨次一名承当，十年周而复
> 始。其余人户，初年亦以头名承充甲首，下年一体挨次轮当。
> 保内但有编排不尽畸零户数贰拾、叁拾、肆拾户，务要不出本
> 保，一体设立甲首，邻近里长，通行带管；如及伍十户者，另
> 立里长一名，排编成甲。

比较可知，"试行黄册"在编纂时还有一个原则，就是以五十户
为限，五十户以下仍由邻近里长带管，五十户以上需要另立里长。
所以，"试行黄册"中还要给编排不尽的甲另立一图，名为"编排
不尽人户图"。

鹤见尚弘《明代的畸零户》一文中曾统计过《永乐大典》载湖
州府各县的图与户的比例，他得出的每图平均户数在 59.2—90.7 之
间，并不满 110 户。鹤见氏认为正是由于小黄册的编制允许五十户
编为一里，这才导致统计出来的"图"的数量很多，且有平均户数
不满百的情况出现。但据宋坤的介绍可知，"试行黄册"编制时本身
就存在一里的总户数不满百的情况。如《后汉书》卷二第六至三十
叶、卷三第一至二十九叶、卷四第一至十二叶纸背所载，处州府遂
昌县建德乡十五都一里的"试行黄册"，该里共有 93 户，却仍分里
甲正户 80 户，带管外役户 2 户和编排不尽人户 11 户。

---

① 参见孙继民等《新发现古籍纸背明代黄册文献复原与研究》，中国社会科学出版
社 2021 年版；宋坤、张恒《明洪武三年处州府小黄册的发现及意义》，《历史研究》
2020 年第 3 期；耿洪利《明初小黄册中寄庄户初探》，《中国经济史研究》2020 年第 3
期；尹敏志《静嘉堂藏宋刊明印本〈汉书〉纸背文书初探——以洪武三年浙江试行黄册
为中心》，《文史》2023 年第 2 期；尹敏志《论洪武初年浙江里甲的外役户——以静嘉堂
文库藏〈汉书〉纸背文书为中心》，《社会科学论坛》2023 年第 3 期。

这份"试行黄册"原件一部分印证了鹤见尚弘的统计,即里甲的户数确实存在不满百的情况。从"试行黄册"原件中还能看出的是,明初里甲编制没有严格执行百家为十甲的原则,反而比较重视里甲编排不出都保的原则。鲁西奇也认为,小黄册的编制主要以田亩地域为原则,和洪武十四年(1381)推行的以人户为主的编制原则不完全相同。①

表1—1　　　小黄册图之法和成化八年的里(图)数及

一里(图)的平均户数②

	小黄册图之法		成化八年	
	图数	一图的平均户数	里数	一里的平均户数
乌程县	675	84.8	282	131.5
归安县	766	76.2	309	134.3
长兴县	434	94.9	259	130.3
武康县	166	65.6	62	173.8
德清县	589	59.2	217	156
安吉县	195	90.7	90	161.6

从鹤见氏统计的表格中还能看到,全面推行里甲制以后,各县的里数比"试行黄册"的图数缩减很多,仅是原来的一半甚至三分之一。但里内的平均户数增加很多,可以达到130—170户/里左右。鹤见氏认为最重要的一个原因是,赋役黄册编制时取消了五十户"带管"的里。另外,"编排不尽人户"不再另立图示,而是于里甲之下带管。还有一个原因就是,洪武十四年(1381)的里甲编制严格了以"一百一十户为一里"的原则,对原有的自然聚落应有一定幅度的裁并。所以,洪武十四年(1381)以后编制的里甲,实际的

---

① 鲁西奇:《中国古代乡里制度研究》,第632页。

② 转引自〔日〕鹤见尚弘《明代的畸零户》,收于〔日〕鹤见尚弘、吴滔、陈永福主编《日本学者明清赋役制度史研究》,中西书局2023年版,第228页。

户数均要多于一百一十户。

上述过程提示我们，所谓里甲的一百一十户，是国家编制出来完成本区域内"催征钱粮"等正役的人户，而不是里甲内部户口的全部。明代里甲构成的这种情况也会影响明初徭役的实际佥派方式，因此，我们在理解明初徭役分派时，有必要对里甲内的实际户数和构成情况有一个基本的掌握。

除鹤见尚弘依据《永乐大典》记载对湖州府数据进行的统计外，曹树基的《中国人口史·明时期》和栗林宣夫的《明代の里甲制》都对明代各地区的里甲实际户数进行了统计，其中以曹树基的统计涵盖范围最广。根据曹书的抽样统计分析，明初河南、北平和山东的府县大致以110—120户为一里，京师地区的府州大致以130户左右为一里，江西可能以140户为一里，山西、福建大致以150—160户为一里。当然还有各别县出现难以解释的400户为一里的情况。①栗林宣夫根据（万历）《漳州府志》的记载，测算出漳州府各县每里的平均户数是143.2户。由于明初杂役佥派的改革首先发生在南直隶府县和江西、浙江等布政司，所以本书对这些地区各县里甲内的实际户口数量格外关注。

为深入分析，此处首先利用明代浙江布政司各府县地方志数据，辅之以《大明一统志》的里甲数据，统计出浙江各县里甲平均户数情况，制成表1—2：

表1—2　　　　　　　浙江各府县里甲平均户数统计表

杭州府	户数	湖州府	户数	嘉兴府	户数	衢州府	户数
仁和	182	乌程	132	嘉兴	172	西安	152
钱塘	161	归安	134	秀水	169	龙游	129
海宁	148	长兴	130	嘉善	148	江山	168

① 曹树基：《中国人口史》第四卷《明时期》，复旦大学出版社2000年版，第75页。

续表

杭州府	户数	湖州府	户数	嘉兴府	户数	衢州府	户数
余杭	163	武康	173	海盐	125	常山	153
富阳	170	德清	156	平湖	168	开化	136
临安	123	安吉	162	崇德	330		
新城	191			桐乡	189		
余杭	181						
昌化	272						
宁波府		温州府		绍兴府		金华府	
鄞县	186	永嘉	139	山阴	256	金华	106
慈溪	248	瑞安	133	会稽	304	兰溪	109
奉化	194	乐清	104	萧山	152	东阳	127
定海	351	平阳	112	诸暨	177	义乌	137
象山	362	泰顺	134	上虞	211	永康	131
				嵊县	290	武义	140
				新昌	245	浦江	121
						汤溪	145
严州府		台州府		处州府			
建德	216	临海	114	丽水	212		
淳安	178	黄岩	440	青田	143		
桐庐	168	天台	402	缙云	155		
遂安	282	仙居	285	松阳	120		
寿昌	291	宁海	336	遂昌	182		
分水	173			龙泉	143		
				庆元	118		
				云和	125		
				宣平	126		
				景宁	119		

表1—2数据共统计浙江布（1391）政司拆分之前的73个县，各县的户口数字尽量使用洪武二十四年的户口数据，缺载部分使用邻近年分的户口数补齐，里甲数基本使用《大明一统志》中的记载，转引自梁方仲《中国历代户口、田地、田赋统计》一书。表中数据是各府县户口数除以里数所得，结果均四舍五入。在此基础上，笔者将里甲户数的分布情况制成图1—1：

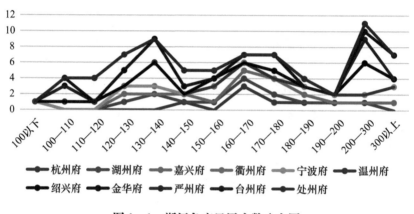

图1—1　浙江各府里甲户数分布图

由图1—1可见，对浙江布政司里甲户数的统计遇到与《中国人口史》类似的问题，即存在里甲平均户数在300户以上的县，共有7个，其中台州府3个，宁波府2个，嘉兴与绍兴两府各1个。按照一百一十户为里甲的编制原则，300户以上的里甲是不会出现的。因为按照《明会典》的记载，只有年老、残疾、幼小、寡妇和寄庄户才能编成带管户和畸零户。在正常情况下，一个自然聚落中并不会出现大量无生产能力的老弱户的，但在理论上存在寄庄户数量巨大的可能性。不过，目前保留的明中叶地方志中寄庄户的比例很低，并不能支持这一说法。如（弘治）《八闽通志》中记载福州府的户口数据中，只有侯官县有852户寄庄户，但只占全县人口数量的 0.08%。① 另如（弘治）《休宁县志》记载，该县成化九年（1473）的寄庄户为 397 户，占全县人口的 0.12%。② 当然，我们并不清楚从明初到明中叶这一阶段各地寄庄入籍的情况，所以也就无法判断明初编制里甲时各地的寄庄户数量，只能存疑。

另据（顺治）《阳山县志》的记载：

> 旧志三乡七里，曰通儒、曰常岁、曰浦下，凡八图，通儒五、常岁二、浦下一。近以三坑招抚，愿为编氓，增永化一都，共九图。通五、浦下系半图，永化备名而已。七里者，浦下、永化以去县辽远，纳止粮而不供杂差，轮里役者，惟通儒、常岁二乡，故止称七里耳。③

这段史料虽然描述的是明代广州府阳山县新编里甲的情况，但对我们理解明初的里甲和户口比例情况是有启发的。这段史料提到阳山县偏远地区的民众虽然成为国家的编户齐民被编为里甲，但并不轮当徭役，所以没有计算其中。那么是否存在另外一种情况，即沿海散居的民众虽然是编户齐民，但无法统一编成里甲，也无需服役，只能作为带管畸零户附在某一里甲之下，所以出现里甲平均户数偏高的情况。

除以上里甲户数偏高的县份以外，图表中显示浙江各府县里甲平均户数在 120—180 户之间，共计 40 个县。据曹树基统计，南直隶苏州、松江和镇江等府在 140—180 户之间，徽州府各县的比例较高，在 180 户左右。④ 总之，明代江南府县总体呈现出里内户数偏高

① （明）黄仲昭：（弘治）《八闽通志》卷 20《食货·户口》，《北京图书馆古籍珍本丛刊》第 33 册，书目文献出版社 2000 年版，第 255 页。

② （明）程敏政：（弘治）《休宁县志》卷 1《户口》，《北京图书馆古籍珍本丛刊》第 29 册，书目文献出版社 2000 年版，第 475 页。

③ （清）熊兆师、周士彪：（顺治）《阳山县志》卷 1《舆地六·乡图》，《广东历代方志集成·韶州府部》第 15 册，岭南美术出版社 2006 年版，第 22 页。

④ 曹树基：《中国人口史》第四卷《明时期》，第 63—77 页。

的情况，除 110 户的里甲正役户外，大致还有二三十户甚至五六十户的带管户和畸零户。但笔者以为，战乱恢复后的江南社会，里甲内部的户口数量可能还要更高一些。

前文已述，明初的粮里长有招抚流民和扩大再生产的能力。小山正明的研究便指出，粮里长为完成田赋征收，需要维系里甲内部的再生产机能，同时也是行政区内的主导者。吴滔在《国史家事》一书中也详细分析了吴江县史仲彬这样一位"力田起家"的粮长形象：

> 明初仍兵火之后，税重罚重，民多畔去者。清远君精于农里，故甸田特多，自溪南至盛泽无间他族，后恐祸及，稍稍与人共之。①

经过元明之际的战乱之后，民间存在大量抛荒和未垦的土地，地方粮里长作为国家认定的职役群体，既负有催征税役的任务，同样也有开垦土地的权力，当然也意味着户口的增加。虽然上述里甲户口统计包括了没有赋役承担能力的畸零户，但在稳定发展一段时期以后的江南社会，有效的应役户数要在 150 户以上。当然这只是一种理论上的推算，在考察明初里甲户口数量时还需要考虑以下两个因素：

第一，限于史料，我们无法准确估算出明初一段时间内的户口变化情况。可以肯定的是，永乐时期国家政策的变动以及大规模的军事活动，的确造成了大批粮里长破家以及民户的逃亡。但仁宣以后的一段时期，国家基本上维持着与民休息的政策，人口数量是稳定增长的。曹树基的分析也表明，明代江南各府和浙赣地区人口增长率稳定在 3.4‰—3.6‰ 之间。上述地区土地的开发与人口的增长

---

① （清）史积中辑：《吴中派史氏家乘》卷 40《杂记》，转引自吴滔《国事家事——〈致身录〉与吴江黄溪史氏的命运》，北京师范大学出版社 2021 年版，第 94 页。

一如生活在正嘉年间的钱薇所言：

> 国初兵燹之余，东南生齿未甚繁，田野未尽辟。当时水田虽可征税，而阜地犹未耕垦，是亦有不能为均者……今不然矣！官民麦地之田无亩不岁耕，无耕不岁熟，无熟不岁获。独其征粮之则反有重有轻，是时之不可不均者也。①

钱薇讲到的虽然是明初至明中叶一段时间内江南土地的开发情况，他也提到土地的充分开发同样意味着生齿日繁。也正因如此，正德年间江南部分府县开始推行"十段法"，其实就是一种基于耕地重新编制的里甲。小山正明的研究已经表明，正德年间江阴县"十段法"的出台就是在原有里甲的基础上按照耕地数量重新均平。但十段法颁行以后，并非按"段"征收丁田银，最终还是要将徭役金派到每段的民户上。② 所以，以"十段法"重新划分里甲的前提就是土地的充分开发与人口的稳定增长。

第二，户口数量增长的同时，还要考虑里甲的分化与社区功能减弱的情况。由于里甲的经营情况存在千差万别，一段时期以后就会出现"富里""穷里"或"全里""半里"（"患里"）的差别。另外，粮里长在招抚流民、鼓励生产的同时，也会利用手中的特权强占土地，逃避赋役，加剧里甲内部的分化。③ 但高寿仙指出，身份性精英取代粮里长成为乡村控制的主体力量，是在成弘以后。而里甲丧失社区功能，完全成为赋役审编单位，则要等到嘉靖时期甚至一条鞭法之后了。

---

① （明）钱薇：《承启堂稿》卷13《均赋书与郡伯》，《明别集丛刊》第二辑60册，黄山书社2016年版，第201页。

② ［日］小山正明：《明代的十段法》，收于《日本学者明清赋役制度史研究》；丁亮：《走向一条鞭法的努力：征一法与明代南直隶的均徭役改革》，《故宫博物院院刊》2019年第10期。

③ 参见谢湜《高乡与低乡——11—16世纪江南区域历史地理研究》，生活·读书·新知三联书店2015年版，第256页。

因此我们大致可以认为，至少在成弘以前，里甲总体上依然能够发挥社区功能，完成朝廷的赋役派征任务，且应役的能力有所增强。只不过，官府在派征赋役的时候，尤其是徭役金派时，要更加关注和依靠粮里长群体。比如景泰元年（1450），朝廷就下令严查里长户下的人丁，令其与甲首户一体当差，这就是国家对里长既依靠又限制的明显例证。①

那么，里甲内的实际户数与应役能力之间的关系如何呢？首先，一百一十户的里甲构成原则并不能完全反映出明初基层的实际赋役办纳能力。根据明初的规定，凡编在里甲内的110户只是用来轮当里甲正役的，即完成"催征钱粮，勾摄公事"的任务。但这只是国家赋予里甲组织初始的徭役负担，里甲实际要承担的徭役以及衍生出来的财政负担要远多于此，而这些负担的分派并不限于在编的110户。

正役之外，民户还要负担一系列的杂泛差役。杂役的内容非常复杂，包括各级官厅及职能部门役使的差役，驿递有关的夫役等等。这些杂役除排年正役户以外，所有里内人户都在金点范围之内。据（万历）《明会典》记载：

> （洪武）二十六年定，凡各处有司，十年一造黄册，分豁上中下三等人户，仍开军民灶匠等籍。除排年里甲依次充当外，其大小杂泛差役，各照所分上中下三等人户点差。②

需要注意的是，排年里甲之外的人户不仅包括里甲正役户的数量，还包括里甲中的带管和畸零户。据《大明律》记载：

---

① "景泰元年，令里长户下空闲人丁与甲首户下人丁一体当差，若隐占者许甲首首告"，（明）申时行等：（万历）《明会典》卷20《户部七·赋役》，第133页。

② （明）申时行等：（万历）《明会典》卷20《户部七·赋役》，第133页。

凡一户全不附籍，有赋役者，家长杖一百，无赋役者，杖八十，附籍当差。①

《大明律》这条律文中区分了有赋役和无赋役两种户，王樵和王肯堂对这两种户给出的笺释是：

有赋役谓有田粮当差者也，无赋役谓无田粮止当本身杂泛差役者也。明时以赋定役，视贫富为之等。差役非尽出于力也。②

所谓"有赋役"和"无赋役"就是根据民户的人丁事产来确定应役的范围，凡丁田达到一定数量便被编入里甲正役之中，承当里甲正役；而里甲中没有编入正役户的就是"无赋役"人户，但这些人户也要应当杂泛差役。《明史·食货志》中所言"以户计曰甲役，以丁计曰徭役"就是这个意思。③ 比如寄庄人户，根据（万历）《明会典》的记载：

（洪武）二十四年令，寄庄人户，除里甲原籍排定应役，其杂泛差役皆随田粮应当。④

寄庄户虽然不在里甲正役户的编役范围之内，但其要在寄籍的里甲内按照"田粮"应当杂泛差役。下节的分析将表明，明初杂泛差役的佥派普遍采用"配户当差"的办法，民户要根据税粮额度被佥派出来成为"某役户"，长期在服役地点应当某役。杂役户的佥派

① （明）王樵、王肯堂：《大明律》卷4《户役·脱漏户口》，全国图书馆文献缩微中心1986年版，第1b页。
② （明）王樵、王肯堂：《大明律附例笺释》卷4《户律·脱漏户口》，第1a页。
③ （清）张廷玉等：《明史》卷78《食货二》，第1983页。
④ （明）申时行等：《明会典》（万历朝重修本）卷20《户部七·赋役》，第133页。

不区分基本户籍和正管带管户，任何有丁粮的民户都可以独充或朋充某役。而带管畸零户中存在僧院道观、义塾学田等虚拟户和寄庄户等多种情况，它们的田产数量往往较多，只是囿于编户原则才成为带管户的，所以不能忽视这类户籍的应役能力。而我们在考虑明初杂役"配户当差"制度和里甲正役的关系时，尤其要考虑到府县区域内差役的数量和里甲有效应役民户数量之间的比例情况。

同样的问题也存在于里甲正役的财政负担上，也即里甲的上供物料与地方公费的负担。里甲正役与其衍生出来的财政负担不同，它并不是国家规定的里甲正役内容，是一项转嫁而来的衍生性财政负担。本章第三节的研究将表明，里甲银出现之初虽然由全里来负担，但其在里内的分派情况并不像成弘以后看到的那样，按丁田计算摊派给全里民户。明初里甲银虽然由府县计算以后平均分派给各里承担，但由里长点选出某户来负担某项上供物料银，所以我们同样需要考虑里甲内的有效应役户数和里甲银派办之间的关系。

第二节 配户当差与里甲制：明初
杂泛差役派征机制探析

一 问题的提出

本节结合明代传世文献与新出"试行黄册"史料，讨论明代早期杂泛差役的编佥方式及其在基层社会的实现。徭役是专制国家为征发人力、物力资源而对民众施加的超经济控制手段，是王朝实现财政目的重要制度的支撑。在明代，徭役可分为里甲正役和杂泛差役两大类别。里甲正役的基本内容是催征钱粮和勾摄公事，由里甲组织中的里长甲首户共同负担。杂泛差役则种类繁多，泛指供役于各级官厅及职能部门，为官员驱使或从事各类公务活动与官方生产活动的徭役。

由于杂泛差役在正统以后主要由均徭法编佥，所以学界对正统、景泰年间以前的杂役佥派讨论不多，一般认为明初杂役佥派无一定之规，官府都是按照民户的粮额"临期量力差遣"的。① "量力取差"之说正统年间已有之，但此法与王毓铨所说的"配户当差"之间有明显的冲突。王说认为，明代的"户役"制度，也即"配户当差"制度就是指把人户编成若干不同的役种并确定为一种役籍，驱使他们去承担朝廷的各类生产、造作、兵防、奔走、祇应等差役。在其列举地方"户役"中，包含了多种杂役，如"祇禁户""弓兵户""铺兵户""水马驿户""站坝户""脚夫户"，有的地方志统以"杂役户"称之。如何解释杂役户和点差的"杂泛差役"之间的重合呢？山根幸夫在总结明初杂役类别时没有对该问题作出特别的说明，王毓铨则认为可能是地方志编纂体例不严整造成的。高寿仙则认为是各地区杂役佥派方式的差异化造成的。②

杂役编佥机制如何在基层社会实现是本节讨论的第二个问题。岩井茂树曾指出，学界对均徭杂役审编形态的研究存在"里甲形态"和"均徭形态"两种观点。分歧的核心是官府所需的各种差役负担到底是首先分派给各里甲，再由里内自行协调佥派，还是官府统将应役民户按照资产重新排序，再将各种差役佥派给应役民户。③ 但岩井氏的讨论也集中在均徭法推行以后，对明代早期杂役派征的实现方式同样缺少关注。

其实，明初杂泛差役的佥派虽然是照粮额点差，但并非没有规则的临期点差。上述研究均未注意到按粮额点差与"配户当差"制度是相互配合，共同发生作用的。杂泛差役的确是官府按照民户税粮额度佥充的，民户一经佥为某项差役便成为"某役户"，长期承担该役，直至轮替。最新发现的"试行黄册"文献则为"配户当差"

---

① ［日］岩见宏：《明代徭役制度の研究》，京都同朋舍 1986 年版，第 10—19 页；［日］山根幸夫：《明代徭役制度の展开》，东京女子大学学会 1966 年版，第 65—84 页。

② 王毓铨：《明代的配户当差制》，《王毓铨集》，中国社会科学出版社 2006 年版，第 452 页；高寿仙：《关于明朝的籍贯与户籍问题》，《北京联合大学学报》（人文社会科学版）2013 年第 1 期，第 34 页。

③ 分析过程见 ［日］岩井茂树《中国近代财政史研究》，付勇译，社会科学文献出版社 2011 年版，第 180—195 页。

制度在基层社会的实施过程提供了丰富的细节。

二 杂役"点差"与"配户当差"之间的关系

在使用"配户当差"概念之前，有必要对明代"户役"的性质和类别作出区分。高寿仙认为，明代户籍首先要区分为基本户籍和次生户籍两个类别。（万历）《明会典》中记载：

> 凡军、民、医、匠、阴阳诸色户，许各以原报抄籍为定，不许妄行变乱，违者治罪，仍从原籍。①

这条史料中军、民、匠户都属于基本户籍，此类户籍一经确立便不能随意更改，且世代相袭充当。但文中的医户、阴阳户则属于次生户籍，所谓次生户籍是朝廷为确认身份或佥派徭役的需要，在基本户籍的基础上编定的，可以与基本户籍兼容并存。本书考察的杂泛差役户属于次生户籍一类，是各级官府在基本户籍之上佥派的，从事某种专业徭役的户籍。② 这一类役户在明初即采用"配户当差"的方式佥充，"役户"确定以后要在相对固定的时间内服役，直至其他民户顶替。据（正德）《华亭县志》所载：

> 递运所水夫五百四人（府总数）。旧例造册编定，岁轮一百六十八人，应役三年而周，至消乏佥替，有充当三十余年者。弘治十六年，知府刘琬奏革，每岁照数于均徭人户内点差。每名折收银八两，雇人充役，一百八人。③

---

① （明）申时行等：（万历）《明会典》卷19《户部六·户口一》，第129页。
② 参见高寿仙《关于明朝的籍贯与户籍问题》，《北京联合大学学报》（人文社会科学版）2013年第1期，第31页。
③ （明）聂豹、沈锡：（正德）《华亭县志》卷4《徭役》，《南京图书馆藏稀见方志丛刊》，国家图书馆出版社2012年版，第160页。

这段史料表明，华亭县的递运所水夫在编入均徭法之前，由固定的"水夫户"来充役，役户只有"消乏"才能寻他户金替，因而存在民户长年服役而不得替换的情况。至于役户寻找"金替"者的过程，限于史料已不可知。通过现存徽州文书中里长的金替过程或可窥知一二：

> 立合同人邵文端，祖充三甲里长，塞遭丁粮消乏，难以应役。今遇大造，率众子侄商议，有本图汪文谏殷实丁粮，上素秉公，直具词告县，准拨汪文谏户承充，遵县造明，两无异说。①

由于明代里长役金派方式的变化不大，所以此件万历年间的里排合同具有一定的参考价值。文中可见，某役的"金替"是在本户丁粮消乏难以应役的情况下，另寻丁粮相当的民户顶充，并报衙门许可。那么，地方志文献中记载的"祗禁户""弓兵户""铺兵户"等役户是否也以"配户当差"来金点呢？其与明初按照粮额"点差"的规定关系如何，与均徭法轮差之间关系如何？

为方便分析，此处首先依据明代较早的地方志（天顺）《直隶安庆郡志》对职役的记载，将各种杂役的分布和数量制成表1—3。

根据山根幸夫、梁方仲等学者对明代杂役的分类以及对表1—3的归纳，可以将上述杂役分为两类，一类是驿传夫役，包括驿传、递运所的水夫、马夫、防夫以及表中没有提及的急递铺铺司和铺兵；第二类是在各衙官厅及职能性司局供役的杂役，主要包括皂隶、门子、弓兵、禁子、巡拦、斗级、库子、馆夫等②。需要注意的是，供

---

① 南京大学历史学院资料室藏《明万历十年十月休宁县十二都邵文端立里长役转让汪文谏合同》编号000027，引自卞利编著《徽州民间规约文献精编·村规民约卷》，安徽教育出版社2020年版，第220页。

② 梁方仲：《论明代里甲法和均徭法的关系》，《明代赋役制度》，中华书局2008年版，第474页；唐文基：《明代赋役制度史》，中国社会科学出版社1991年版，第94页；[日] 山根幸夫：《明代徭役制度の展开》，第65—84页。

役于驿传的库子、斗级和馆夫同属于官厅类杂役，佥派方式一致。根据《诸司职掌》以及《吴兴续志》等文献的记载，以上杂役都是按照粮额"点差"的。岩见宏曾根据相关文献制作了明初杂役点差和税粮额的对照表，现转录于下。

表1—3　　　　　安庆府官厅机构杂役数量统计表①

		府属	怀宁县	桐城县	潜山县	太湖县	宿松县	望江县
官厅	皂隶	52	10	10	10	10	10	10
	弓兵	30+9	30	30	30	30	30	30
	门子	2	1	1	1	1	1	1
	禁子	10	7	7	7	7	7	7
儒学	斋夫	40	24	24	24	24	24	24
	膳夫	48	24	24.	24	24	24	24
	门子	1	1	1	1	1	1	1
	库子	2	2	2	2	2	2	2
税课司	巡拦	40		40	40	40	40	40
阴阳学	门子	1		1	1	1	1	1
医学	门子	1		1	1	1	1	1
僧会司	皂隶	2		1	1	1	1	1
道纪司	皂隶	2		1	1	1	1	1
巡检司	弓兵		200	280	30	130	300	200
递运所	水夫	1416						
	防夫	100						
驿传	水夫	130						130
	马夫			32	16	16	16	
	馆夫	4		8	4	4	4	2
	库子	4		8	4	4	4	4
	斗级			2	1	1	1	

① 数据来源：（天顺）《直隶安庆郡志》卷2《职役》，天顺六年刻本，全国图书馆缩微文献复制中心1992年版，第1b—16b页。

表1—4　　　　　　　　　　**税粮额与役目对应表**①

粮额	役目
1.5 石—2 石	铺司·铺兵
2 石—3 石	祇候、禁子·弓兵
3 石—5 石	递运所水夫
5 石—10 石	水驿水夫
15 石	递运所牛夫
60 石	马夫（下马）
80 石	马夫（中马）
100 石	马夫（上马）

　　对照两表可见，表1—4对佥派标准的确定没有表1—3中徭役的分类细致。主要因为皂隶一词在明初涵盖了同类型的多种差役，包括祇候、禁子、库子、斗级、门子等役。皂隶也称之为祇候，分为公使皂隶和随从皂隶两类，史籍中祇候有时与皂隶作同义词，有时专门指随从皂隶。公使皂隶除直堂、直厅以外，又有看监、把门、守库皂隶等等，此即方志中的禁子、门子以及库子、斗级等役。后来作为官员俸给补贴的柴薪皂隶也属于随从皂隶的一种。②

　　两类杂役中，驿递系统的水马夫佥派方式转变最慢。如递运所水夫，大部分地区一直到弘治年间才被编入均徭法系统中轮佥。前引（正德）《华亭县志》记载：

　　　　递运所水夫五百四人（府总数）。旧例造册编定，岁轮一百六十八人，应役三年而周，至消乏佥替，有充当三十余年者。弘治十六年，知府刘琬奏革，每岁照数于均徭人户内点差。每名折收银八两，雇人充役，一百八人。③

----

① ［日］岩见宏：《明代徭役制度の研究》，第11页。
② 参见［日］山根幸夫《明代徭役制度の展开》，第68—73页。
③ （正德）《华亭县志》卷4《徭役》，第160页。

文中的"旧例"即指"配户当差"制度，轮差则是指在"水夫户"以内的三年一轮。至于"消乏佥替"的具体方式，据（万历）《明会典》的记载：

> 天顺间奏准，天下驿递夫役，每十年一次磨勘重编，丁粮相应者作正，消乏者作贴，应佥替者即与佥替。①

高寿仙指出，驿户虽然有消乏佥替的规定，但实际上是世代承当的，这才有三十年不得"佥替"的情况。递运所水夫在编入均徭法之前，一直延续着明初的徭役佥派方式。那么，皂隶等官厅差役的佥派方式是否与之相同呢？

洪武初年编制的"试行黄册"有三部分内容值得关注，分别是"里长甲首轮流图""带管外役人户图""编排不尽人户图"。其中"带管外役人户图"记录的是佥点到本里应当杂役的外里甲人户。宋坤、张恒论文中引用的处州府"试行黄册"里，"带管外役户"包括"禁子""驿夫""水站夫"和"弓兵"四种杂役户。尹敏志使用的静嘉堂文库藏"试行黄册"中，"带管外役户"包括"祗候""禁子""水站夫""递运夫""铺兵"等五种杂役。这两种文书基本涵盖了上文所述的各种差役，但没有交代更多的信息。尹敏志认为，文册中没有说明"祗候"的应役周期，但他的分析认为"祗候"是在十年里甲轮役周期内只轮役一年，每年一更。② 我以为这个结论值得商榷，理由如下：

第一，祗候、禁子、弓兵三种差役与水站夫、递运夫和铺兵是

---

① （明）申时行等：（万历）《明会典》卷148《兵部三十一·驿传四·驿递事例》，第757—758 页。

② 参见宋坤、张恒《明洪武三年处州府小黄册的发现及意义》，《历史研究》2020年第3期，第103 页；对祗候轮役周期的分析见尹敏志《论洪武初年浙江里甲的外役户——以静嘉堂文库藏〈汉书〉纸背文书为中心》，《社会科学论坛》2023年第3期，第31—32 页。

编排在一起的，而驿递夫役的应役方式都是"配户当差"，且十年一次审查役户的应役能力。这说明官厅杂役与驿递夫役理应有同样的佥派方式。"试行黄册"中没有标注轮役周期，恰好说明这些杂役是长期应当，它对民户丁产的审查周期与黄册的编纂周期相同。

第二，皂隶、弓兵等役轮役周期的改变发生在永乐年间，而非始自明初。据（万历）《明会典》记载：

> 永乐间，令各项皂隶以均徭人户为之，在京在外，俱以一年为满。①

由于均徭法成立于正统以后，所以学界一般认为《明会典》这条记载有误。其实，《明会典》的编纂者只是使用了后出的"均徭"这个名词。这条法规意在规定皂隶等杂役需要逐年轮充，不能因为记载中出现了"均徭"字样，就断然否定史料的真实性。其实除皂隶以外，同时改为逐年轮充的徭役还有弓兵役：

> 凡弓兵，在京五城兵马司，在外府州县及巡检司，俱一年更替。②

考之《皇明诏制》，永乐十九年（1421）的诏令曾有如下记载：

> 一、诸司吏卒、弓兵、皂隶、牢子多有久恋衙门，连年不替，专一浸润官长，起灭词讼，说事过钱，虐害良善者。许所在按察司及巡按监察御史就便擒拿问罪，连家小发边远充军。③

---

① （明）申时行等：（万历）《明会典》卷157《兵部四十·皂隶》，第808页。
② （明）申时行等：（万历）《明会典》卷139《兵部二十二·关津二》，第722页。
③ （明）孔贞运辑：《皇明诏制》卷2"永乐十九年四月十三日"，《续修四库全书》第458册，上海古籍出版社2002年版，第33页。

另据《明仁宗实录》记载：

> 一、诸司官敢有容隐吏卒、弓兵、皂隶、牢子久占衙门，连年不替，专一浸润官长，起灭词讼，说事过钱，及称主文等项名色。在衙门结揽写发，把持官府，虐害良善，许诸人首告所在按察司及巡按监察御史，即拿问解京。①

上述第一段史料出自永乐十九年（1421）紫禁城三大殿火灾以后发布的内省诏书，第二段出自洪熙元年（1425）明仁宗的即位诏书。两段史料反复强调了皂隶、弓兵、禁子等官厅差役的弊端，即公职吏役凭借手中的职役特权寻租获利，长期霸占公职，不得佥替。联系前文所述递运所水夫役三十年不得佥替的记载可知，明初的官厅杂役与驿递夫役一样，都是"配户当差""消乏告替"的。因此才会出现役户长期占据某役"获利"或过于繁重而长时间得不到轮换的情况。

第三，根据明人文集和地方志的记载可知，许多杂役被编入均徭法之前均采用"配户当差"之制，如叶盛在奏疏中提及两广地区的铺兵和弓兵等役。据其《题为均平徭役事》记载：

> 及照各属巡司弓兵、铺舍司兵，旧例附近编充，消乏告替。后因一年一换，或系窎远生疏之人，以致有误递送，巡捕未便……已经公同两广巡按御史、布按二司，查照本处旧行……内弓兵、铺兵等役仍照旧例，俱令附近殷实之家应当，各量地方人数多少，或令三年五年之内告替。其皂隶、防夫、弓兵、禁子、巡拦、斋膳、马夫等项杂役，俱令一年一换。②

---

① 《明仁宗实录》卷1"永乐二十二年八月丁巳"，台北"中央研究院"历史语言研究所校印本1962年版，第20页。

② （明）叶盛：《叶文庄公奏议》，《两广奏草》卷8《题为均平徭役事》，《续修四库全书》第475册，第433—434页。

叶盛奏疏中提到两种弓兵，即《明会典》所载之直堂弓兵和巡检司弓兵。但他认为朝廷颁布了差役"一年一换"的法令以后，许多轮充弓兵和铺司兵因为距离服役地点过远且业务不熟练，给公文投递和巡捕缉盗等差事造成诸多不便。故而其建议，皂隶、弓兵、防夫、禁子等官厅杂役可以继续逐年轮充的办法，但巡检司弓兵和铺兵等专业性较强且特权不大的差役依旧维持"旧例"佥派。所谓"旧例"即点选附近的殷实之家"配户当差"，"消乏告替"。又如（崇祯）《长乐县志》提到的巡检司弓兵：

> 蕉山、小祉、松下三巡司各弓兵七十名。按国初以附近编氓永充弓兵，司一百名，免本名丁役之差，专听防备。岁久弊生，徒冒虚名，着役者少。弘治间，知县王涣奏革旧额弓兵名役，每岁悉于该年均徭内编当，司各七十名。①

可见，长乐县的巡检司弓兵与叶盛提及的问题类似，虽然朝廷颁布了弓兵役逐年轮佥的法令，但巡检司弓兵由于自身差役的特点迟迟没有编入均徭轮佥，始终保留着"国初"旧法。文中所言"永充"即叶盛提到的点选当差，"消乏佥替"之法，就是"配户当差"制。

综上可知，"配户当差"制度广泛用于明初各类杂泛差役的派征中。央地各级官厅根据需要，在军民匠灶等基本户籍之上，佥点某户承当某种差役，该户一旦选差立籍便成为役户，此即地方志记录"某役户"的原因。役户一经选定则需长期在应役地点当差，原则上是就近选充，当然也会出现跨里应役的情况，所以"试行黄册"中会出现"带管外役户"的记载。

不过，杂役的"配户当差"在永乐以后出现了一些弊端，主要是徭役长期不得轮替。一方面，皂隶等官厅杂役的职役性特权很大，

----

① （明）夏允彝：（崇祯）《长乐县志》卷 2《经略志·兵卫》，中国方志库收录，（明）崇祯十四年刻本，第 325 页。

应役者长期占据该役，借权寻租。另一方面，驿递夫役任务繁重，消乏民户找不到顶替者，导致长期充当重差。当然，朝廷首先关注的不是繁重的差役，而是官厅差役对官僚体制的腐蚀问题，所以在永乐、洪熙以后调整了部分杂役的轮役规则，改为每年轮充。但更多的杂役是在均徭法成立以后逐步改为轮佥的，杂泛差役应役方式的改变是一个较长的过程。

这里需要补充说明"试行黄册"中"带管外役户"和洪武十四年（1381）以后的"带管畸零户"之间的关系。此问题涉及下节讨论的杂役佥派与里甲正役之间的关系，故而略及之。"试行黄册"中的"带管外役户"不属于洪武十四年（1381）以后带管畸零户的范畴。他们只是被点选来应当杂役的人户，只是因为要长期在本地服役，所以才被编入"试行黄册"中带管。而黄册中的"带管畸零户"应包括"试行黄册"时期的"小型里甲"和"编排不尽人户"两部分。根据宋坤、张恒所引《后汉书》卷四第十三叶背记载：

> 仰将本都有田人户，每壹伯家分为十甲，内选田粮丁力近上之家壹拾名，定为里长，每一年挨次一名承当，十年周而复始。其余人户，初年亦以头名承充甲首，下年一体挨次轮当。保内但有编排不尽畸零户数贰拾、叁拾、肆拾户，务要不出本保，一体设立甲首，邻近里长，通行带管；如及伍十户者，另立里长一名，排编成甲。①

根据这条史料可知，洪武三年（1370）编制"试行黄册"时，其实存在两种里甲。一种是一百一十户的正式里甲，一种是五十户以上且不满百户的"小型里甲"。因为在册籍编制时，正式里甲编排之外，如剩余不足五十户则由"邻近里长通行带管"，是为"编排

---

① 宋坤、张恒：《明洪武三年处州府小黄册的发现及意义》，《历史研究》2020 年第 3 期，第 94 页。

不尽人户"。多于五十户则需另外编成里甲，设立里长一名，"置立小黄册一本"。① 明初里甲的编制原则在《吴兴续志》中也有体现，该原则在里甲制正式确立以后被改变。尤其在洪武二十四年（1391）大造黄册时，朝廷对里甲编排与自然聚落之间的关系给出了具体的指导意见：

> 凡编排里长，务不出本都，且如一都有六百户，将五百五十户编为五里，剩下五十户分派本都，附各里长名下，带管当差，不许将别都人口补辏。其畸零人户，许将年老、残疾并幼小十岁以下，及寡妇、外郡寄庄人户编排。若十岁以上者，编入正管，且如编在先次十岁者，今已该二十岁，其十岁以上者各将年分远近编排，候长，一体充当甲首，其有全种官田人户，亦编入图内轮当。②

可见，在里甲制正式推行以后，原有的"小型里甲"被全部取消，所有民户均与"编排不尽人户"一起作为带管畸零户附在正式里甲之下当差。鹤见尚弘在《明代的畸零户》一文中即指出，全面推行里甲制以后，湖州府各县的里数比小黄册时期缩减很多，仅是原来的一半甚至三分之一。其中很重要的一个原因是"编排不尽人户"与小型里甲的民户全部编入正式里甲中，成为带管畸零户。③

最能说明二者之间关系的是"带管畸零户"中的寄庄户。耿洪利认为寄庄户会根据不同情况，分别编入里甲正管、带管外役和编排不尽人户中，其实这是一种误解。根据上引《明会典》的规定，外郡寄庄户无论人丁事产多少都不能被编成所在里甲的正役户。但

---

① 转引自孙继民等著《新发现古籍纸背明代黄册文献复原与研究》，附录《洪武三年处州府青田县四都小黄册复原》，第 676 页。

② （明）申时行等：（万历）《明会典》卷 20《户部七·户口二·黄册》，第 132 页。

③ 参见［日］鹤见尚弘《明代的畸零户》，收于《日本学者明清赋役制度史研究》，第 228—229 页。

按照"试行黄册"的编制原则，寄庄户要被编入"小型里甲"或"编排不尽人户"中，也称之为甲首。如果寄庄户被编入"小型里甲"中，他极有可能成为该里的里长。此即"小黄册"中有寄庄户作为里长、甲首的原因，但并不能因此认为寄庄户也要承担里甲正役。同时，根据（万历）《明会典》的记载：

> （洪武）二十四年，令寄庄人户，除里甲原籍排定应役，其杂泛差役皆随田粮应当。①

寄庄户在寄居里甲虽然不承担正役，但要根据人丁事产情况佥点相应的杂役，因此寄庄户的信息也会出现在"带管外役户"图册之中。其实上述原理同样适用于其他带管畸零户，但由于"试行黄册"信息的缺失，我们并不知道一个普通民户作为里长、甲首和杂役户时，其是否属于"小型里甲"。而寄庄户户籍信息的特殊性，恰好为分析"带管外役户"和里甲正役户、带管畸零户之间的关系提供了一个较好的切入点。

三 "配户当差"制与杂役佥派在里甲中的实现

上文论述了明初杂泛差役佥点所采用的"配户当差"制。那么，"配户当差"制如何在里甲组织中实现呢？其与十年轮充的里甲正役之间关系如何？目前明史学界对该问题的讨论不多。一般认为，明初杂役佥点并无一定规则，而均徭法成立以后，正杂二役分别轮充，并无相互影响的可能。但"试行黄册"中出现"带管外役户"的记载以后，学界开始关注该问题。耿洪利认为，"试行黄册"时期的杂役户本身仅担负一种杂役，与里甲正役并不重叠。但洪武十四年（1381）以后有所改变，外役人户在承担某种杂役的情况下还被编入正管户，承担里甲正役。尹敏志也认为

---

① （明）申时行等：（万历）《明会典》卷20《户部七·户口二·赋役》，第133页。

"带管外役户"不承担里甲正役,洪武十四年(1381)以后外役户就逐渐消失了,但是这个论断值得商榷。①

首先,明代的里甲正役与杂役的佥派分属两个系统,人户"有田粮"便要应当里甲正役,没有田粮虽可不为甲首,但也要承当相应的杂泛差役。而徭役的优免规则只适用于杂役,如(万历)《明会典》记载:

> 凡佥派征解。洪武元年令,凡府州县额设祗候、禁子、弓兵于该纳税粮三石之下,二石之上人户内差点,除纳税粮外,与免杂泛差役。②

这条史料表明,除了正常缴纳税粮以外,人户充当禁子、弓兵等杂役时,可以免除其他的杂役,但与里甲正役之间是没有关系的。而且这里讲到的是"点差"的禁子和弓兵,也就是"配户当差"时期的杂役,当然也就适用于"试行黄册"中的"带管外役户"。所以,里甲正役佥派与否取决于该户是甲首户,还是带管畸零户,而徭役优免只在杂泛差役之间协调,正杂役之间并无佥此免彼的关系。高寿仙则将杂役佥派中"以役抵役"的情况称之为补偿性优免。③

另外需要指出的是,洪武十四年(1381)以后编制的黄册中,虽然没有登载"带管外役户"信息,但不代表"外役户"本身不存在了。前文已述,明代杂役的"配户当差"体制要在永乐、宣德以后才出现比较明显的调整,一部分差役开始实现轮充。表1—

---

① 孙继民等著:《新发现公文纸本古籍纸背明代黄册文献复原与研究》,第459页;尹敏志:《论洪武初年浙江里甲的外役户——以静嘉堂文库藏〈汉书〉纸背文书为中心》,《社会科学论坛》2023年第3期,第35页。

② (明)申时行等:(万历)《明会典》卷157《兵部四十·皂隶》,第808页。

③ 参见高寿仙《嘤其鸣》第一章《明代徭役优免类型概说》,人民出版社2019年版,第73—84页。

3 统计可知，所有差役是广泛分布在各级衙门及巡检司、税课司等职能部门的。只要"配户当差"的佥点方式没有发生变化，杂役户离开所在里甲去一个固定地点长期服役的情况就不会改变。而"试行黄册"中的"带管外役户"表明存在在外里应当杂泛差役的群体，由于该群体要长期在本地当差，所以才被所在里甲带管。但他们的人丁事产要注籍在原里甲中，当然就要在原里甲中服正役。这与寄庄户的服役规则是类似的。寄庄户是居住在外地的民户，需要在原籍地服里甲正役，在居住地服杂泛差役。同理，"带管外役户"在某处服杂役的同时，理论上也要在原里甲服正役，二者并不存在补偿性优免关系。

那么，杂役户在基层社会的具体佥点方式如何呢？综合分析孙继民、尹敏志等学者引用的"试行黄册"中的"带管外役户"信息与明史传世文献，可以略窥"配户当差"制度在基层社会的具体操作情况。根据"试行黄册"的记载，明初的"带管外役户"存在两种情况，一种情况是普通民户，一种是僧、道等虚拟户，且虚拟户应当杂役的情况并不罕见。①

所谓僧户、道户等"虚拟户"是指国家颁发度牒的庵观寺院，如果寺院有田土也要被编入里甲"纳粮当差"，且在黄册上注籍立户。据（万历）《明会典》记载：

> 凡庵观寺院已给度牒僧道，如有田粮者编入黄册，与里甲纳粮当差。于户下开写一户，某寺院庵观，某僧某道，当几年里长甲首。无田粮者编入带管畸零下作数。②

虚拟的僧道户与民户的应役原则一样，有田粮者要应当里甲正

---

① 此处将僧、道等户视为"虚拟户"，可参见高寿仙《关于明朝的籍贯与户籍问题》，《北京联合大学学报》（人文社会科学版）2013 年第 1 期，第 32 页。

② （明）申时行等：（万历）《明会典》卷 20《户部七·户口二·黄册》，第 132 页。

役，无田粮者被编入带管畸零户。"试行黄册"中也有僧院道观被编入里甲中佥派杂役的记载。现转录如下：

> 一户延福观，系本都道观，充当本县弓兵。（上图藏遂昌县小黄册《后汉书》卷四第三叶背）
> 一户山岩寺，系本都户，充铺兵。（尼姑 3 口）。（上图藏丽水县小黄册《魏书》卷四十七第十五叶背）
> 一户万寿观，系本都户，充水站夫（道士 2 口）。（上图藏丽水县小黄册《魏书》卷四十七第十七叶背）
> 带管外役人户：一安和院，系本都户，充铺兵（僧人 2 口）①

以上史料需要分析的第一个问题是虚拟户的应役主体。首先"山岩寺户"中应役弓兵者肯定不是寺内尼姑。其次，高寿仙指出，明代国家虽然没有明确规定僧道的徭役优免权，但他们实际上不承担徭役。高文曾引《明太祖实录》中礼部尚书赵瑁的一段论述：

> 自设置僧、道二司未及三年，天下僧、道已二万九百五十四人。今来者益多，其实假此以避有司差役。②

另据《金陵梵刹志》记载：

> 照得本部出给僧道度牒，自洪武十五年五月内开设僧道衙

---

① 转引自孙继民等著《新发现古籍纸背明代黄册文献复原与研究》，第 337、344 页；尹敏志《论洪武初年浙江里甲的外役户——以静嘉堂文库藏〈汉书〉纸背文书为中心》，《社会科学论坛》2023 年第 3 期，第 34 页。
② 《明太祖实录》卷 167 "洪武十七年闰十月癸亥条"，第 2563 页，参见高寿仙《嘤其鸣》第一章《明代的徭役佥派与优免》，第 94 页。

门，至洪武十七年闰十月终，给过僧道度牒二万九百五十四名，即日申请不绝，妨占有司差役。①

两种史料可得相互印证，僧道出家确实影响到官府佥派差役。而同卷"洪武二十七年甲戌"条下确有"僧人不许充当差役"的记载。

一、寺院庵舍已有砧基道人，一切烦难答应官府，并在此人。其僧不许具僧服入公厅跪拜。设若己身有犯，即预先去僧服，以受擒拿。敢有连僧服跪公厅者，处以极刑。

一、钦赐田地，税粮全免。常住田地，虽有税粮，仍免杂派，僧人不许充当差役。

一、凡住持并一切散僧，敢有交接官府，悦俗为朋者，治以重罪。②

结合上下文可知，礼部颁示这条法令主要是防止僧人借机进出官府，结交官员。所以法令中对僧人与官府往来有严格限制，只允许砧基道人支应官府，其他僧人严格禁止着僧服入官厅。即便是犯罪僧人，也要去除僧服以后才能受审。由于杂泛差役也需要应役者亲身进入官厅服役，所以才会限制僧道应役。《明太祖实录》同年月条下也有"僧道俱不许奔走于外及交构有司"的记载，和上文的主旨相同。③ 因此可以确信，虽然《明实录》等官方文献没有僧道免除杂役的规定，但僧道本人确实不需要亲身充当杂役。

不过，这种免役规定很难说是完全出于对僧道的优崇性优待。前引《明会典》已经说明，僧院道观也需要在黄册中注籍立户，

① （明）葛寅亮撰，何孝荣点校：《金陵梵刹志》卷2，《钦录集》，南京出版社2011年版，第60页。

② （明）葛寅亮撰，何孝荣点校：《金陵梵刹志》卷2，《钦录集》，第73页。

③ 《明太祖实录》卷231"洪武二十七年正月戊申"，第3372页。

且"试行黄册"僧道户轮充正杂役的情况并不罕见。所以，僧观田产需编入里甲与普通民户一同编佥正杂役，只不过，僧道户的应役主体需要于所在里甲协调解决。

目前并没有直接的史料描述明初里甲内部协调解决应役民户的情况，但嘉靖末年祁门县的一份里排合同或许能够帮助我们理解这个过程：

> 拾西都排年谢公器、谢昔、谢汝任、谢德遗、谢玉、谢邦、李仲齐、谢伯济、李以隆、谢元等，时立乡约，敦笃风化。切照额设里排，上为催征国税，下纠乡民善恶。……大小所有公山庵，近因僧徒不守五戒，滥费钱谷，以致消乏揭借，债累逃窜，或去或来，皆由不得其人。今宜另召传奉，永隆香火。当差以后，各排毋得贪利，放债入庵，亦不许闲人久占庵居，找敷钱谷之类。其应轮该甲首、均徭，议津贴谷，付与本甲收贮生放，以备二差。其每年轮甲所该粮钞，公议贴谷称付，其余谷数，定义《条例》于后。①

这份里排合同是嘉靖四十一年（1562），祁门县拾西都村民为提编均徭银而定立的契约。文中明确提到庵观田土都要轮当里甲、均徭二差，但僧人本身不去应役，而是将庵观的收入交与所在里甲贮存，由里长来支应徭役。明初与嘉靖年间杂役的审编方式虽然发生了变化，但虚拟户籍应役模式是类似的，都有实在户籍以及户下的田产人丁数量，因此都应由所在里甲协调解决。

除虚拟户以外，杂役佥点更多的是普通人户。"试行黄册"中人户佥点杂役有两种情况值得关注，第一种情况是杂役户的财产情况和应役形式。据孙继民等复原的"洪武三年处州府青田县四

① 散件文书，藏南京大学历史学院资料室，编号000058，收于卞利编著《徽州民间规约文献精编：村规民约卷》，第213—214页。

都小黄册"记载，该都民户徐伯雨佥充水站夫，其家有人丁三口，妇女一口，土地54.722亩。每年该缴夏税秋粮正耗米麦共0.3277石。① 按照表1—4给出的佥派标准，水站夫要在税粮额5—10石的民户中点充，远高于该户的税粮额。上引万寿观佥充水站夫的事例中，该观占田151.275亩，每年该缴税粮合计3.6256石，是田粮较多的户头，但仍不能单独承担水站夫役。众多人户朋充水站夫在《明会典》中虽然有明确规定，不过其既涉及普通民户，又涉及虚拟户，则朋充该役仍需由里甲协调。不仅水站夫，"试行黄册"中还记载了朋充铺兵的情况：

一户张弘一，本管民户，合充白雁铺兵（男子成丁3口）。（上图藏龙泉县小黄册《魏书》卷六十四第八叶背）

一户连广二，本管（民户），合充朱均铺司。（男子成丁1口）。（上图藏龙泉县小黄册《魏书》卷六十四第九叶背）

一户项恕四，本管住民，合充大石铺司。（上图藏龙泉县小黄册《魏书》卷六十四第十一叶背）

一户何普祖二，本管住民，合充武溪铺兵。（上图藏龙泉县小黄册《魏书》卷六十四第十四叶背）

一户何景恂，本管住民，合充杨梅铺司。（上图藏龙泉县小黄册《魏书》卷六十四第十六叶背）②

根据耿洪利、宋坤的研究，该五处急递铺均位于处州府龙泉县，五户信息虽然不全，但前后相连且均为本管民户，应该属于同一都内的居民。铺司兵属于轻役，但仍需1.5—2石的税粮标准，若按照上引徐伯雨的资产情况，一个铺司兵也需要多户朋充。不过上引五户是分别与其他户合充铺司兵的，可见朝廷制定的佥役标准是比较

----

① 转引自孙继民等著《新发现古籍纸背明代黄册文献复原与研究》，第688—689页。

② 转引自孙继民等著《新发现古籍纸背明代黄册文献复原与研究》，第340页。

高的，官府在计算人丁事产"点选"役户时，多户朋充应属正常情况。

　　第二种情况是寄庄户的杂役佥派。前文已述，寄庄户基本能够体现出"带管畸零户"的应役实态。从目前公布的"试行黄册"信息中可见，寄庄户也存在虚拟户佥当杂役的情况。除僧道户以外，寄庄户中还有义塾田佥当杂役的记载，这也是虚拟户充当杂役的例证：

　　　　带管外役人户：一户西溪义塾，系本都四保，充渡子。（《后汉书》卷七十三第十六叶背）

　　　　带管外役人户：一户叶子仁，系松阳县民户，充弓兵。（《后汉书》卷四十第二十二叶背）①

　　据耿文所引"《后汉书》卷四十第二十二叶纸背"记载，上引叶子仁户还有更多的田产税粮信息，该户田土为 29 亩多，夏税秋粮之和才达到 0.7173 石，同样与 2—3 石的佥派标准相差甚远，所以寄庄户也存在朋充杂役的情况。②

　　由于寄庄户的特殊管理措施，僧道户、"飞地"等虚拟户也存在于带管畸零户中，他们的杂役要在寄居地应当，同样需要所在里甲的协调。而更多的带管畸零户资产是小于正管户的，所以他们在点选杂役时候更需朋充完成。

　　以上，本节以学界公布的"试行黄册"史料为基础，结合其他明史文献简要分析了"配户当差"制度下，杂役的点选和应当方式。可以看出，明初国家制定的杂役佥派标准普遍很高，单独一户很难达到某一项徭役的佥派标准。即使像铺司兵这种最轻的差役，也大量存在朋充的情况。其实均徭法在编佥杂役时，铺司兵、门子等均

---

① 转引自孙继民等著《新发现古籍纸背明代黄册文献复原与研究》，第 457 页。
② 参见耿洪利《明初小黄册中寄庄户初探》，《中国经济史研究》2020 年第 3 期。

属于轻差范围，没有更多的盘剥和消耗，无需合充。显然，明初杂役的佥派标准带有抑制大土地所有者，以该群体承担主要杂泛差役的政策倾向在内。虽然在苏松等富庶地区存在大户独充一役或数役的可能性，但仍不能忽视中小户朋充徭役的情况。而且，照此标准在处州府各县，甚而在全国其他地区佥派杂役时，便会出现大量的朋充现象。加之各里甲普遍存在虚拟户，势必需要以里甲为单位进行协调派役。

综上可知，明初杂役的佥派首先要以县为单位计算出应当佥派的杂役数量；然后再计算出佥派各役需要的税粮（或人丁事产）额度并酌量搭配分派给各里；最后里甲长根据里内的资产情况，确定正户和贴户并选出实际服役的杂役户。如果遇到驿站马夫这样佥派粮额需要百石甚至数百石的重役，其应役单位应当更大。

上述过程与岩井茂树所述徭役佥派的"里甲形态"非常类似，但仍有不同。"配户当差"的杂役户虽然按照较高的粮额标准佥点出来，却并不需要轮役。所以，杂役户的佥点不必以甲为单位，逐年考虑徭役的轮充问题。某役户一旦选定就需要长期在固定地点当差，朋充户虽然需要出资帮贴，但也不是持续性行为。因此，杂役佥点的朋充范围虽大，实际服役的人户其实不多。

那么，杂役户佥点以后，是否会影响到现年里甲的正役任务呢？该问题的解答需考察明初府县杂役佥派的总量与里甲户数之间的比例关系。限于史料，此处使用表1—3统计的天顺年间安庆府的杂役数据进行估算。根据表1—3，安庆府共佥派4108个差役，而《大明一统志》记载安庆府六县共330里，所以平均每里约为12.5个杂役。① 但在计算杂役与里甲户数比例时，还需考虑以下几个因素：

首先，明初佥派给基层民众负担的差役数量要少于这个数字。

① 数据统计参考梁方仲编著《中国历代户口、田地、田赋统计》，甲表73《明天顺初年及嘉靖、隆庆年间各司府县的里数及估计户数》，上海人民出版社1980年版，第213页。

一方面明初官厅和官员的数量小于正统、景泰时期。另一方面，明初存在大量囚徒充役的情况。宣德、正统以后国家释放了大量的囚徒，也是导致一些杂役转金民众应当的重要原因。所以，洪武时期安庆府各县的"差役里甲比"不会高于10∶1，大致为每甲一差。

其次，杂役应当群体大于里甲正役户数。上节已述，杂泛差役的应役者除里长甲首户以外，还包括带管畸零户。所以，计算杂泛差役的应当者时要计入带管畸零户。综合鹤见尚弘和曹树基等人的研究，南直隶、浙江、江西、福建各布政司的里甲户数大致在130—170户之间。所以，东南各地区的府县平均是从十四五户中金派出一户前去服役，并不会影响到里甲正役的轮充。

第三，理解正杂役之间的关系，还需考虑明代正杂役衍生的财政责任。据正德《姑苏志》记载：

> 今本县以从九则之册点选户役，其丰盈库子并各仓斗级俱应于九则册内点选。今又着里长保选，非惟重叠错乱，抑且奸弊复生。假如本区人户王韦关，里长保殷实人户纳红花价银二两九钱，则册内点出贴隶兵银四两，上下难以相照，重役多端者四也。①

这条史料是景泰年间，崔恭在推行均徭法时，长洲县老人所述，杂役点选与里甲正役发生冲突的情况。该里人户王韦关原本被点选为皂隶贴户纳银四两，却同时被当年里长保选出办红花价银二两九钱。文中"红花价银"是里甲的上供物料负担，皂隶贴户银是杂役户出办的柴薪皂隶折银。这说明此时正杂二役的内容已经发生了变化。学界早有研究指出，明初里甲正役的内容只包括催征税粮与勾

---

① （正德）《姑苏志》卷15《徭役》，《天一阁藏明代方志选刊续编》第11册，上海书店1990年版，第1004—1005页。

摄公事两种，上供物料和地方公费负担是永宣以后才逐渐转嫁给里甲的。① 与此同时，一部分皂隶也在宣德以后改折为柴薪皂隶银，杂役户被点差后，亦不需亲身服役，而是每年上纳柴薪皂隶银。所以上文所述，其实是"配户当差"制与里甲正役的衍生性财政负担发生了冲突。但从另一个角度也说明，在里甲正役和杂泛差役均没有附带性财政负担的情况下，"配户当差"制与里甲正役是可以并行不悖的。

四 小结

以上本节利用新发现的"试行黄册"文献结合明史传世文献，重新梳理了明初杂役的佥派原则与实现方式。学界目前对杂泛差役的研究主要集中在均徭法推行以后，对洪武至宣德时期杂役佥派的方式与变迁过程关注较少。这一方面受限于史料太少且零星分散，还在于我们习惯接受明人"临期量力取差"的论述，认为明初杂役佥派充满了随意性。

其实，成弘以后的明代人也未必全然了解明初的杂役佥派，但周忱、崔恭、叶盛等人是实际推动杂役佥派制度改革的官员，他们的奏疏与公文中提到杂泛差役在均徭法轮役之前存在"配户当差"体制，且杂役户是依据一定的人丁事产点选出来的。而新出"试行黄册"文献表明，明初册籍编制中有"带管外役户"这一部分，恰好对杂役"点差"与"配户当差"相配合的运行机制提供了有力的证据。

"带管外役户"基本涵盖了明初官厅与驿传佥派的所有差役，其以图表的形式书写在十年一造的黄册中，恰好证明这部分杂役户是需要在该处长期应役的。相反，均徭法的出现并非为杂役佥派确立

① 关于里甲正役内容的变化，参见〔日〕山根幸夫《关于明代里长职责的考察》，收于《日本学者明清赋役制度史研究》，第74—82页；〔日〕岩见宏《明代徭役制度の展开》，第67—74页；〔日〕岩井茂树《中国近代财政史研究》，付勇译，第262—278页等。

了一种规则，而是皂隶、禁子、弓兵等徭役的轮役机制改变在先，地方官府改变佥役办法在后。当然，均徭法最终确立并推广的原因仍有深入讨论的空间。

任何政策的有效推行都必须依靠基层社会组织，明代的杂役佥点也不例外。从"试行黄册"登记的户籍信息可知，明代里甲中存在为数不少的虚拟户和带管畸零户，且国家规定的点差标准过高，一般人户根本无法独立承担。在户口类型复杂且存在大量朋充差役的情况下，官府册籍只能计算出摊派给各里的徭役数量，具体役户的点选还需要依靠发挥社区功能的里甲组织来完成。只不过，"配户当差"与轮役制的不同在于杂役户一经选出便长期不变，固定在一处当差服役。考虑到明初差役和里甲数量维持在1∶10左右，且里甲内部的实际应役户数较多，徭役的附带财政负担不重等多种因素，里甲制与"配户当差"制之间并不产生冲突。

当然，文中使用的"试行黄册"文献主要转引自学界近年陆续发表和出版的文章著作，比较零星分散，很多细节仍有推测的成分，所得结论有待方家批评指正，也期待更多明初册籍文献的公布。

第三节　上供物料的派征与里甲制

上节着重分析了明初杂泛差役佥派中，"配户当差"的作用机制及其与里甲制度的关系。本节侧重分析明初上供物料派征在基层社会的实现。在明代赋役制度研究中，上供物料与里甲役之间的关系早有讨论，争论的焦点在于上供物料是否在明初即为里甲正役的内容。山根幸夫和唐文基认为，里甲正役任务中的"勾摄公事"一项就包含上供物料负担。[①] 但岩井茂树和伍跃都认为"勾摄公事"专指与刑事案件有关的内容，并不泛指一般性地方行政事务，所以上

---

① ［日］小山正明：《明清社会経済史研究》，东京大学出版会1992年版，第65—66页；［日］山根幸夫：《明代徭役制度の展開》，第48—49页。

供物料本不是里甲正役的内容。①

岩见宏在讨论物料负担转嫁原因时认为，明初物料措办本与里甲无关，但上供物料分配的不公平以及官府买办给钞不及时最终导致物料负担的转嫁。② 岩井茂树将上供物料派办转化为里甲负担的原因总结为以下三点：其一、永乐年间因迁都造成的大规模工程频繁、五次北征和下西洋活动都使得上供物料负担增大。中央政府削减存留部分以供上用，受到挤压的地方官府财政自然把被剥夺的部分转嫁给里甲负担。其二、宝钞制度的失败导致实际税收大幅度减小，地方政府原来使用宝钞支付的部分自然全部流失。其三、存留税粮可用作行政经费开支的部分越来越少。③

当然，该问题仍有深入讨论的空间。由于上述讨论的焦点是上供物料作为一种财政负担是何时以及如何转嫁给里甲的，所以在一定程度上忽视了办纳上供物料作为一种差役（或徭役）从明初开始就与基层社会有密切关系。岩见宏将明初上供物料的办纳总结为五种方式，其中生产者直接上纳、民户采办、税粮折征和官府买办四种方式与基层直接相关。但他没有进一步分析各种办纳方式与里甲组织的具体关联。

笔者认为，明初上供物料的办纳是"配户当差"制度与里甲制结合完成的。里甲制在明代中前期主要发挥社区功能，国家任何形式的赋役派征任务都要通过里甲组织来实现。本节即以明初上供物料办纳方式的变化为线索，补充分析上供物料转变为里甲银的过程

---

① ［日］岩井茂树著，付勇译：《中国近代财政史研究》，第230—249页；伍跃：《明清时代の徭役制度と地方行政》，大阪经济法科大学出版部2000年版，第65—67、82—90页。

② ［日］岩见宏：《明代徭役制度の研究》，第53—66页；［日］岩见宏：《明代地方财政之一考察》，《日本学者研究中国史论著选译》第6卷，中华书局1993年版，第141—158页。

③ ［日］岩井茂树：《中国近代财政史研究》，第262—278页。

与原因，并讨论里甲银在基层社会的实现方式。①

一 明初上供物料的办纳方式

由于明初上供物料缺少系统化的数据，所以本节首先选择成书年代较早且数据较全的（弘治）《徽州府志》制成"岁办物料"的细目表，再详细分析。徽州府弘治年间的上供物料大致分为三个部分，一项是洪武年间就存在的"成造军器"；一项是户、礼、工三部坐派项目；一项是负责供给地方卫所的军器物料。

表 1—5　　（弘治）《徽州府志》"岁办物料"细目表②

分类	弘治十四年	
成造军器	黑漆角弓 2800 张　　透甲锥箭 20000 支　　弦 10000 条	
新安卫军器物料	瓜铁 生铁 青阔梭绵布 白阔梭绵布 生漆 绵花 银砾 香油 青绒绦盔辫 青绒线 青白熟丝绵 苏木 茜红缨 黄绵 桐油 扭漆绵 栀子 明矾 生钢 生铜 硼砂 细阔贮布 鱼胶 黄麻 细净牛筋 生白丝线 牛角弓面 黄蜡 青绒绦腰刀挽手 荒牛筋 水胶 湖丝 明角稍 硫磺 麻布 荒丝靛花 灰坯 白鹅翎 面粉 三绿 支绿 藤黄 黄丹 白麦 黑斜皮条 绿斜皮贴弓扣 绿斜皮条 沿撒袋口黑斜皮条	
岁办军需物料	奉户部勘合坐派 共银 1963.1 两	黄蜡 茶芽 白蜡 叶茶 蜂蜜火熏猪肉 银杏 核桃 芦笋 茴香
	奉礼部勘合坐派 共银 1797.7 两	肥猪 肥鹅 肥鸡 大尾北羊 茯苓 莘荑 乾漆
	奉工部勘合坐派 共银 89 两	槐花 乌梅 栀子

---

① 本节部分内容曾以论文形式发表，参见丁亮《在徭役与市场之间：明代徽州府上供物料的派征与审编》，《中山大学学报》（社会科学版）2019 年第 4 期。

② 数据来源：（明）彭泽、汪舜民：（弘治）《徽州府志》卷 3《食货二》，《天一阁藏明代方志选刊》第 21 册，上海书店 1964 年版，第 64a—66a 页。

续表

分类	弘治十四年	
岁办军需物料	奉工部勘合坐派 共银 3777.5 两	银砵 二砵 黄丹 乌梅 黄熟铜 红熟铜 黄蜡 生铜 黄牛皮 生漆 桐油 锡
	额外奉工部勘合坐派，无定数亦无定色共银 1553.91 两	黄藤 棕毛 水牛底皮 白硝山羊皮 白硝麂皮 白真黄牛皮 白硝鹿皮
	额外奉南京工部勘合坐派，无定数亦无定色共银 1973.39 两	青笙竹 青猫竹 青水竹 黄藤

地方官府协济办纳卫所的军器物料，即所谓"军三民七"料银，其实也是一笔逐渐转嫁给地方里甲负担的项目。徐泓在考察明代广州地区筑城费用的时候曾指出，军事开支的军民合作模式始于明初，随着地方人口和财政规模扩大，才逐渐协济卫所军事费用，至明中叶就已经出现"军三民七"的比例了。这种现象与"上供物料"中"军三民七"料银的分摊比例是一致的。① 所以，本节暂不讨论这部分费用的转嫁过程，主要分析中央各部物料派办情况的变化。

从表中内容来看，明初至弘治年间中央派办物料主要包括"厨料""药材""祭品"以及军需物料四大类别。对于军需物料派征的起源，（弘治）《徽州府志》认为：

> 不知其始，大段起于永乐迁都营造之时，有额办、有额外派办，每年皆六县里甲办纳。②

可以肯定的是，永乐年间是明代上供物料增派的一个关键时

---

① 参见徐泓《从"军七民三"到"军三民七"和"官三民七"：明代广东的筑城运动》，《中国地方志》2018 年第 1 期。

② （明）彭泽、汪舜民：（弘治）《徽州府志》卷 3《食货二》，第 65a 页。

期，但并非所有的军器物料派征都源于这个时期。很多军需物料自洪武时期就已经由各地供办。如工部"成造军器"一项，洪武初年规定：

> 杂造局季造漆弓一百七十五张，腰刀三百把，其余头盔、铁甲、弦箭等项，随时所需未有定额。①

制造军器所需物料则由"本府坐派六县里甲纳料发杂造局"。②那么，各里甲如何办纳所需物料呢？（弘治）《徽州府志》曾记载了有关皮张、翎毛的供办方式：

> 皮张、翎毛，每岁捕兽户九十四，每户办虎皮一张、杂皮九张，共皮九百四十张。捕禽户九，每户办翎毛四千根，共三万六千根。③

岩见宏将这种物料办纳方式归纳为"从生产者直接征收"，也包括了从采集者手中征收。这些物料和造办弓箭、盔甲有关，这说明明初部分军需物料是坐派给有专业役户的里甲，并由其办理。④上文已有论述，这类专业性户籍和杂泛差役户一样属于杂役户。按照王毓铨的说法，"配户当差"就是国家为每一种徭役立一项役籍，驱使他们去承担朝廷各类生产、造作、兵防等差役。⑤当然，"配户当差"（或可称为"户役"）制度并非只针对物料的派征，其作为一套完整的徭役体系，几乎涉及明代财政制度的各个层面，

---

① （明）彭泽、汪舜民：（弘治）《徽州府志》卷3《食货二》，第53b页。
② （明）彭泽、汪舜民：（弘治）《徽州府志》卷3《食货二》，第64a页。
③ （明）彭泽、汪舜民：（弘治）《徽州府志》卷2《食货一》，第54b页。
④ ［日］岩见宏：《明代徭役制度の研究》，第53—66页。
⑤ 关于"配户当差"的概念和相关论述，参见王毓铨《纳粮也是当差》《明朝的配户当差制》等相关论文，收于《王毓铨史论集》，中华书局2005年版，第793—823页。

王毓铨将其区分为力差、粮差和物差三类，物料的供应自然属于物差的范畴。

在岩见宏所述物料的调达方式中，还有民户采办物料一项，这种方式很具典型意义，但岩见氏没有深入讨论。"工部军需"中"岁办颜料"条目包括的栀子、乌梅、槐花三项即属此类。（正德）《明会典》记载：

> 洪武间圣旨，如今营造合用颜料，但是出产去处，便著有司借倩人夫采取来用，若不系出产去处，著百姓怎么办？那当该官吏又不明白具奏，只指著朝廷明名色，以一科百，以十科千，百般苦害百姓。似这等无理害民官吏，拿来都全家废了不饶。若那地面本出产，却奏说无，以后著人采取得有时，那官吏也不绕。①

这条史料表明，颜料供办自洪武年间就以采取的方式完成，但并没有提及具体的采办方式。不过，薛应旂在一篇奏疏中提到了浙江慈溪县明初采办茶叶的具体过程，可资参考：

> 本县茶之入贡……国初皆仍其旧，至永乐间知县余馆建局在山之西南，每年在清明前一日，掌印官入山监管做茶，至谷雨日方回。著令里甲每里出米一斗、鰲二斤，又各纳稻谷一十斤，鰲、米为焙手饭食，谷给童子捡茶……本县访得绍兴府会稽县亦系有茶县分，随差吏前往，查得该县额办茶芽二十斤，著令会稽县二十七、二十八等都里采办，送赴该县监督拣选，……（路费）给发解茶吏收领，解府起本给批，于谷雨

---

① （明）李东阳等：（正德）《明会典》卷157《工部·颜料》，文渊阁《四库全书》第618册，台湾商务印书馆1986年版，第546—547页。

内就差本吏径自奏闻，赴礼部转送光禄寺交纳。①

　　茶叶、茶芽的供应属于户部、礼部项下，和乌梅、栀子等颜料均属采取而来，所以两类物料的供办方式是类似的。薛应旂文中描述了慈溪和会稽两个县的茶叶办纳过程，慈溪县是由官府派官下到里甲组织办纳，由县政府役使童子和焙手统一采取、煎制茶叶，全县里甲共同负担采办的费用，包括米、馫和稻谷。会稽县则是指定茶山附近里甲人户采取茶叶，交由县衙监督采选后供纳。薛应旂的文中提到，两县茶叶的供办方式自永乐以后即已如此，遂可窥见明初物料的供办方式。慈溪、会稽两县的办法表明，对于不需要专业役户供应的上供物料，地方政府可以雇倩人夫或指定里甲负责供办。但是无论哪种方式，里甲体系都有供给物料的责任。明初供办的"厨料""药材"等项物料，其中很多类目是直接产自地里，或需要人户采取而来，并不需要专业役户供办，所以其完全可以使用与"采取"类似的方式，由里甲人户共同完成上供物料的派征。若通观物料的征收和运输全过程，则里甲体系在其中更要发挥重要作用。

　　学界在讨论明初上供物料派征与里甲制的关系时，倾向于二者相对独立，其中岩见宏的观点颇具代表性。岩见氏认为，无论从哪个方面来看，明初的上供物料征派与里甲制之间没有明显的联系，上供物料是在明代中期以后才成为里甲负担的。② 我以为情况并非如此，上节的研究已经表明，杂役户是在基本户籍中佥点出来的，不管是"配户当差"还是人户采办，物料的办纳都要在里甲中完成。因此可以将明初物料的供办方式表述为"里甲制下的配户当差"，仍由里甲制和配户当差制共同配合完成物料的派征与运输。

---

① （明）薛应旂：《方山薛先生全集》卷52《申革县官入山做茶》，《续修四库全书》第1343册，第540—541页。

② ［日］岩见宏：《明代徭役制度の研究》，第67页。

二 上供物料银的形成及其在里甲内的派征

地方里甲办纳上供物料的方式确实存在由多种实物办纳向里甲共同负担转化的趋势，即由"物差"转化为里甲的财政负担。至于上供物料转嫁给里甲的具体过程与原因，学界已然作出较多的分析，此处略作总结与补充。

首先是"任土作贡"与自然环境之间的冲突。即岩见宏所谓的物料分配不当会对"配户当差"的供应方式造成冲击。如宣德年间绵竹捕兽户所言：

> 汉州绵竹县民奏，世以采捕为业，岁纳麂皮三十张。初地荒林密，人少兽多，采捕不难，输官常足。今生齿日繁，加以屯戍，昔之废地，皆为良田，兽无所容，捕之难得，岁久逋多，人用困弊，乞赐宽恤。①

（嘉靖）《宁国府志》也记载了相同的情况：

> 凡野味，地不恒产，并以钞折，钞法既格，故又征银。惟宣南以天鹅、活鹿之直输于工部，余悉储之府库备岁费焉。②

可见，生态环境的变化会增大实物财政的会计难度，也增加了"役户"的供办难度。在这种情况下，除少量上供折钞征收以外，更多"地无所出"的物料则需要先折收货币，再"收买属官"。③

第二，物料买办制度的改变会加重地方里甲的负担。学界一般会强调永乐年间的军事与营建活动加大了军需物料的派征数量。岩

---

① 《明宣宗实录》卷24"宣德二年正月乙巳"，第633—634页。
② （明）黎晨：（嘉靖）《宁国府志》卷6《职贡纪》，《天一阁藏明代方志选刊》第23册，第14a页。
③ 《明英宗实录》卷141"正统十一年五月甲戌"，第2787页。

井茂树在分析这个问题时也强调永乐年间几项大规模军事和工程开
支导致物料负担第一次膨胀，所用史料正是（弘治）《徽州府志》
中的记载。①

但有一点需要强调的是，目前没有充分的史料说明，永乐年间
的物料加派到底是一次性派征还是形成了永久性的派征额度。所以，
我们仍然不能忽略永乐以后物料派征的制度性变化对基层里甲的影
响。据《明仁宗实录》记载：

> "京师民党保等奏，工部令买沙鱼皮造卤簿及器械之用，此
> 物北京素所不产。上谕行在工部臣曰，凡物之需当随地土所产，
> 沙鱼皮产于近海郡县，此何以责其京民，其给官钞就出产之处
> 买之，庶不扰下。"②

这条史料表明，永乐迁都以后，许多原有责成京师铺户买办的
方式不再有效，大量物料必须去产地收买。看起来这是一条便民的
指令，但无疑对明初的物料买办制度有重要的影响。从明王朝物料
买办方式的演化历程来看，买办责任与物料的财政负担是相连的。
高寿仙的研究指出，明代后期各地方上供物料高度改折以后，立即
造成了两京铺户商役负担的加重。原因是两京各部和内府拿到上供
物料银以后会责成两京铺户完成买办任务，则给价不足或不及时的
弊政便会给两京铺户造成巨大的财政负担，此即铺户"商役"的问
题。③ 同理，仁宣时期物料买办任务向出产地的转移无疑会加重里甲
的办纳负担。

第三是物料折征向里甲的转嫁。如岩见宏的总结，明初上供物

---

① ［日］岩井茂树：《中国近代财政史研究》，付勇译，第230—249页。
② 《明宣宗实录》卷9"洪熙元年九月乙丑"，第256页。
③ 参见高寿仙《财竭商罄：晚明北京的"公私困急"问题——以〈宛署杂记〉资
料为中心的考察》，《北京联合大学学报》（人文社会科学版）2010年第4期；赵毅《铺
户、商役与明代城市经济》，《东北师大学报》1985年第4期。

料往往以税粮折征的方式从民间收纳，但这种折征的方式在正统以后逐渐转变为里甲的负担。据（弘治）《徽州府志》记载：

> 自银硃以下一十二色共银三千七百七十七两五钱。弘治六年以前，俱奉户部勘合于存留永丰仓粮内折征，解送工部交纳。至七年又奉户部勘合，该派之数率十分通减五分，查照正统十年以前事例，改派里甲出办。至十一年为始，径奉工部勘合，每岁将前数坐派里甲办纳。①

从这条史料可以看出物料折征转变为里甲负担的全过程。史料中明确写到弘治七年（1494）和弘治十一年（1498）物料办纳由折征变成派办遵循的是"正统十年以前事例"。据（弘治）《琼台府志》的记载：

> 正统十一年，以颜料数多民力不堪，令户部分派出产州县存留粮内折征解纳以便民。弘治六年，户部尚书叶淇建议，各司府存留粮米支用不敷，而前例承行年久，吏缘为奸，以粮价不足复加重敛，与派无异。今京库颜料岁积颇多，乞自弘治七年始，该派之数以十分为率通减五分，会派各该府司，支取该年里甲均平买办为便。②

另查《明英宗实录》正统八年（1443）相关诏旨原文为：

> 上谕户部臣曰：朝廷所需每令有司买办，不无扰民。尔等即查地产所宜，于岁征存留钱粮内折收完备，差人管解。直隶

---

① （明）彭泽、汪舜民：（弘治）《徽州府志》卷3《食货二》，第72b页。

② （明）唐胄：（正德）《琼台志》卷11《土贡》，《天一阁藏明代方志选刊》第60册，第37a—37b页。

并山东府分送北京，福建、广东、浙江、湖广、江西、四川府分送南京该司收贮，以备应用。其不奉条约及夤缘作毙者，罪之不宥。①

对比两条史料，记载略有不同，一是时间上有正统八年（1443）和正统十一年（1446）的差别。二是折征对象不同，地方志中专指颜料，实录中则扩大至"朝廷所需"。不过，张时彻在《芝园别集》中记载了这道敕语的原文：

> 查得正统十一年该本部官钦奉英宗皇帝圣旨：朝廷合用颜料，百姓买办艰难，恁户部便于出产去处定数派去。着该司府堂上官，自正统十二年为始，每年于存留粮内照彼处时值，从公估计折征，务在两平，不许亏官损民。折征完备，选委殷实粮户管解户部，送该库交纳，都著所司应付船车脚力。福建、浙江、广东、江西、湖广、四川路经南京的，着该部换与马快船只运来。敢有所司分派不均及通同无籍奸民作弊害人的，都重罪不饶，钦此。②

综合以上三条史料可知，正统十一年（1446）是这道诏旨在地方具体执行的时间，折征仅限于颜料，不过诏令中只是让各州县以存留粮折征上纳，原与里甲无关。但正如叶淇所指出的，各地存留粮米折征颜料后，官府便以存留粮支用不足为由，再度加征粮米，所以折征颜料与加派并无区别。他的建议是将这项负担减半以后，承认地方加派里甲征收的既定事实。张时彻在公移中也讲述了同样的情况：

---

① 《明英宗实录》卷101"正统八年二月己亥"，第2041页。
② 张时彻：《芝园别集》卷4《公移》，"存留余米折征户礼工三部料价案"，《四库全书存目丛书》集部第82册，齐鲁书社1997年版，第544—545页。

　　通查案呈到部，看得监丞张禄题称物料缺少一节，为照银
硃、水胶、槐花、紫草、黑铅等料，本部每年查照旧额，斟酌
坐派，通行各司府州县于存留粮内折征解部交纳，乃本部会派
岁用之常……又该前院查得，户部额派料银原行于存留粮内折
征，今本省俱于均徭内编取，重派一番，小民负累。①

　　正统年间颁布的这道折征指令涉及七个布政司，而各地在奉命
折征颜料以后，均会以各种理由重新将这项负担转嫁给里甲人户来
负担，与直接派征无异。虽然从折征到重新加派需要一定的转化时
间，但很显然地方志所言的"正统事例"其实指的是由"折征"到
"加派"这样一个完整的过程。而且这个事例适用的范围也不仅是颜
料的折征，而是成为多种物料直接派征的依据了。

　　最后一个非常重要的原因，就是宝钞贬值对上供物料转嫁里甲
的推动作用。根据（万历）《明会典》记载：

　　（正统）七年奏准，各处州县额办商税、酒、纸等课于各州
县收贮，以备岁造段匹、祭祀及官吏俸给等项支用。②

　　朝廷在正统七年（1442）颁布的这条法令，无疑加速了上供物
料和地方公费负担向里甲的转嫁速度。岩见宏在论述该问题时，曾
指出宝钞贬值和官府支付不及时都会造成百姓的买办困境。岩井茂
树也认为宝钞贬值使得地方政府原来使用宝钞支付的部分全部流失，
这才将负担转嫁给民户承担。③ 但这里补充说明一点，宝钞因素是叠
加在上供物料的办纳机制之上发挥作用的。无论是"配户当差"、采

---

　　① 张时彻：《芝园别集》卷4《公移》，"存留余米折征户礼工三部料价案"，第
545页。
　　② （明）申时行等：（万历）《明会典》卷35《户部二十二·课程四》，第255页。
　　③ ［日］岩见宏：《明代徭役制度の研究》，第46—50页；［日］岩井茂树：《中国
近代财政史研究》，第262—278页。

集、买办还是折征，上供物料的办纳都要依托坊里甲才能完成。所以，物料派征的不合理、给价不足以及折征的缺额最终都会转嫁给里甲负担，但宝钞的贬值无疑加速了这个过程。

综上可知，明初上供物料的办纳并非与里甲制毫无关系。多种物料的办纳方式都要依托里甲完成。只是随着物料派征数量的增大、办纳制度的改变以及宝钞贬值等诸多因素，上供物料办纳逐渐演化为里甲的财政负担。但此时明代国家并没有放弃实物财政原则，最终征收的依然是具体的物料。只是朝廷将更多的物料负担和办纳手段都转移给了里甲，依托里甲制度间接通过市场完成物料上纳。这种"委托代理"的办法既减轻了各级衙门的财用压力，还能保证物料的供应。

上供物料负担转嫁给里甲以后，各地一般都采用"责财于民"的方式，将物料负担以货币的方式分摊派给应役的里甲民户，然后再"具物以供"。那么，上供物料的负担究竟如何在里甲内实现呢？据（嘉靖）《宁国府志》载：

> 右贡自方物之外，类乖任土之义。朝廷责贡于郡，郡责财于民，以财充贡，故有军需之征。[1]

（嘉靖）《萧山县志》也有类似记载：

> 凡贡今谓之坐办、额办，概取诸里甲丁田，岁输于官，官登于司府，领之解户，然后具物以供。[2]

萧山县所谓取自"里甲丁田"，就是将应役里甲民户资产按照

---

[1]　（明）黎晨：（嘉靖）《宁国府志》卷6《职贡纪》，《天一阁藏明代方志选刊》第23册，第14a页。

[2]　（明）林策、张烛：（嘉靖）《萧山县志》卷3《食货志》，《天一阁藏明代方志选刊续编》第29册，第262页。

丁田计算出一个总数，再将上供物料的费用平均分派到每户丁田之上。我以为，上供物料（包括地方公费）照里甲丁田审编均平分派的方式并非自荣如此，其形成需要一个过程。据况钟的记载：

> 据常熟县申，里老周伯琦等连名状呈本县，近年以来，蒙上司坐办军需颜料等项，均派本县五百三十里应办。每被收解役户、揽头人等加倍计价。……如蒙准呈，乞将本县五百三十里于秋成时，每甲出米五十石。如甲内实有事故贫乏者，于各甲首并该管里长均办。……本县另置总簿一扇，遇有坐派军需颜料等项到县，照依时估合用价钞，明白将所收米及货物支拨买办。①

这段史料是苏州知府况钟于宣德九年（1434）申请建立义役仓之时，转引的常熟县里老周伯琦的呈文。其中明确讲到常熟县近年需由里甲办纳军需颜料，且官府是将物料负担均派给里甲负担的。况钟结合里老的建议给出的办纳方法是，轮役各甲首先出义役米五十石，然后由收解人户支领义役米前去买办。另据（嘉靖）《常熟县志》载：

> 周文襄公巡抚悯苏民赋重，凡里长差役，每名俾出银一两轮当，人得停役二年。其时县令郭侯南创为义役，令见役里甲每里出米五十石。常熟县五百里，计米二万五千石，并仓而收，申之上官公同支用，郡守况公善其法，俾行之各邑。厥后义役废而差役兴，凡十年而轮差，民受差以即役……②

---

① （明）况钟：《况太守集》卷9，《请建立义役仓奏》，《明别集丛刊》第1辑，黄山书社2013年版，第100页。

② （明）冯汝弼、邓黻等：（嘉靖）《常熟县志》卷2《徭役志》，《江苏历代方志丛书·苏州府部》第53册，凤凰出版社2016年版，第428页。

可见，以义役米办纳军需物料的办法并没有持续很长时间。翻阅苏州各府县地方志可知，义役米作为一项田赋收入始终存在，只不过早已被挪作他用，而里甲依旧要负担上供物料的负担。另据（正德）《姑苏志》记载：

> 今本县以从九则之册点选户役，其丰盈库子并各仓斗级俱应于九则册内点选。今又着里长保选，非惟重选错乱，抑且奸弊复生。假如本区人户王韦关，里长保殷实人户纳红花价银二两九钱，则册内点出贴隶兵银四两，上下难以相照，重役多端者四也。[①]

这条史料是长洲县老人写给时任应天巡抚崔恭的一份呈文，而崔恭任南直隶应天巡抚在天顺二年（1458）至四年（1460）期间。这段史料提到的是景泰四年（1453）苏州知府汪浒推行杂役点选法时出现的弊端，所以它反映的其实是景泰、天顺年间基层里甲办纳赋役的情况。文中明确讲到，民户王韦关是被里长"保选"出办"红花价银二两九钱"，而红花价银就是上供物料的一项。这条史料有两处值得注意：一是物料办纳没有使用义役米，且由里长点选出殷实大户来出办价银，并非里内均分负担；二是结算单位的变化，况钟在呈文中讲到的是以宝钞结算，而景泰、天顺以后则是直接以白银来结算了。

同样的情况也出现在江西布政司，据（嘉靖）《东乡县志》记载：

> 里甲均平有额办祭祀、乡饮、孤贫、弓张，有岁派，如浅船、水牛皮、□砂、蜂蜜、历日纸、婚礼银，无定额，不可预拟。景泰年间，巡抚都宪韩公酌定每里出银六两，非全里者杀

---

① （明）王鏊：（正德）《姑苏志》卷15《徭役》，第317—318页。

其半，入役之初随即完纳。是后渐增至十二三两，里甲逃亡，递年拖欠。正德年间，都宪俞公照依丁粮均派，一县通融，每里不过九两之数。嘉靖二年□□□□□公分里甲为三等，申（疑为中）里出银六两，上里□□□□九两，下里递减止于三两。凡增减俱以一两为法，而一县通融，每里以六两为大。凡除额办、岁派之外，余者贮库，如不足用，将上年余剩者补凑。①

这条史料提到，江西地区的上供物料和地方公费在景泰年间已经成为里甲的共同负担，且负担办法就是照里均派。只不过韩雍考虑到了里甲此时已经出现分化，户口不足的里甲只纳银三两，称之为"板榜银"。②

综合可知，明代上供物料与地方公费固定的由现年里甲分摊就形成于宣德、正统年间，只不过核算的方式有从钞到银的转化过程。景泰、天顺以后，各地已经普遍采用了用银结算的方式，这一点显然和正统年间"金花银"的征收有密切关系。此外，还应当注意到上供物料银在里内分派的具体方式。前文已述，苏州府各里甲内使用的是里长保选民户纳银的方式。其实江西也有类似的现象，据（正德）《建昌府志》记载：

正德八年更定，仍以近额每里九两五钱为率，查照丁粮通融均派，欲别贫富以定画一之规。然究立法初意，名为里甲，以里取之甲而输之于官者也。若不通论全里十甲丁粮之数，而止论里正一户贫富之差，则富者所入视旧十九而取之甲者不加，贫者所入视旧十一而取之甲者不减。丁粮既无定数，愚民讵能

① （明）秦镒、饶文璧：（嘉靖）《东乡县志》卷上《贡赋》，《天一阁藏明代方志选刊》第40册，第40b—41a页。

② （明）聂豹：《双江聂先生文集》卷8《答东廊邹司成四首·四》，凤凰出版社2007年版，第406—407页。

周知？吏胥高下其手，又不能保其必无也。①

　　这条史料和前引《东乡县志》都提到了正德八年（1513）江西巡抚俞谏对里甲银派征方式的改革。综合两条史料可知，江西地区在景泰年间以后，上供物料银逐年增加，所以才有了俞谏照全县"丁粮通融均派""每里不过九两五钱"的改革办法。但《建昌府志》的作者是反对俞谏照丁粮通融均派里甲银的做法的，他认为一般民众并不清楚每年丁粮的数据，照丁田均派只会加重百姓的负担，给胥吏更多的寻租空间。相反，修志者认为里甲银的征收额度就应当锚定里长户，而非通融派到全里的丁田之上。

　　可见，正德以前江西里甲银的派征与苏州府相类似。官府将上供物料和公费负担照里均派给各里甲以后，由里长具体负责里甲银的分派，主要是保选殷实大户出办，当然出办者也包括里长户在内。所以，里甲银最初是摊派给大户出办的，而非全甲人户共同负担。直到正德年间俞谏改革的时候，里甲银才出现"通融均派"的办法，其与"保选"方式最大的不同就在于，照丁田均派是一种"满编"状态，里内人户凡有丁田者都要缴纳相应数量的里甲银。而上引浙江萧山县里甲银"概取诸里甲丁田"就是在通融编排以后才出现的派征办法。

三　小结

　　以上本节着重分析了明初上供物料的派征及其在基层社会中的实现方式。就如杂泛差役的佥派一样，明代上供物料的办纳最初也是多种方式并存的。岩见宏总结的四种与基层民众相关的物料办纳方式，我们很难断定哪一种在明初是居主导地位的。但有一点不可忽视的，就是上供物料的采办、买办或折征都要依托坊里甲等基层

<hr>

① （明）夏良胜纂：（正德）《建昌府志》卷4《里甲》，《天一阁藏明代方志选刊》第46册，第30b—31a页。

组织实现。

永乐以后，上供物料的办纳确实发生了很大的变化，如迁都、战争等大规模的国家活动带来的上供物料负担的增大，两京买办任务向布政司的转移，宝钞的贬值以及不可忽视的自然环境的变化等诸多因素，造成了里甲上供物料负担的最终形成。上供物料由里甲共同负担大致在宣德年间开启，只不过彼时尚以宝钞核算，再平均摊派给各里甲负担。正统、景泰以后，各地陆续将上供物料的分派定额化，并以银核算。

但即使是里甲共同负担上供物料和地方公费，其在里内人的实现方式仍有值得讨论的地方。学界以往的研究认为，里甲银和均徭杂役不同，均徭法佥派的是去官厅服役的人员，需要确实指定前去服役的民户。所以当徭役数量远小于轮役里甲的总户数时，自然会出现中下户并不服役的情况，而成弘年间均徭余剩银的征收也的确印证了这个事实。但里甲银不同，它是以货币的形式均摊给每个里甲的，所以其在内里由大家共同承当也在情理之中。但引苏州与江西的史料证明，里甲银最初的分派方式其实和均徭役类似，也是由里长保选里内殷实大户来承担，并非里甲民户共同负担。正因如此，才有了正德以后各地统一按照丁田摊派的改革，里甲银才实现了"满编"的状态。

综上，上供物料无论是派征实物还是货币，里甲制都是明代"物差"得以实现的基层组织。里甲负担增大以后，官吏会以"照里均派"的办法将上供物料负担委托给里甲办纳。而里甲长实际掌握着物资的负担方式，起到关键作用。其可以点选某户负担某项物料银。那么是否可以认为里甲银"照丁粮通融均派"以后，里甲长的权力在减小，官府的编佥权力逐步增大呢？情况并没有这么简单。通融均派的办法出现在弘治、正德以后，而此时的里甲组织已基本丧失社区功能蜕化成单纯的财政派办单位，很多府县出现照丁田重新编排里甲的做法。里甲负担照丁田通融均派是与这个过程同步的，是一种财政审编行为，不能将其理解为官府对人户资产的直接控制。

可以认为，正德以后的里甲组织只是财政审编单位，里甲长是金派出来到官府应役的一项差役，他们不再是职役性精英，不主导赋役负担在基层的分配，但赋役负担仍要通过替代性社区组织为分摊。

本章小结

本章着重分析明初杂泛差役和上供物料派征方式的演变过程，并讨论里甲制与"配户当差"制在明初赋役派征中所起到的作用。可以认为，有效的赋役派征活动是国家治理基层社会的基本目的之一，而画地为牢的里甲制和立籍当差的户役制无疑是实现这个目的最重要的手段。

就此而言，里甲编制的首要目的是实现对原有自然聚落的行政性控制。该原则在"试行黄册"编纂时已有非常充分的体现。洪武十四年以后虽然略有调整，但仍不改变编里不出本都的基本原则。因此，一百一十户的里甲编制规则更多地体现出国家对基层社会的统治权威，而其内部的社会构成实则更为丰富。

国家在编制"编户齐民"之时首先要衡量人户的赋役负担能力，"户"更多地体现出"税户"的意味。从"试行黄册"和明代官方规定中也可以看出，册籍中存在大量僧道户、学田户等虚拟户籍作为里甲正管户或带管畸零户。这一方面提示我们，至少在人口稠密的东南地区，里甲内部的有效应役户口平均可达到150户左右；另一方面，由于虚拟户、带管畸零户等复杂户口形态的存在，里甲长要在赋役派征活动中发挥关键的协调作用。尤其在里甲出现分化以后，赋役派征和基层社会的治理更多要依靠里甲长等职役性精英群体。

在里甲制的基础上，明代国家利用"配户当差"制度实现对赋役资源的汲取。该制度固然有对元代"诸色户计"的继承，但也是古老的"指定服役制"原理的一种体现。明代的"配户当差"制度是分层次展开的，既包括军、民、匠、灶等基本户籍，也有在此基础上叠加的次生户籍。本章关注的里甲正役和杂泛差役户均属于次生户籍范畴。学界早期对次生户籍的"配户当差"情况梳理不够系统，其实该制度普遍用于明初各类徭役的佥派之中。所谓"配户当差"就是按照一定标准点选出人户并注籍为"某役户"，在一个固定的时间范畴内稳定的充当某种差役，明初的里甲正役户和杂泛差役户均是以这种方式点选出来的。

第二节主要关注杂泛差役在明初的佥派方式。杂泛差役如其名，是一个包含范围非常广泛的徭役系统，既包括两京部监寺局等机构所需徭役，也包括各级官府公厅驱使的差役，以及供役于驿递邮传的水马夫和铺兵等役。由于以上各类徭役在明代中后期逐渐演变成均徭役、驿传役等不同的徭役佥派系统，所以学界在一定程度上忽视了杂役系统早期的动作方式。本书的论证表明，官厅公使的皂隶、门子、禁子等差役和驿递差役一样，最初均采用"配户当差"的办法佥派，而非无规则的临期量力点差。新发现的"试行黄册"中保留了"带管外役户"的记载进一步证实了笔者的分析。由于官厅杂役中的皂隶、门子、禁子等役出现了凭借职役特权寻租的"役占"行为，因此出现了宣德以后各地的轮役制改革。但学界的研究已经证明，均徭法的最终推广并非解决"役占"现象，而是解决徭役折银以后的分派问题。

杂役无论采用"配户当差"的办法点选，还是以均徭法轮充，均涉及其在基层社会的具体实现方式，这也最能体现王朝对基层社会的治理情况。在考虑徭役之于基层社会的负担问题时，需综合考量一个时期内差役总量、有效应役人户数量和应役群体的来源三个主要的问题。在此尤其不能忽略的，就是明初杂役的多元化来源问题。揆诸史料，明代早期的皂隶、斋膳夫等杂役普遍存在囚充的情况，这会大大降低里甲民户的徭役负担。再考虑到明初官员和衙门数量尚未膨胀的情况，笔者认为明初杂役户的点选具体到每个甲大致在 1 户左右。这个负担数量，在东南地区平均每甲有效应役户数可达 15 户的情况下，是不会影响到里甲正役任务的。

所谓有效应役户数，是指人丁事产登记在册的"税户"，包括里内大量的虚拟户和带管畸零户。这些复杂的户籍形态决定了杂役户的点选工作、不是胥吏凭借册籍即可完成的。如"试行黄册"中存在大量僧院道观等虚拟户点充杂役户的情况，但根据官方的规定，僧道是不许入公门服役的，遑论尼姑和学田了。所以，这些虚拟的"杂役户"显然不是胥吏凭借手中册籍就能佥点出来的，其一定需要里长在里内协调才能产生。

同样的情况也出现在明初上供物料的办纳过程中。学界此前的研究表明，明初上供物料存在采办、买办、折征等多种办纳途径。但无论物料办纳方式如何，派征任务的完成都离不开"配户当差"与坊里甲制度的支撑。尤其在物料负担增大以及买办制度变革的情况下，上供物料的负担明显有向基层里甲转移的趋势。宣德以来各地就有将上供物料负担照里均派的做法，正统、景泰以后则基本固定为现年里甲的财政负担了。

虽说里甲银从州县向下是"照里均派"的，但里内的再分配过程却并非按民户资产均派，而是采用里长保选殷实大户负担。所以，里甲银的分派和杂役点选的原则一样，都有将财政负担金派给中上户而非全里负担的倾向。换言之，里长在里甲银的分配过程中同样拥有佥点的权力，起到关键的主导作用。

通融均派的改革则要到弘治、正德以后才普遍实现，里甲银的审编完全按照册籍上的丁田数量来确定，这与均徭役审编的"满编"状态出现的时间是同步的。不过，这并不代表国家对基层社会的控制在加强，也不代表地方官府可以对每个具体人户实现徭役编金。其实徭役审编实现照丁田通融均派之时，也是里甲的社区功能萎缩，完全蜕变为赋役派征单位的时候。也即照丁田通融审编徭役是一种重新划定"财政里甲"的过程，而里甲银和均徭役的派征其实仍要依靠实际发挥社区作用的基层组织来实现，只不过这种基层社区组织有了更多元的展现方式。

第二章

乡里秩序维护与礼俗教化

"教而化之"是历代王朝统治者施政于民,维护社会秩序的重要内容,明代亦是如此,元明鼎革,太祖朱元璋有感于"兵变以来,人习战争,惟知干戈,莫识俎豆"[①]的现状,随即着手制定各种礼法制度,对民众实施教化,他认为"致治在于善俗,善俗本于教化,教化行,虽闾阎可使之为君子;教化废,虽中材或坠于小人"[②],社会的治乱在于申明礼义廉耻,纠偏风俗,归正人心,这些才是管理民众的基础。只有教化施行得当,人人向善,社会秩序才能稳定,国家才能长治久安。由此,明代国家采用多种形式对基层士民施以教化,既有直接的法律法规约束与惩戒,如制定《大诰》《教民榜文》,"以良民治良民"的里老人辅助管理,又有礼仪祀典潜移默化的渗透,如乡饮酒礼、乡贤名宦祭祀。本章笔者以老人责任制、乡饮酒礼、乡贤名宦祠祀三个方面为切入点,通过对其推行、实施、流变、回应等一系列发展过程的讨论,以期对明代地方的教化推行以及在此期间的官绅互动问题进行解读。

第一节　老人责任制与地方秩序的规范

里老,又称为里老人、耆老、耆旧,指那些长居于乡里社会,

---

① （清）张廷玉等:《明史》卷69《选举志一》,第1686页。
② 《明太祖实录》卷98"洪武八年三月戊辰",第1672页。

品德高尚、行为正直，备受乡人推崇敬服，颇有威望的年老者。这一群体因为"住居相接、田土乡邻"① 的地缘优势，往往对当地的情况有深入的了解，并且因为他们的品行高洁而受到民众的拥戴，所以在中国传统社会里老人一直被认为是"公正"的化身，遂成为维护地方社会秩序的隐形力量。有明一代，地方里老这一群体在基层社会发挥着重要的作用。学界对于里老这一群体也多有研究，② 从研究成果来看，前辈学者对明代以前的老人制度情况较为关注，对明代里老人的研究则多是从法律史的角度探究里老人的理讼制度③，此类研究成果中对里老在地方发挥的教化作用也给予了充分的肯定。可以说，尤其是在明初，地方里老以其地缘优势及其自身在基层社会的特殊地位，成为中央王朝与基层社会上传下达的媒介，这一群体是明代国家实施地方教化的重要辅助力量。明朝建立之初，中央政府为了对地方进行有效的管理，特在各地选拔年老而德高望重者来监督地方官员，并协助官府规训教化百姓、督促农务、条理词讼，意图调动地方里老以实现"以良民治良民"。

一　里老人对生活生产秩序的维护

明朝建国，中央政府即积极致力于宣扬教化，抚慰民心，规范社会秩序。里老人作为长期生活在乡里社会且被乡民所信服者，遂而被明朝中央赋予一定的权力以协助地方政府处理民间事务，令"平日在乡有德行、有见识，众所敬服者，俱令剖决事务，辨别是

---

① 杨一凡、曲英杰、宋国范点校：《中国珍稀法律典籍集成》乙编·第一册《教民榜文》，中国社会科学出版社 1994 年版，第 635 页。

② 赵秀玲：《中国乡里制度》，社会科学文献出版社 1998 年版；高寿仙：《明代农业经济与农村社会》，黄山书社 2006 年版，《变与乱——明代社会与思想史论》，人民出版社 2018 年版；鲁西奇：《中国古代乡里制度研究》，北京大学出版社 2021 年版；赵克生：《明代地方社会礼教史丛论》，中国社会科学出版社 2011 年版。

③ 王彬、刘闪闪：《明朝申明亭制度的法律功能研究——以里老人主持理讼为视角》，《哈尔滨师范大学社会科学学报》2021 年第 3 期。

非"①。

洪武三十一年（1398），明朝廷针对地方官吏贪赃枉法、殃害百
姓，诉讼增多，地方秩序混乱的情况，特发布《教民榜文》以此规
范地方社会的秩序，"今出令昭示天下，民间户婚、田土、斗殴相争
一切小事，须要经由本里老人、里甲断决"②。由是，地方里老凭借
国家所赋予的权力，合法合理的成为协调明朝中央政府与基层社会
的媒介，并承担起乡里秩序维护的职责。尽管地方里老不是国家公
务人员，但是因为其在乡里社会的特殊地位及作用，明朝中央政府
对他们的权力与责任以及自身行为的约束方面都进行了清晰翔实的
规定。关于里老人在地方的职责及能够行使的权力方面，总的来看，
里老人的职责较为全面，凡涉及地方士民的生产生活、礼俗文化，
只要不牵涉大是大非，人命财产，其余地方琐事一应由地方里老先
行决断。

剖断纠纷、条理词讼是地方里老的重要职责。明朝建立之初，
为了应对地方诉讼逐年增加的现实状况，太祖朱元璋主张在基层社
会设置里老人协助地方官府裁断纠纷，条理诉讼。

> 老人、里甲与邻里人民，住居相接，田土相邻，平日是非
> 善恶，无不周知。凡民有陈诉者，即须会议，从公剖断。许用
> 竹篦荆条，量情决打。③

明朝政府依据里老人自身"住居相接，田土相邻"的在地性特
点，认为长期的基层社会经验会使他们对乡民的道德品行有准确的

---

① 杨一凡、曲英杰、宋国范点校：《中国珍稀法律典籍集成》乙编·第一册《教民
榜文》，第636页。

② 杨一凡、曲英杰、宋国范点校：《中国珍稀法律典籍集成》乙编·第一册《教民
榜文》，第635页。

③ 杨一凡、曲英杰、宋国范点校：《中国珍稀法律典籍集成》乙编·第一册《教民
榜文》，第635页。

了解，谁善谁恶、是非对错都能够判断清楚，由此，一旦出现邻里之间争斗、纠纷，里老人可以随机应对并能够公正的判定。地方里老管理词讼的职责较为宽泛，据《教民榜文》记载：

> 老人、里甲合理词讼：户婚、田土、斗殴、争占、失火、窃盗、骂詈、钱债、赌博、擅食田园瓜果等、私宰耕牛、弃毁器物稼穑等、畜产咬杀人、卑幼私擅用财、亵渎神明、子孙违犯教令、师巫邪术、六畜践食禾稼等、均分水利。①

大到乡民间的婚姻嫁娶、田土、水利、债务的纠纷，小到顽民的打架斗殴、盗窃赌博、牲畜践踏吃食粮食等等，事无巨细，里老人都有权力进行监管约束，裁夺惩戒。能够有效实施对民间词讼的管理与裁夺，除却官方所赋予的权力以外，其基础是里老在基层社会的威望，因为德高且望众，才会得到乡民的推崇与信任，遂而能够以"中人"的身份温和有效的调解民间事务。里老人对词讼的管理在一定程度上节约了行政成本，减轻了地方政府的断案压力。而民间琐事依仗里甲、老人的简化低调处理也完全符合中国传统观念中的"不入公门"，明初政府可谓是在行政法律之外寻找到了一条维护基层社会秩序的途径。

里老人不仅对基层民众的日常生活进行维护管理，他们还有监督地方官吏的权力。明朝政府在地方设置里老人协助管理的初衷即是源于地方官吏的"贤否难知"。明代地方官吏的选任虽然有严格的程序，但是辨人实难，在任一地时间既久，一些操守品行不端的地方官吏贪婪的本性即暴露出来，遂而做出贪赃坏法、殃害良善的行为。由此，明朝廷赋予里老人以监督官吏的职能，他们的职责主要是品察地方牧守及吏员是否清正廉洁、勤于公务，行政执法是否公

---

① 杨一凡、曲英杰、宋国范点校：《中国珍稀法律典籍集成》乙编·第一册《教民榜文》，第636页。

允等等。"老人察官吏贤不肖以闻，视民讼断"①，里老人如若发现有官员办事不公正，贪妄渎职，即有权力上报给上级政府和中央，以及时的消除对民众的迫害，维护地方的有序运转。

> 朝廷设官分职，本为安民。除授之际，不知贤否；到任行事，方见善恶。果能公勤廉洁，为民造福者，或被人诬陷，许里老人等遵依《大诰》内多人奏保，以凭辩理。如有赃贪害民者，亦许照依先降牌内事例，再三劝谏。如果不从，指陈实迹，绑缚赴京，以除民害。②

由以上引文可知，里老人对地方官吏的监督职能分为两个方面，一方面可以"奏保"，即在遇到"公勤廉洁"的官员被别有用心者诬陷时，里老人应该据实查明，如果该官员确实是清正廉洁且"乡评"皆为善者，里老人可以遵照《大诰》中的条例联合其他乡人进行上奏担保。另一方面则是对地方那些执法不公，贪赃害民的官吏，里老人对这些人有申诫规劝的责任，如果当事人经里老的再三劝诫而置若罔闻、不知悔改，那么里老有权将贪赃枉法者捆绑执拿至京师接受相应的惩罚。

另外，里老人除了协助中央政府管理不法官吏士民以外，还要进行生产生活秩序上的监督与维护。里老人具有督促乡民生计，劝课农桑的职责。农业为立国之本，经过几十年的元末战争，明初社会经济凋敝，百废待兴，王朝政府的首要任务即是振兴农务，太祖朱元璋极力地倡导地方民众要各安生理，勤于耕作。《教民榜文》中明确强调了地方里老人有规劝督促乡民耕作的责任，并且规定，如果里老对农务督促不力还需要承担一定的处罚。

---

① （嘉靖）《秦安志》卷4《职官志》，《中国方志丛书》第559号，台北成文出版社1976年版，第84页。
② 杨一凡、曲英杰、宋国范点校：《中国珍稀法律典籍集成》乙编·第一册《教民榜文》，第639页。

河南、山东农民中，有等懒惰，不肯勤务农业，以致衣食不给，朝廷已尝差人督并耕种。今出号令：此后止是各该里分老人劝督。每村置鼓一面，凡遇农种时月，五更擂鼓，众人闻鼓下田，该管老人点闸。若有懒惰不下田者，许老人责决。务要严切督并，见丁着业，毋容惰夫游食。若是老人不肯劝督，农人穷窘为非，犯法到官，本乡老人有罪。①

吕毖的《明朝小史》把这种里老人督促务农的现象称为"村鼓劝农"，"帝令民每村置一鼓，凡遇农种时月，清晨聚众鼓鸣，皆会田所及时力田，其怠惰者里老人督责，里老纵其怠惰不劝农者，罚"②。

从上引史料中的描述可以看出，明初针对个别地方民众懒惰成性，不肯勤务农业的行为，特派该处里老进行劝督。具体措施则是，在农耕播种的时节，每村设置一面鼓，五更时分准时敲鼓，村民听闻鼓声以后进行集合，然后集体下田耕作。里老人负责查点报到人数，如果出现因懒惰不及时下田者，老人有权力对其进行责罚。如若老人督劝不力，以致那些懒惰者越发变得穷困潦倒、不能自给而为非作歹，里老人也会因为失责而受到一定的惩罚。

除此之外，里老人还要时刻关注民众的日常生活与补给，并及时向上级部门反映地方士民的需求。

咸宁、长安二县里老人等连名状告，陕西城池自古无水，且城中井水苦咸，人吃多病。③

---

① 杨一凡、曲英杰、宋国范点校：《中国珍稀法律典籍集成》乙编·第一册《教民榜文》，第640页。

② （明）吕毖：《明朝小史》卷1《洪武纪·村鼓劝农》，《四库禁毁书丛刊》史部第019册，北京出版社1997年版，第464—465页。

③ （明）余子俊：《余肃敏公奏议》卷2《巡抚类》，《四库禁毁书丛刊》史部第057册，第558页。

西安府咸宁县、长安县的里老人在看到陕西城中饮水不足,士民饮用苦咸井水导致生病以后,进行了联名上报,希望相关部门能够重视,开渠取水以保证民众的生活。

> 乡里人民,贫富不等,婚姻、死丧、吉凶等事,谁家无之?今后本里人户,凡遇此等,互相赒给。①

里老对乡里那些贫困不能自给的人户要有所关注并予以相应的照顾,且要积极地组织乡民进行互助。

同时,安抚流民使他们恢复正常的生产生活也是地方里老的一项责任。明代前中期,山东等处流民泛滥,出现了"大车小辆,拖男拽女,草行路宿"的流民潮②。鉴于此种情形,明朝中央号令各地里老人务必要配合地方官做好流民的安置工作。"敕该部行移各府镇守抚臣严督官司、里老人等,十分用心招徕抚绥,逃者必欲复业,存者务令得所,其大臣务须亲历乡村慰安人心,勿视虚文,务臻实效。"③可见,里老人不仅要督促本里本村之人恪守本分,勤恳耕作,也要用心招徕安抚流民使他们恢复家业,各安生理,以此更好地维护地方社会的秩序。

二 里老人对礼俗的维护

地方里老人在协助地方官府处理地方事务的同时,也承担着"劝民为善"的教化重任,"老人、里甲不但与民果决是非,务要劝民为善"④。明初非常注重地方的礼仪教化,里老人亦被朝廷赋予了

---

① 杨一凡、曲英杰、宋国范点校:《中国珍稀法律典籍集成》乙编·第一册《教民榜文》,第 640 页。

② (明)叶盛:《叶文庄公奏议》,《西垣奏草》卷 3,《续修四库全书》第 475 册,第 267 页。

③ (明)叶盛:《叶文庄公奏议》,《西垣奏草》卷 3,第 267 页。

④ 杨一凡、曲英杰、宋国范点校:《中国珍稀法律典籍集成》乙编·第一册《教民榜文》,第 638 页。

教化士民的权力与责任，他们积极地参与到乡里社会的礼俗建设与教化施行当中，推举贤良、宣讲圣谕、以礼俗的形式贯彻儒家"三纲五常"的教化理念，约束规劝士民，归正社会风气。

里老人和地方学校的教官生员一起承担着选拔贤德、推举良善的职责。里老因为长期生活在乡里社会，对基层民众事务、士民的家世品行等有较深的了解，因此他们被中央政府下达诏令协助风宪官、学官等考察、举荐隐没在民间的乡贤耆旧、忠孝节义之士。

> 本乡本里有孝子顺孙、义夫节妇，及但有一善可称者，里、老人等以其所善实迹，一闻朝廷，一申上司，转闻于朝。若里、老人等已奏，有司不奏者，罪及有司。此等善者，每遇监察御史及按察司分巡到来，里、老人等亦要报知，以凭核实入奏。①

根据诏令所示，地方里老有探访、举荐孝子顺孙、义夫节妇的职责，他们被要求及时地上报贤善者的事迹，如果出现里老已经上报给地方政府，但是有司却懈怠、拖延不报的情况，那么即刻追究相关有司部门的责任。另外，如果里老人碰到观风使深入民间探访，亦可以直接向风宪官申报。总之，里老人对地方的善者懿行要及时地上报以备朝廷的旌表。

除此之外，里老人也是推举地方乡贤名宦、乡饮礼宾的重要参与者。里老作为地方秩序的引导者，以其德高望重的身份，受到乡民的推崇和信任，所以他们往往以"乡评""公论"为依据与府县儒学师生一起举祀乡贤名宦，推选乡饮礼宾。

> 扶风孙公没三十余年而其邑士民思慕之不置，于是乡三老、

---

① 杨一凡、曲英杰、宋国范点校：《中国珍稀法律典籍集成》乙编·第一册《教民榜文》，第638页。

田部、市令、五伯、铃下、门栏、街里之属，宋一楠、赵希颜辈千余人，邑博士弟子员。①

以上是《孙公乡贤录序》中对孙公入祀乡贤祠的记述，其中对参与公举的人员进行了开列说明，公举者包括乡三老、田部市令等乡党邻人，还有当地儒学的教官及生员，这里所提到的"乡三老"②即是指地方社会中德高望重的里老人。里老人因为与当事诸人"住居相接"的地理优势，加之在地方社会的威望与公信力，遂使他们成为被举荐者"乡里行谊"的主要见证人。

明人李春熙的入祀全程俱体现出地方里老的参与。李春熙，邵武府建宁县人，万历年间进士，曾任刑部主事，他因"存日素为乡评推重，闾里咸服"③，被推举崇祀邵武府与建宁县两级乡贤祠。据《乡贤公移》中记载，李春熙是由提调官直接推荐入祠的，但根据礼部规定的乡贤入祀程序，其事迹仍然需要府县的各级查勘，待查勘完结，事实确凿无误后方可置主入祠。核查人物行实的往来公文中，除府县儒学师生外，最多提及的就是里老人，他们是乡贤人物事迹最主要的勘查者，"又据黄舟保里老王大还等结称，已故乡宦李春熙劲骨匡时，和风煦物，劻勷大节非小人所敢与知，姻睦贤声即儿童所能共信……"④引文所称的里老王大还即是李春熙居乡期间的见证者，他与乡约、里书、邻人负责查验勘结准入祀者的居乡行为事迹。结勘称，李春熙"迹绝公门，三十年如一日，即子羽无以加焉。德

① （明）李维桢：《大泌山房集》卷17《孙公乡贤录序》，《四库全书存目丛书》集部第150册，第678页。

② 鲁西奇：《父老：中国古代乡村的"长老"及其权力》，《北京大学学报（哲学社会科学版）》2022年第3期，其中对里老的名称沿革与职责进行了概括，"历代由官府选任的三老、父老、耆老、老人等，均以教化为其基本职责，受命传布王朝国家的礼教，亦参与调解民间纠纷，编排户口，征发赋役"。

③ （明）李春熙：《玄居集》卷10《乡贤公移》，《四库全书存目丛书》集部第177册，第735页。

④ （明）李春熙：《玄居集》卷10《乡贤公移》，第737页。

孚闾里，千万口有同声，意彦方当如是耳……允孚民望宜祀学官"①。"德孚闾里""千万口有同声"是里老借助于"乡评"对推举者的称扬与赞誉，可以说，李春熙能够成功入祀与里老人的助力休戚相关。

乡饮酒礼宾亦是由地方里老人推荐，"乡饮酒可以询诸耆老，耆老无隐情也……提学官又总而察之，本学教官曰某贤也，通学生员又曰某贤也，府州县提调等官又皆曰某贤也，则其人始终之必为君子也，无疑矣。拔十得五，固未敢望，但得一二于十者之中，亦足以为圣世无穷之助矣"②。由此可见，里老人凭借其在地方社会的声望与公信力，得以充分发挥他们的号召和组织作用，而明朝政府也正是认识到了这一点，因此赋予他们以教化职权来辅助地方政府进行社会秩序的维护与管理。

木铎老人同样起到教化乡里的作用③，明代以前即有"木铎宣讲"的教化方式，《尚书》中记载："每岁孟春，遒人以木铎徇于路。"④ 即是在每年的春季，朝廷宣令官手持木铎循行各地并宣读传播朝廷的诏令。"木铎形制，以铜为之，中悬木舌"⑤，宣讲人通过摇动木铎，使铎内的木舌敲击铜壁而产生响动，进而引起民众的注意，木铎的声音配合宣讲内容回荡在乡里。木铎宣讲的主要目的是振兴地方文教，化民导俗，明代亦采用此法宣传朝廷政令以教化地方士民。洪武三十一年（1398），户部颁发《教民榜文》，其中提及以木铎劝诫地方百姓：

①　（明）李春熙：《玄居集》卷10《乡贤公移》，第737页。

②　（明）聂豹著，吴可为编校整理：《聂豹集》卷1《应诏陈言以弭灾异疏》，第8—9页。

③　赵克生：《从循道宣诵到乡约会讲：明代地方社会的圣谕宣讲》，《史学月刊》2021年第1期，其中对明代的木铎宣讲以及宣讲内容作了论述。

④　（清）阮元：《十三经注疏·尚书正义》卷7《胤征》，中华书局1980年版，第157页。

⑤　杨一凡、曲英杰、宋国范点校：《中国珍稀法律典籍集成》乙编·第一册《教民榜文》，第638页。

每乡每里，各置木铎一个。于本里内选年老或残疾不能生理之人，或瞽目者，令小儿牵引，持铎循行本里。如本里内无此等之人，于别里内选取。俱令直言叫唤，使众闻知，劝其为善，毋犯刑宪。其词曰：孝顺父母，尊敬长上，和睦乡里，教训子孙，各安生理，毋作非为。如此者，每月六次。其持铎之人，秋成之时，本乡本里内众人随其多寡，资助粮食。如乡村人民住居四散窎远，每一甲内置木铎一个，易为传晓。①

《教民榜文》中规定，每乡每里俱要设置木铎，如果该区域地广人稀，乡民居住地过于分散，也可以按其实际情况每甲设置一个木铎，以此保证乡民都能听到木铎声响与宣讲，保证朝廷诏令与圣意的有效传达。持铎者需选乡里的年老者、盲人或者身体有疾不能从事农业生产的人，如果本里选不出这样的人即在其他里中选出。而从明代方志文献中的记录来看，明代的持铎宣讲者仍是以老人为主，一般情况是每县选取木铎老人四人，他们的职责是手持木铎游走于闾巷乡间进行朝廷政策、诏令的诵读。明代木铎宣讲的内容主要是《圣谕六言》，即"孝顺父母，尊敬长上，和睦乡里，教训子孙，各安生理，毋作非为"②二十四字箴言，此段颂词主要是针对地方士民居乡、治家等几个方面所进行的规范，其中既有关于家庭伦理方面的教育，如训诫百姓应该孝亲尊长、教导子孙；又有对百姓乡里生活的日常行为规范，如恪守本业、遵纪守法，与乡邻和睦相处等等。

木铎老人每月按照此种形式宣讲六次，他们由此也会获得一定的酬劳来供给自己的日常生活，来源主要是乡民的集体捐助，一般是在秋天粮食收获后，乡民按照自家的粮食产出随机地进行

---

① 杨一凡、曲英杰、宋国范点校：《中国珍稀法律典籍集成》乙编·第一册《教民榜文》，第 638 页。

② 杨一凡、曲英杰、宋国范点校：《中国珍稀法律典籍集成》乙编·第一册《教民榜文》，第 638 页。

资助。

明初采用木铎老人教化士民的形式具有一定的积极作用。一方面，从持铎者的选择上来说，明朝政府做到了"人尽其用"，明初虽采用木铎教化的方式但不再设置专属的"宣令官"，而是从基层社会中选择那些不能承担赋役，且无法进行田间劳作的人，比如年龄大的人、盲人甚或身体残疾的人。这些人本身无法从事农业生产，闲居在家，而受命于朝廷的政令宣讲，秋收时节亦有乡民的集资捐助，既解决了自身的日常供养，反之，地方政府也不用从里甲中差役他人，从而也节省了政府的公务成本。由此来看，在明初百废待兴，休养生息的这一时期以此种方法实施地方教化确实能发挥一举两得的作用。

另一方面，由于明代乡民的接受教育程度及识字率问题，中央政府发布的诏令、法律章程等以文本的形式很难做到真正的"上传下达"，地方民众并不能充分领悟体会朝廷的教化旨意和精髓。而以木铎唱和的形式传达政令则完全不同，持铎老人每个月六次往返游走于乡间并高声直言吟诵，政策诏令、教化训诫不绝于耳。这种贴近乡民、较为直接的朴素教化形式更能使聆听者感同身受，从而使他们切身地体会到国家的政令要求，潜移默化地去接受王朝中央的教化旨意，并规范自身的行为，由此达到国家有效实施地方教化的目的。

三　里老人权益的保护与奖惩

值得注意的是，明朝政府在赋予里老人管理地方职责的同时，也对里老人的权益进行了保护。里老人作为权力的行使者，尤其是身兼理讼的权力，他们在处理民间事务纠纷时往往会遭到受罚一方的记恨，也或有地方刁民、顽劣子弟等为泄一己私愤，伺机进行报复。于是为保护里老人的权益，朝廷明令："乡里有等顽民，平日因被老人责罚，怀挟私恨，以告状为由，朦胧将老人排捏妄告者，事发，顽民治以重罪。"① 即如果出现不良民众因为平时犯错被里老人责罚，而怀挟私恨，诬告、妄告里老人，一经被发现，诬告者将被处以重罪。明朝廷通过制定法律、严惩诬告者的形式保障了里老的人身安全与合法权益。

与此同时，为了防止里老人长居此职以权谋私、倾轧百姓，明朝中央政府也对里老人的权力及行为进行了规范与约束。里老人作为长居于乡里社会的身份性精英阶层，他们的身份与威望既可以起到配合地方政府维护社会秩序的作用，反之也可能因其权力助长，出现以权谋私，欺霸乡里的弊端。

> 老人毋得指以断决为由，挟制里甲，把持官府，不当本等差役。违者，家迁化外。②
>
> 老人中有等不行正事，倚法为奸，不依众人公论，搅扰坏事者，许众老人拿赴京来。③

上引两条史料是《教民榜文》中对里老人行为的约束与规范。第一条针对的是里老对地方正常行政事务的干扰。里老往往凭借手中的断决之权，挟制里甲、官府，徇私舞弊，不承担相应的差役。此种情况一旦查实，违反者处以流刑，全家发配至偏远地区。第二条则是针对里老本身的"不公正"，即地方里老倚仗权势，勾结奸佞，不以"公论"评断事务纠纷。如若出现类似的情况，乡里的其他老人有权力执拿此犯法者入京定罪。

明代国家法律对里老人行使权力的规范与约束在一定程度上提

---

① 杨一凡、曲英杰、宋国范点校：《中国珍稀法律典籍集成》乙编·第一册《教民榜文》，第638—639页。

② 杨一凡、曲英杰、宋国范点校：《中国珍稀法律典籍集成》乙编·第一册《教民榜文》，第637页。

③ 杨一凡、曲英杰、宋国范点校：《中国珍稀法律典籍集成》乙编·第一册《教民榜文》，第637页。

高了里老人处理日常事务的公正性，避免了老人的徇私舞弊。但是法久弊生，随着里老人权力的固化，至明代中后期，老人责任制确也在施行过程中显现出了问题。

四 老人责任制的积极作用与弊端

明代实行的这种老人责任制在一定程度上起到过积极的作用，尤其是在明初经济凋敝，社会秩序亟待整治的背景之下。但是法久弊生，随着明代国家政权、社会的稳定，长期居于乡里权力顶端的里老人群体开始发生变化，他们不再是"公正"的化身，而是成为以职权谋取私利，横霸乡里的既得利益群体。明人郭之奇在他的《疆域议》中提及了此种变化，其言道：

> 我朝于天下州县在城为坊长、厢长，在外为里长、社长、保长，又于每里推一年老有德者为老人，一切小事付之听决，又有木铎老人以圣谕六语振之警众，制较古密。然而积渐以来，陵迟失故，里长鳞次以供户赋编派之役耳，坊厢社保老人举轻，其选贪缘征逐，趋豪诈弱，人以下流待之。[①]

郭氏的大致意思是说，明初在地方的管理上，城市设置了坊长、厢长，乡村设置了里长、社长、保长，又在每里设置里老人负责审理民间的诉讼，处理邻里纠纷，每村又设有木铎老人，负责定期宣读吟诵圣谕来规劝百姓。明初这些地方管理制度的设立，本朝显优于前代，但是随着时间的推衍，这些制度的缺点与弊端也随之显现出来。里长完全变成了轮充的差役，其他如坊厢、老人等职役等不再以公平、公正的态度处理地方事务，而是追逐自我利益，攀附乡里显贵，欺凌压榨百姓。

---

① （明）郭之奇：《宛在堂文集》卷28《疆域议》，《四库未收书辑刊》06辑第27册，北京出版社1997年版，第329—330页。

其实，对于里老人以权谋私、为非作歹的行为，早在宣德年间就有所反映。况钟，字伯律，江西靖安县人，历任苏州知府十三年，其在任职期间记录了诸多宣德年间苏州地方社会里老人与生员、粮长相互勾结，抗粮包讼的事情。

另外，里老人督劝百姓生业的职能也渐渐形同虚设。明初朝廷设置里老人的一个重要功能即是督劝地方士民要勤于生产，乡民间要互帮互助，调剂余缺。

> 遵行年久，各县正佐官员职专牧民，朝廷旧例不能申明，其该管里老亦不能劝遵，以致民有此患，诚为可怜。拟合移关本府转行各县，着落各该官吏，仰乡都邻里老人取勘现数，再三叮咛，从宜相助，定限完婚毕葬。①

从况钟的记述来看，这一民间互助原则，经过几十年的运行已经流于形式，互助条例不再被强调，地方的里老人也荒于职责，不再积极的规劝乡民去遵守，以此导致了一些贫困家庭不能承担婚娶丧葬。由此，况钟提出应该实行官员责任制，邻里、老人要按程序核实贫困者身份、家庭状况，看其情况是否属实，如果勘查属实，应该"从宜相助"。

与此同时，木铎老人宣讲教化，维护地方秩序的职责也渐渐荒弛。"木铎老人，国初专理本里事，权侔县令，县令不法，老人能持之，后为泛役胥徒等贱。"② 到了明代中后期，尽管各地方仍设有木铎老人，但是由于这种以老人诵读的教化宣教方式过于机械与刻板，宣讲活动逐渐流于形式，乡里士民往往充耳不闻，已经很难达到理想中的教化效果。

---

① （明）况钟：《况太守集》卷 12《谕民相助婚葬示》，江苏人民出版社 1983 年版，第 138 页。

② （清）谈迁：《枣林杂俎》，《智集·逸典·木铎老人》，中华书局 2012 年版，第 15 页。

但是总的来说，老人制度是明代地方教化不可或缺的一部分，经过明朝国家政令的再三强调与规范，地方里老人的权责更加清晰明确，他们合理合法的成为明代基层社会秩序的主要维护者。尽管在施行过程中出现了老人以权谋私、贪赃违法的现象，但是老人责任制在有明一代，尤其是明代前期，社会资源亟待重新整合，人力物力不足的情况下，发挥了积极的作用。明王朝通过对地方里老人权力的赋予与规范，在一定程度上起到了减轻政府行政压力，打击豪民违法犯罪，教化地方百姓，维护基层社会秩序的效果。

第二节　乡饮酒礼的推行与流变

乡饮酒礼自古即有之，乡饮之名始于成周时期，《周礼》中即有言："三年则大比，考其德行道艺，而兴贤者、能者。乡老及乡大夫帅其吏，与其众寡，以礼礼宾之。"① 乡饮酒礼因其正齿序、尊贤能的教化立意一直受到传统社会统治者们的青睐并延续，乡饮倡导的是以正位序齿的乡饮仪式来教化地方的士民淳朴向善，明晰长幼、辨识贤愚。历代的统治者们希冀通过这样良性的循环往复激励更多的乡民以乡饮礼宾为榜样踵踵不替，相继而兴起。有明一代也都非常注重乡饮酒礼的推行，朱元璋和他的继承者们把儒家的道德规范入乡饮之中，重新厘正仪式和规制，习礼读律以约束士民，并充分发挥乡饮酒礼的教化作用，使其成为明代地方教化体系中重要的组成部分。关于明代乡饮酒礼的研究成果较为丰富，前辈学者们主要从政治史、礼制史的角度考察明代乡饮酒礼的制度沿革、乡饮的规制及变化情况。② 乡饮酒礼作为明代国家的一项重要的教化手段，其

---

① （清）阮元：《十三经注疏·周礼注疏》卷12《乡大夫》，第716页。
② 相关研究参见赵克生《明代国家礼制与社会生活》，中华书局2012年版；杨艳秋《明代的以礼化俗及礼向基层的渗透——明洪武朝乡饮酒礼考察》，《第四届世界儒学大会学术论文集》，2011年；陈梧桐《朱元璋推行乡饮酒礼述论》，《北京联合大学学报》2013年第2期。

制定与实施源于王朝执政者强烈的秩序管理目的，但在基层社会的实践过程中，即乡饮的推行、流变、松弛、调整等一系列变化中也渗透着士民的态度认同与价值判断。明代士人作为乡饮酒礼的主要参与者，承担着选察宾客、主持典礼、维护现场秩序的职责，尤其是在乡饮酒礼宾客的推选中，他们往往以"公论""乡评"等舆论话语，表达对国家推行乡饮酒礼教化意涵的理解，以及在乡饮流变过程中自我的价值评判。

一 颁行乡饮

"乡饮礼也，古乡大夫饮国中贤者与其乡老，今制，令郡邑并行乡饮礼，尊贤以德敦化也。"① 乡饮之礼虽然盛行较早，但前代并无定制，而是根据各时各地情况时断时续的举行。元明鼎革，太祖朱元璋即倡导民间社会效仿古法实行乡饮酒礼。洪武五年（1372），"上以海内晏安，思化民俗以复于古，乃诏有司举行乡饮"②。朱元璋有感于王朝初立，教士民向化的重要性，特命礼部及有关部门在地方社会推行乡饮酒礼。洪武十四年（1381）又再次命礼部申明："乡饮之礼，所以叙尊卑，别贵贱。先王举以教民，使之隆爱敬，识廉耻，知礼让也……其府州县则令长官主之，乡闾里社则贤而长者主之。年高有德者居上，高年淳笃者次之，以齿为序。"③ 在此次的政府诏令中明确指出乡饮礼宾的选择要"以齿为序"，即选择年龄大且德行兼备者居于上位，并且再次强调了乡饮酒礼的教化功用，即乡饮之礼的举行主要是为了教化地方民众，希望通过仪式化的"叙尊卑、别贵贱"的尊老宴宾过程，使士民能够尊敬乡长，知道礼义廉耻，互敬互让，以此实现地方社会的有序运转。

洪武十八年（1385），明廷颁布《大诰》，其中对乡饮酒礼做了

---

① （万历）《兰溪县志》卷6《杂志类上》，《中国方志丛书》第517号，第528页。
② 《明太祖实录》卷73"洪武五年四月戊戌"，第1342页。
③ 《明太祖实录》卷135"洪武十四年二月丁丑"，第2146—2147页。

法律上的规范。"乡饮酒礼，叙长幼、论贤良、别奸顽、异罪人。其坐席间，年高有德者居于上，年高淳笃者并之，以次序齿而列。其有曾违条犯法者列于外坐，不许干于善良之席，主者若不分别，致使贵贱混淆，察知或坐中人发觉，主者坐以违制奸顽不缛，其主紊乱正席，全家移出化外。"①

从朱元璋把乡饮酒礼的教化功效、座次禁忌收入《大诰》可以看出，明代统治者对乡饮酒礼教化士民的高度重视。《大诰》中规范，乡饮酒礼除了区别长幼尊卑以外，还有"别奸顽、异罪人"的作用，所以必须"以次序齿"而坐，年高德重者居坐在上位，曾经违反法律法规的人要列于外坐，不能混坐一席，如果出现贵贱混淆、坐席混乱的情况，主持者会因为不遵从儒家道统秩序，违悖礼制礼法而受到惩处，严重者甚至全家要被发配至偏远地区。由此可见，明廷试图通过法律的形式把乡饮酒礼推行于全国，并严格规范乡饮秩序，严加限定参与人的资格、明晰座次，强调主持者的责任，以此保证乡饮酒礼的有效实施。

经过洪武时期一系列的诏令发布与制度规范，乡饮酒礼在地方社会渐次实行开展。洪武六年（1373），"江夏魏观守苏州，以孟冬吉日癸未行乡饮酒礼于郡学"②，并宴请周寿谊、杨茂、林文友等年余九十岁的乡里耆旧。此次魏观于苏州举行的乡饮一直被后世的士人君子传为盛世佳话。而后又有洪武八年（1375）江西郝公、洪武十二年（1379）昆山李尚逸等所举办的乡饮酒礼，"皤然在席九十、八十、七十者，坐以齿升，降揖让拜俯周旋，献酬有容，读法胥告，观者如堵，莫不感化"③。

但是值得注意的是，尽管中原、江南等多地遵从朝廷的诏令积

---

① （明）俞汝楫：《礼部志稿》卷65《乡饮酒礼》，《文渊阁四库全书》史部第598册，第104页。

② （明）方鹏：《昆山人物志》卷10《人物志》卷上，《四库全书存目丛书补编》第093册，第576页。

③ （明）方鹏：《昆山人物志》卷10《人物志》卷上，第576页。

极地举行乡饮酒礼,但是有些府县由于地处偏远政令不达,或者实际的环境条件受限,乡饮之礼迟迟未能推行。辽东地区即是此种情况,因为地处极寒偏远之地,辽东各卫所直至正德十四年(1519),才在巡按高钺、参议蔡大祜的主持下首次举行乡饮酒礼。

二 贤否异席与乡饮流变

明代乡饮酒礼的施行分为两部分,一是府州县举行乡饮,地点沿袭前代也在地方儒学中举行,乡饮典礼设在明伦堂中,意在明礼仪、正人伦;另一部分是里社的乡饮酒礼,一般在社祭之后举行。乡饮酒礼在颁行之初即明确了举行的时间、参与者及相应的座次。

> 依古制岁次正月望十月朔举行,大概乡大夫一人为主,设位于堂东,楹内西向,其僚属以爵列席于主人之后重行西向北上,设大宾位于堂西牖前南向,请民之高年有德者居之,立介以辅宾,设位于西楹内东向西,主请高年淳笃者居之,是二者尊其德也。此外,众宾齿最长者三人为三宾,另席于大宾之西南向东上,余众宾列席于西序内东向北上,此皆尊以齿也。若有居官而致仕者请为僎,爵高者特位于堂室户前南向,余则列爵于僎位之东南向四上多则列席于僚属之上,西向北上此皆尊以爵也。是爵也,德也,齿也,三者天下之达尊也。下至里社,里长为主悉依前例行之。无致仕官则虚僎位,凡民得罪经徒决者位于堂下,饮酒而愧之,仪文之盛视昔有加焉。①

从上文史料可以看出,洪武十六年(1383)的这次诏令对乡饮酒礼的参与者资格以及座次顺序、位置都有着严格的限定与规范。府县乡饮的主持者一般都是府县的正官,即知府、知县等,

---

① (明)黄润玉:《宁波府简要志》卷5《乡饮酒礼》,《四库全书存目丛书》史部第174册,第777页。

如果正官有特殊情况不能前往，可以由府县的佐贰官们代为主持。主持者负责去延请其他宾介，大宾与介都必须是年高而德行卓著者，如之前苏州知府魏观所举行的乡饮酒礼，即是请了昆山耆旧110岁的周寿谊、吴县耆老93岁的杨茂、92岁的林文友，大宾按年龄安排座次、依齿序列，是为"尊老"。值得注意的是，诏令中还对"爵高者"的位次做了强调，"若有居官而致仕者请为僎，爵高者时位于堂室户前南向"，是为"尊以爵"，也就是说乡饮酒礼虽然古意是"尊德尚齿"但是并不排斥"爵"，因为"德"与"爵"是可以合二为一的，即居官致仕者中也有德爵兼备者，他们虽远离庙堂却也是地方社会受尊敬的人。由此可以看出，洪武时期对乡饮酒礼宾介的选择是爵、德、齿三者并行的，即"是爵也，德也，齿也，三者天下之达尊"。

同时，里社也需要按时举行乡饮酒礼，"乡闾里社则贤而长者主之，年高有德者居上，高年淳笃者次之，以齿为序"①。里社的乡饮酒礼亦是遵循以老为尊的原则，主持者由里社中贤德且年长者担任，实际很多地方的乡饮则是由里长主持。

乡饮酒礼的其他参与者还包括儒学教官及生员，"司正以教职为之，主扬觯以罚，赞礼者以老成生员为之"②。选儒学教官一人为司正，负责"扬觯致辞"，即举酒杯行礼并致辞，其中内容主要是宣讲朝廷的教化原则及举行乡饮的目的。再选儒学生员中老成稳重、习礼醇熟者担任赞礼官，主要负责提点行礼、唱和等礼仪事务。

除却府县官吏、儒学师生、乡里耆旧、致仕乡绅等参与外，行止有差、违条犯法者亦可列席，"凡民得罪经徒决者位于堂下，饮酒而愧之"③，即是所谓的"贤否异席"。"其有违条犯法之人列于外

---

① （明）陈仁锡：《皇明世法录》卷2《太祖高皇帝宝训》，《四库禁毁书丛刊》史部第013册，第462页。
② （万历）《明会典》卷79《礼部三十七·乡饮酒礼》，第456页。
③ （明）黄润玉：《宁波府简要志》卷5《乡饮酒礼》，第777页。

坐，同类者成席不许杂于善良之中。"①

也就是说，明代乡饮酒礼的基本特征是"长幼序坐"，即前述引文所提及的"尊齿"，而在"长幼序坐"的前提下，则要区分贤否，即"贤否异席"，是为"尊德"。特令"违条犯法者"的异席而坐，即已往犯过错及行止有亏者的列席参加主要是区分奸佞，朱元璋意图想通过良善者与臧否者的行为比较来让宴席的参与者们区分贤否、辨别善恶。同时也使那些已往犯错、有污点的人再次接受朝廷的训诫，并通过乡饮仪式观瞻耆老、贤者们的风范，感受他们的高风亮节，而自惭形秽、改过自新。"贤否"不同席同坐的形式既别了奸佞又衬托了有齿有德者，一正一邪、一善一恶的鲜明对比，乡饮的教化目的自然就达到了。

是时，各地方也按照朝廷规定的乡饮样式并且结合当地的实际情况举行了乡饮酒礼。以浙江地区的杭州府为例，据（成化）《杭州府志》的记载，

（洪武）六年六月，礼部定到乡饮酒图式、仪注，令府县城市乡村一体行。每岁正月十五日、十月初一日，本府及仁钱二县官于府学行礼，酒肴官钱支办。前期府长官为主，具书速宾，凡民有齿德儒行者及致仕官咸与，至日于学之明伦堂行相见礼，三揖而后至阶，三让而后升堂。主宾僎介一切仪文并本之礼经府官，为主者坐于东南，其府佐与县之令佐，学官、仓场库务之属序爵坐，皆西向，耆老儒士序齿坐，皆东向。府学教官一人为司正扬觯致辞。②

由上引文可知，杭州府在朝廷颁行乡饮酒礼之初即依例举行了

---

① （明）陈仁锡：《皇明世法录》卷2《太祖高皇帝宝训》，第462页。
② （成化）《杭州府志》卷24《学校》，《四库全书存目丛书》史部第175册，第361页。

乡饮，杭州府与其附属的仁和县、钱塘县俱在府学明伦堂一起行礼，府之长官以亲书手本邀请宾客，参与者包括府县内符合儒学道德规范的年长者、致仕的乡宦等，三揖三让而后升堂就座，主持者坐在东南，府县佐贰官、学官及府县吏员按照官职大小西向而坐，延请的乡里耆老、儒士按照年龄大小东向而坐。

明代著名的文学家、书法家祝允明也曾对乡饮宾客的参与者及座次有所论及，其文集中提到：

> 乡饮之礼主于尊齿尚德，非他宴饮者类，故其人宁少而不可滥。昨拟数人今稍斟酌之，大率不越执事之见，但似绝少，然不可徇俗也。属吏言曩昔执事、秀才亦与席，愚窃以为不安。夫坐而享者，为尊且荣之也，赞礼奏歌皆为享出，如赞奏之顷当出席而有事，其隙入席以与饮则是紊礼乐、爽名实，不足为尊而适为劳，不足为荣而适为亵，不能当于礼而安于心以食，而不以礼非所以待君子也。愚故欲改弊习，请质诸高明以为何如。①

上述引文题名为《与兴宁师生论乡饮帖》，是祝允明出任广东兴宁县知县时与当地儒学师生的一次关于本地举行乡饮酒礼的讨论。是时为正德九年（1514），作者针对兴宁县过去乡饮酒礼出现的问题进行了指正，并做出了规范与调整。主要提出了两个方面的问题，第一即是择选宾客，祝氏强调选任乡饮宾客宁少勿滥，认为乡饮之礼的意义在于"尊齿尚德"，它与其他的普通宴席不同，宾客的选择要慎重，诸如执事、秀才这些人等不能参席。第二就是要严禁乡饮酒礼进行中的随便出入，以保证乡饮宴席的严肃性、秩序性。

而曾任浙江提学的薛应旂也认为乡饮酒礼是严肃而神圣的事情，

---

① （明）祝允明：《怀星堂集》卷13《与兴宁师生论乡饮帖》，《文渊阁四库全书》集部第1260册，第545页。

"乡饮，稽之仪礼，昭之律诰，尚齿论德，关系匪轻，若主者混淆紊乱而滥及不肖，则贤者耻预矣"①。他认为乡饮酒礼的规范化仪式及席间的讲律说法都是为了"尚德尚齿"，如果出现礼宾的滥选，以致贤否混席，那么身在其间的贤德者也会感到耻辱。由此，乡饮的参与者及乡饮典礼的秩序俱要严格的规范。

尽管"贤否异席"、乡饮酒礼的秩序性一再被强调，但是仍然出现了一些不尊礼法、扰乱乡饮秩序的现象。明人李梦阳的《空同集》中即描述了弘治、正德年间的乡饮酒礼，此时的乡饮已经是"贤否同席"，伦序无常了。

> 夫乡饮者天下之大防也，今乡里无赖子弟类钻刺，深衣大带炫耀，而官宦士谓不甚损益而弗省也。②

从李梦阳的记述中可以见得，至弘正时期，乡饮酒礼已经出现了贤否同席，无赖者钻营混入的乱象。以往被地方士民称颂为乡邦美事的乡饮酒礼已然失去了"尚齿尚德"的意涵，参加乡饮的不再是乡里德高望重的耆旧贤者，取而代之的是那些不学无术，热衷于谄媚钻营的无赖之徒，原来席间礼仪律文的展示宣讲也被歌舞所取代，舞女、无赖俱在其间，俨然变成了享乐者用以消遣的集会。这种情况不止一地出现，嘉靖年间更盛，形成了一股不正之风，即使是身为一县主官的宋仪望也只能感慨："率以虚文从事，而冒是举者亦无大可称述，甚者以尝所服役干之流，苟年至赀裕，亦往往致之宾席之末，反为士君子所姗笑。"③ 无德无能者居于

---

① （明）薛应旂：《方山薛先生全集》卷47《行各属教条》，《明别集丛刊》第2辑，第507页。

② （明）李梦阳：《空同子集》卷46《明故遥授沧州判官贾君墓志铭》，文渊阁《四库全书》集部第1262册，第425页。

③ （明）宋仪望：《华阳馆文集》卷4《赠王隐君寿序》，《明别集丛刊》第3辑，第409页。

上位，德行卓越者却反而置于末席，由此可见明代中后期乡饮酒礼的无序与荒诞。

三　乡饮酒礼的"冒滥"与回应

乡饮酒礼作为明代国家的一种教化手段，在实施之初确实发挥了规范乡民齿序、尊老励俗，教化士民的作用。但是随着时间的推衍，至明代中后期，地方社会的乡饮酒礼呈现出废弛无序的状态，即使举行也变得有名无实，常伴随有乡饮宾客混杂，"显宦"居于齿上的情况，乡饮仪式要么奢靡不堪，要么程序简化礼仪不周。关于乡饮酒礼的异化问题，前人研究多从国家控制力的强弱、基层社会的权力结构变迁、社会风俗的变化等角度进行讨论。① 邱仲麟认为："15 世纪后，乡饮酒礼已经是地方上各种势力彼此竞争、比较和转换社会资本的场域，将其冒滥归咎于地方权力结构的变迁。"② 如果说乡饮酒礼的常举废弛，礼仪失序可以归结于地方社会风俗风气的变化、地方主政官的慵懒不作为，那么"宾客滥举"所体现的含义就不能只用这些表象去解释，其中不仅渗透着地方权力结构的变迁，也明显表露出明代士人价值评判标准的偏离，此种表现与明代中后期出现的乡贤祭祀冒滥如出一辙。

成化年间，江西人张吉曾经给时任江西提学官的钟城写信言明乡饮酒礼、乡射礼在实行过程中出现了弊端，他在信中言道：

> 窃惟我朝仿古为治，于乡饮、乡射特诏有司举行如式，所以厚风俗、明长幼、序贤能、崇教化也。我圣祖神宗之心，果何心哉？奈人情不古，世俗厌烦，遂致久而废弛，名存实亡，

---

① 许贻惠：《明代乡饮酒礼的社会史考察》，《明史研究》第 9 辑，黄山书社 2005 年版；赵永翔：《明清乡饮酒礼研究》，硕士学位论文，兰州大学，2008 年；陈梧桐：《朱元璋推行乡饮酒礼述论》，《北京联合大学学报》2013 年第 2 期。

② 邱仲麟：《敬老适所以贱老——明代乡饮酒礼的变迁及其与地方社会的互动》，《"中央"研究院历史语言研究所集刊》，2005 年第 76 本。

而我祖宗立法之意荒矣。①

张吉，字克修，江西余干人，成化十七年（1481）进士，后官至贵州左布政使。该文写于其入仕之前，从书信中的内容来看，他主要是有感于当地社会乡饮酒礼、乡射礼废弛的情况，特向提学御史钟珹进言，希望得到官方的重视。他描述当时的江西地方社会，有司与地方士民厌倦于乡饮酒礼、乡射礼的繁文缛节，懈怠而不能按时举行，已经名存实亡。他认为乡饮、乡射之礼本就是明初政府仿照古制规训乡民明晰长幼齿序、尊崇贤能以此敦厚风俗的教化措施，但是随着时间的推移，地方士民已经不再能够体会王朝国家的教化用意，而是无视法规条文的规定，懒惰懈怠，致使乡饮、乡射不能按时举行，明初设立时的教化意图不再被重视。张吉试图向提学御史进言，以改善此种情况，"先生当可为之时，操可为之势，倘赐省览，毅然行之，不恤浮议，风化未必无小补也"②。

如果说张吉的上书仅表明了江西一地乡饮酒礼废弛的情况，那么明人之后层出不穷的议论，则反映了乡饮酒礼在施行过程中确实出现了诸多的问题。

> 国家彰善瘅恶以化民俗，制：自守令择郡邑之德行道艺者，生以乡饮酒礼之，殁以乡贤祠之，昭荣辱，别赏罚，其劝诫至精也。人之情不相远也，世所宾礼而俎豆，则油然慕之矣。其所摈斥，则戚然赧之矣。故咸俛然修其德行道艺，迁善远罪，而不敢懈。及教之散，或华于文采，或显于爵位，或席势于子侄，冒焉以居之。而山泽之敦庞纯固，其世浸微者或蔑焉以泯，于是俗始靡然以易视听，则亦相骛于华，相构于显，相轧于势

---

① （明）张吉：《古城集》卷4《与钟提学书》，文渊阁《四库全书》集部第1257册，第644页。

② （明）张吉：《古城集》卷4《与钟提学书》，第645页。

而已矣。①

上述引文是阳明学者邹守益针对嘉靖年间乡饮酒礼的乱象发出的议论。邹守益首先指出了国家倡导举行乡饮酒礼的教化用意，即"彰善瘅恶以化民俗"，举行乡饮、祭祀乡贤本就是显示荣辱观念、区别奖赏刑罚，地方百姓受此行为的感染而后远离犯罪、一心向善。而后又指出，如今的乡饮酒礼则是"相骛于华，相构于显，相轧于势"，即重视显宦、趋于浮华。他还进一步对这种现象做了解释，乡饮礼宾的选择要么是"以爵位显"的名宦，要么是"势于子侄"即凭借子孙显贵而入席的乡绅。与此相反的是，那些品行敦厚、德高望重的乡里耆旧却被无视、埋没，难以入席，而这种不良风气日渐被助长，以至于相沿成习，成为地方社会流行的一种默认惯例。

邹守益，字谦之，明代著名的理学家、教育家，其师从于王阳明，尤其推崇王学的"知行合一"。他非常注重地方教化与文化建设，在任广德州判官期间建书院、毁淫祠、倡导地方祀典。由此来看，他的议论并不是泛泛而谈，而是就嘉靖年间出现的乡饮酒礼弊端进行的深入剖析，并力求对这种愈演愈烈、已经形成的社会风气进行纠正。从邹氏的言辞中能够看出，嘉靖年间的乡饮酒礼在性质上已经发生变化，"尚德尚齿"的教化主旨被重视显爵、势要所代替。

万历年间浙江提学蔡献臣的言论也印证了此种趋势。蔡氏在其《乡饮酒礼论》中提及乡饮的冒滥之弊：

> 乡饮酒之礼，所以养老崇德，示劝惩也。今民间之老见为椎少文，不可与县官揖让。则以有爵、有封者充之，不则，或

---

① （明）邹守益、董平编校：《邹守益集》卷6《宁国府乡贤祠记》，凤凰出版社2007年版，第330页。

别有所为而举。故虽有季次、原宪之贤，举未必及，即及，亦
逡巡而不敢当宾席，此岂虞庠之意也哉。①

此篇论述亦表达了这一时期民间乡饮酒礼的宾介选任问题，被
选为宾介的人往往是"有爵、有封者"，即要么是有官职爵位，要么
是被朝廷虚封者，而那些无功名的地方贤德者即使被举荐也未必会
被延请，即便能够出席乡饮也是徘徊退让不敢居坐于宾席。蔡氏的
议论中表达了对是时乡饮酒礼这种"序爵"之风的不满，并发出了
"这并不是尊齿敬老之意义"的感慨。

时任礼科给事中的李乐面对此情此景更是一针见血地指出，乡
饮酒礼不再尊崇尚齿尚德的原则，出现了形色歪斜不正、宾客滥举
的乱象，那些平庸不才的官宦被选任为宾僎，"郡邑岁举乡饮者再
义，兼夫尚齿尚德，而僎、宾、介、主之位列焉，不知何年何人作
始，郡邑僎位大都以丞处之席，各敧斜不正、不佞筮新淦，凡六主
乡饮则尝六仍其陋，然而心窃疑愧弗自安也"②。李乐对乡饮酒礼席
间出现的混乱场景也多有微词，"明伦堂虽非圣驾所临，然顾名思义
除乡饮酒礼外决不当设席其中，今不惟设席又加演戏，主与宾皆可
谓读书不识字矣，时事舛错不应至此"③。他认为乡饮酒礼仪式之所
以设于明伦堂内是因为乡饮尊老敬贤的意义，是非常严肃且庄重的，
而时至今日，明伦堂却成为借乡饮酒礼之名宴请娱乐的地方。并指
出即便是主持者和宾客都是不读书不识字的人也不会发生此等错误，
其讽刺之意不言自明。

综合以上不同时期的明人议论，可以看出，明代中期以后地方
社会的乡饮酒礼在举行过程中出现了诸多弊端，乱象丛生。其中
最重要的一个现象就是乡饮酒礼宾客的滥举。明初对乡饮酒礼的

---

① （明）蔡献臣：《清白堂稿》卷17《乡饮酒礼论》，《四库未收书辑刊》第06辑
第22册，第526页。
② （明）李乐：《见闻杂记》卷8《四十六》，上海古籍出版社1986年版，第700页。
③ （明）李乐：《见闻杂记》卷5《五十六》，第454页。

大宾、介、僎都有严格的限定："设大宾位于堂西牖前南向，请民之高年有德者居之，立介以辅宾设位于西楹内东向西，主请高年淳笃者居之，是二者尊其德也。此外，众宾齿最长者三人为三宾，另席于大宾之西南向东上，余众宾列席于西序内东向北上，此皆尊以齿也。若有居官而致仕者请为僎，爵高者时位于堂室户前南向，余则列爵于僎位之东南向四上多则列席于僚属之上，西向北上此皆尊以爵也。"① 尽管在选宾的规定中也提及"致仕者""爵高者"延请为僎，但是仍然强调"齿"与"德"，即年高且德才兼备者才是选择乡饮宾客的最重要指标。据（成化）《杭州府志》的记载，

> 杭郡乡饮酒，景泰间犹循旧，宾遵皆请乡曲高年有德者为之，如有官而致仕归，齿德视乡曲无所劣也，则以致仕官为之，否则爵不加于齿德也。往年闻郑珞守宁波，岁乡饮必选诸列邑中必齿德尊者为宾，特以定海陈端礼先生为之，陈固介特者也，仅一行而次年礼虽有加，陈坚却不赴，若郑可谓知体，而陈信非泛然刍豢者矣，主宾不苟，其于风化有足裨哉。②

以上是杭州府景泰年间乡饮酒礼的选宾情况，从中可以看出，景泰年间杭州府严格按照朝廷的要求，选举年高且有德者为宾，有致仕官归乡，也必须是年龄与德行兼备，居乡没有劣迹的人，原则上爵位不能高于齿德，即还是要以高年有德者为宾。并且言及宁波太守郑珞延请处士陈端礼为大宾的事例，议论者试图想以此"主宾不苟"的乡饮佳话规劝杭州府的主政者们能够积极效仿。

但是实际情况并未如此，成化以后，杭州府县的乡饮酒礼选宾情况却发生了很大的变化，官爵的高低成为主要的选宾标准，齿德

---

① （明）黄润玉：《宁波府简要志》卷5《乡饮酒礼》，第777页。
② （成化）《杭州府志》卷59《纪遗》，第828页。

反而不再被重视。

> 乡饮酒礼所以尊高年重有德也。本县预乡饮者殊为冗滥，罢黜官员称为致仕，一概送以酒席，下至纳粟监生、省祭吏员，亦预宾位。①

以上是嘉靖年间杭州府萧山县的情况，从引文的记述来看，萧山县此时乡饮酒礼的宾客已经非常冗滥，致仕官、纳粟监生、省祭吏员俱混杂其中，甚至被朝廷罢黜的官员也以致仕者自居成为乡饮礼宾，也就是说，此时的杭州府县已经不再严格仔细的考察乡饮宾客的资质，而是惟以官职与财富来衡量择取。

而隆庆年间松江府的乡饮酒礼选宾情况更为"冒滥"，何良俊在其笔记《四友斋丛说》中即讲述了自己的亲身经历。

> 隆庆辛未十月，太府李葵庵先生行乡饮酒礼。府学推举士夫二人申请：一显宦，一外官有厚赀者，葵庵皆不准行。

庠友陆云山推荐其为乡饮宾，面辞不就但碍于：

> 今太府皆废阁不行，而独垂念一寒贱之士，不由学校推举，遂自批行，某何敢自爱，而不成全其美政乎？故勉强应命二次。然当读法升歌之际，仰窥圣祖垂世立训，举此巨典，而敬老尊贤之礼郑重如此，则凡与斯饮者，能不感发思奋耶？某以谫劣，叨坐介位，默自循省，不觉面赤发汗。故今已辞谢，不敢复出，以久玷清列矣。②

---

① （明）张选：《忠谏静思张公遗集》卷2《绍兴府萧山县为出巡事准本县知县张开奉本府帖文》，《四库全书存目丛书》集部第93册，第407页。
② （明）何良俊：《四友斋丛说》卷16《史十二》，中华书局1959年版，第104—105页。

是时，松江府知府李葵菴举行乡饮酒礼，府学推举了两名乡人作为宾客，一个是有官爵的"显宦"，一个是家资丰厚的外官，但是知府李葵菴没有应允批准，他还是坚持要选贤德有才能够示范乡里后学的人。由此，何良俊以其学识与德行受到其庠友陆云山的推荐而成为乡饮宾客，但是何良俊身处于"尚青紫""重宦业"的大环境之下，深感自己一介清贫处士，难登乡饮之堂，所以辞让不就，尽管最后因碍于知府的"美政"，而勉强参与乡饮酒礼两次，但是之后仍坚持拒赴乡饮。何氏在最后还言明了他之所以不再做乡饮礼宾的缘由，他是因为看到了乡饮酒礼日趋冒滥的情形，"乡饮固不足为某之重轻，但迩年乡饮皆以请托行贿而得，故非高爵，即富室也"①。虽然何良俊不认同近年来靠请托、行贿等手段获取乡饮礼宾、以高爵、富室为基础的选宾原则，但是对既定事实的现状他也是无能为力，只能选择不与污浊同流。

以上诸多的事例表明，明代成化以后地方社会举行的乡饮酒礼呈现出宾客混乱的现象，宾客滥举主要表现为高爵显宦居于上，齿德不再成为选宾的先决条件。之所以发生这样的变化从源头上来说，还是举荐者即学校师生的认知发生变化。地方学校是推举贤能、筛选宾客的重要部门，儒学教官与生员担负着"公举"的职责，上引何良俊赴乡饮的事例中，松江府的儒学师生即是推举乡饮宾客的主体，从他们举荐显宦与家资丰厚的外官作为乡饮宾客的候选人就可以看出，这一"公举"主体的价值观念与态度发生了变化。明代学校被称为公论所出之地，"学校，公论之地也。甄去轨、砺来辙，公是公非，不敢僭忒，帜翊世风，学校职也"②。地方学校往往以"公论"为话语参与地方的教化实施、品评乡社里人，由此，儒学师生的态度与价值评判变化即代表了"公论"

---

① （明）何良俊：《四友斋丛说》卷16《史十二》，第104页。
② （明）霍韬：《渭厓文集》卷6《为广庠请文康公祠祀状》，《四库全书存目丛书》集部第69册，第123—124页。

的变化，也即是说，此时的乡饮酒礼的宾介选任已经由最初的尚德尚齿演变成了以爵为先。对此，明代著名思想家吕坤在《实政录》中犀利地指出，乡饮酒礼宾已经完全是以"爵位"高低来推选，"至于乡饮所举，不论有德无德，惟爵位是专"①。"公论"的变化直接影响到乡饮酒礼的意义与教化效果。明太祖朱元璋恢复"古礼"极力倡导乡饮的目的是序次长幼尊卑、区别贤良奸顽，其试图通过乡饮酒礼的形式教化地方士民自觉遵守儒家的道德规范，知晓礼义廉耻，尊贤敬老、团结乡里，不做违规犯法之事，以实现地方社会不治自安，良性有序的运转。但是从明人的言论及地方社会的实际情况看，明初的这种教化理想并没有得到有效的持续，随着地方学校、守牧官及乡里士人推崇的选宾理念发生变化，明王朝原本想传达的尊长、敬贤、良善、俭朴的价值导向被尊爵、尚富、尚贵等取代，这种风气渐趋成为当时的主流，继而约定成俗，乡饮酒礼也不再被地方士民所重视，变得徒具形式、有名无实。

除此之外，捐资、捐粟即可以为乡饮礼宾也助长了"冒滥"现象的发生。徽州府人翁廷瑞被延请为乡饮酒礼宾即是因为其"捐粟"的行为，"弘治中，诏富民劝分例得爵秩，翁即输粟数百斛，而让其秩，不拜。邑大夫嘉之，累举乡饮酒礼，在三宾之列"②。隆庆年间宜春人赵顺干亦是"出粟赈饥所活甚众，有司以其事闻，抚按频加奖赏，奉例赠义官，乡饮礼为大宾"③。"捐粟"虽属义行，但是因此行为得以被延请为乡饮酒礼宾也会使乡饮的主旨发生变化，因为其本质还是以富贵、金钱为选择乡饮礼宾的标准，无形中就排除了

_____

① （明）吕坤：《实政录》卷6《风宪约》，《续修四库全书》史部第753册，第442页。

② （明）汪循：《汪仁峰先生文集》卷19《石舒翁传》，《四库全书存目丛书》集部第47册，第428页。

③ （清）冯兰森：(同治)《重修上高县志》卷八《人物·义行》，中国方志库收录，清同治九年刻本，第617页。

家资浅薄，子孙无力的处士。这种可以靠捐资、捐粟而获取乡饮酒礼宾位置的模式无疑使那些善于钻营的无耻之徒有机可乘，长此以往则会形成一种惟官爵、惟富贵、惟金钱的价值导向，进而错误的引导地方民众轻视齿德、追逐利益。

　　明代乡饮酒礼"冒滥"的另一个表现是乡饮宴席渐趋奢靡，礼仪形式随意。明代中期以后，各地乡饮酒礼的举行出现了两极分化的情况，要么是例行应付、徒具形式；要么是参与者成分混杂，形色各异，酒席奢靡。

　　前文所引张吉、李乐的议论就可以看出，成化年间已经出现了乡饮懈怠、虚应故事的情况。这种情况也绝非个例，有的地方还出现了延请宾客手本书写随意，即公文上不书被延请者的姓名，只写其号；乡饮酒礼结束后的谢礼环节不正规，出现了主宾倒置的情形，"乡饮酒之礼，客主终席则宜谢恩，谢恩宜专设宾主二位于桌前行礼方是，乃今主独居前，宾反居后"①。时至明代中后期，这种风气更为严重，以松江府为例，该府原来举行乡饮酒礼也是齿德为尊、宾客序坐，但是到了崇祯时期，松江府所举乡饮的仪式、规制已经是面目全非，官府漫不经心，只是例行应付，"今乡饮不必大老巨卿及齿德儒行耆老，有司举行故事，其不赴饮者送席而已"②。松江府地处江南这一文化传统浓厚的地区，该府一向被标榜为文化渊薮之地，文人墨客层出不穷，这样的地区乡饮酒礼尚且败坏如此，可想而知当时其他区域乡饮的举行情况。

　　此外，明代中期以后，各地乡饮酒礼延请人员的成分也更为复杂，与席者形色各异。而随着宴席人数的增多，乡饮酒席也变得更加奢靡。

　　据前文所引，明人李乐在论及乡饮酒礼之弊的时候就曾经提

---

① （明）姚舜牧：《来恩草堂》卷15《正礼篇》，《四库禁毁书丛刊》集部第107册，第249页。

② （崇祯）《松江府志》卷7《风俗》，《日本藏中国罕见地方志丛刊》，书目文献出版社1991年版，第184页。

出，乡饮酒礼不再是庄重严肃的事情，主宾都相当随意，"明伦堂
虽非圣驾所临，然顾名思义除乡饮酒礼外决不当设席其中，今不
惟设席又加演戏，主与宾皆可谓读书不识字矣，时事舛错不应至
此"①。也就是说，此时的乡饮酒礼不仅在明伦堂内大摆宴席，席
间还罔然不顾及礼制法度进行演戏等娱乐活动。而这种风气不断
蔓延，更有甚者"生员胥胥宿娼饮酒，略不顾忌，而廉耻之风渐
衰"②。这些事例俱表明，乡饮酒礼不再是延请乡里耆旧，崇尚齿
德、教化百姓的礼典，而是生员、胥吏、无德士绅、娼妓皆可参
与的饮酒娱乐宴席。时至明末，在不良社会风气的引导下，乡饮
酒礼俨然已经演变成了一场聚合乡里权贵，崇尚官爵、青紫的功
利性宴会。

与此同时，乡饮酒礼的参与宾客也在不断增加，用度也随之提
高。《明会典》中对乡饮酒礼的酒菜规格有严格的规定，"酒肴于官
钱约量支办，务要丰俭得宜"，"乡饮酒礼所用酒肴于一百家内供办
毋致奢靡"③。从会典中的规定可以看出，明朝政府对乡饮酒礼的费
用有严格的限定，并且强调各地举行乡饮一定要丰俭适当、不要奢
靡。而实际上却也如此，在乡饮酒礼施行之初，各地还是能够按照
行政要求不铺张、不浪费，做到乡饮宴席的节制。

府县乡饮酒礼的费用和乡贤名宦祭祀银一样皆出自于地方公费，
名曰："乡饮酒礼银"，其分配根据府县规模大小及地方的实际情况
略有差别。如杭州府的乡饮酒礼银由府衙所在的钱塘、仁和二县
办④，海宁县乡饮"春冬二次共银二十两"⑤，常山县"乡饮酒礼年

---

① （明）李乐：《见闻杂记》卷5《五十六》，第454页。
② （明）刘瑞：《五清集》卷4，《四库未收书辑刊》第5辑18册，第64页。
③ （万历）《明会典》卷79《礼部三十七·乡饮酒礼》，第456页。
④ （万历）《杭州府志》卷31《征役》，《中国方志丛书》524号，第2309、2342页。
⑤ （嘉靖）《海宁县志》卷2《田赋志》，中国方志库收录，清光绪二十四年刻本，
第15页。

该二次银二十两"①，平湖县则是"年该二次银一十五两"②。再看嘉靖年间北直隶地区的广平府，该府一共有九县，乡饮酒礼银的分配如下：

表 2—1　　　　嘉靖年间广平府乡饮酒礼费用分配表（两）

县　名	永年县	曲周县	肥乡县	鸡泽县	广平县	邯郸县	成安县	威县	清河县	共计
乡饮费用	24	16	16	16	12	16	16	12	12	140

资料来源：（嘉靖）《广平府志》卷 6《版籍志》。

从上引史料与表格显示的情况可以看出，明代各县的乡饮酒礼银的额度基本在 12 两至 25、26 两之间。府较县预算略多，而同级县横向比较来看，永年县则因为是广平府府治所在地，府县一体举行乡饮酒礼，所以它的乡饮酒礼银多于同府的其他几个县。

然而随着乡饮宴席规模的扩大，铺张浪费的情况也逐渐增多，额定的乡饮酒礼银已经不能支撑典礼费用，遂而频繁的出现了乡饮宴席奢靡而负累民众的情形。

> 所以一年两次乡饮虽官给银二十两，而里长陪费不下百金，则是朝廷尚齿尚德之举不免为无耻者晡啜之资，执役者伤财之蠹。③

如引文所述，尽管乡饮酒礼的费用朝廷已明确规定其出处及额度，但是仍然会有一些府县超出定额，从而出现乡饮支出超额而

① （万历）《常山县志》卷 8《均平里甲》，明万历刻清顺治十七年递修本，全国图书馆缩微文献复制中心 1992 年版，第 17 页。

② （天启）《平湖县志》卷 8《役赋》，《天一阁藏明代方志选刊续编》第 27 册，第 521 页。

③ （明）张选：《忠谏静思张公遗集》卷 2《绍兴府萧山县为出巡事准本县知县张关奉本府帖文》，第 407 页。

"里长陪费不下百金"的情况。而究其根本，之所以会出现这样的情况，主要是因为乡饮酒礼中混入了一些无耻之徒，乡饮典礼成为觥筹交错的宴席，乡饮的费用成为这些蛀虫的吃喝之资，由此导致乡饮的费用逐年递增，最终负累了地方的乡民。

成都府附属各州县也曾出现因置办乡饮宴席而负累地方民众的情况。曾任四川巡抚的张时彻在一篇公文中讲述了此事：

> 看得成都府条，称本府所属州县，递年春秋祭祀乡饮酒礼原编均徭银两足勾买办，各州官员不知节省，分外又令里甲帮补猪羊，增添品物，烦费下民，乞行禁革。一节查得先批行提学道呈议邛州乡饮设有礼生，酒席出于无名，乞要裁革，已批，依拟通行以肃典礼，用惇士习，有不遵者该道巡历至日查访究治去后，今据前因相应通行，仰各该掌印官查照，今后春秋祭祀乡饮酒礼，俱止照依原议编均徭银两买办，节省冗滥，成礼而止，不许分外科派帮补，如违，查出官吏坐赃治罪。①

据引文可知，各地乡饮酒费用已经明晰由地方均徭中支出，但是因为各州官员不知节省，费用出现不足，以至于又在额定银两之外分配地方里甲置办猪羊等宴席物品，从而转嫁给地方民众，致使基层老百姓过多地承担了乡饮的资费而深受其累。鉴于这种情况，成都府特申请裁革此项乡饮陋习，而在实际情况的核查中发现，像邛州这样的地方之所以乡饮费用超支，主要是因为乡饮典礼中设置了诸多礼生，而造成了宴席参与者的冗滥，以至于费用增加负累里甲。由此，公移中特批复，今后成都府及其各县需要严格按照朝廷规定的既有程式，乡饮酒礼所需费用一律由均徭中支出，不许额外加派给地方里甲，如果再出现里甲帮补乡饮的违例情况，所涉官吏

---

① （明）张时彻：《芝园别集》，《公移》卷2《兴革利弊各项事宜案》，第511—522页。

即以贪赃之名论罪。

明代中期以后乡饮酒礼出现的各种违规乱象，也引起了明朝中央政府与在朝主政官的注意，他们试图以行政干预的方式提出制定各种限制、约束相关人员的法律法规，调整、规范乡饮的管理，以此改善日渐颓势的乡饮酒礼现状。

> 乡饮酒礼乃贵德尚齿之意，故宾介雍容礼文揖逊，俾观者有所兴起至盛典也。近来有司视为故事，多将考察去任、衙门退役及为事犯罪之人，为其子孙显贵，或在冠裳之列，徇情滥请，有伤风化，且辱盛典。合无通行各该有司，查照律令宪纲，务要慎加推择，每次举行之后，即将所请职名逐一开送抚按及提学、分巡道备加查访，果否允协舆，情中间有无私弊。其巡按御史及该道出巡之日，遇该考察，有司即以此为一事。如有前项罢闲有过之人滥与乡饮者，追究原举师生一并罚治，有官职者与注劣考。①

上述引文是沈鲤在任礼部尚书期间的奏疏，他列举了乡饮酒礼出现的诸多问题，大致上还是宾客滥举、以贵为贤、贤否同席等等。由此他提出了几点改善措施，对乡饮酒礼所涉及的相关部门及人员进行规范，即地方官府、学校、分巡道、抚按提学等进行的责任强调，并作以制度上的调整。

一是在源头上进行限制，即对乡饮酒礼的举荐者、批复者进行约束与追责。首先对地方有司、学校师生、提学官进行了规范。《礼部志稿》的《考法》中亦强调：

> 名宦乡贤、孝子节妇及乡饮礼宾皆国之重典，风教所关。

---

① （明）俞汝楫：《礼部志稿》卷45《覆十四事疏》，《文渊阁四库全书》史部第597册，第856页。

近来有司忽于教化，学校是非不公，滥举失实，激劝何有？今后提学官宜以纲常为己任，遇有呈请务须核真，非年久论定者，不得举乡贤名宦；非终始无议者，不得举节妇孝子；非乡里推服者，不得举乡饮宾僎。如有妄举，受人请求者，师生人等即以行止有亏论，其从前冒滥混杂有玷明典者，照近例径自查革。①

另据《明神宗实录》记载：

乡贤乡饮典礼隆重，风化所关，有司漫不留心，浸多猥滥，以后乡贤提学及有司详加采访，果即与崇祀，毋忽幽微，乡饮必举有德之人，毋徇贵富。②

地方学校、教官、提学官是地方乡饮酒礼推行中的关键因素。地方有司是乡饮的推行者与组织者，从上述史料中可以看出，地方有司出现的问题主要是"忽于教化""漫不留心"，"多将考察去任、衙门退役及为事犯罪之人，为其子孙显贵，或在冠裳之列，徇情滥请，有伤风化，且辱盛典"。有司对乡饮酒礼举行的敷衍与懈怠导致了乡饮无序、宾客混杂，即只看官职宦绩、子孙显贵，而不加甄别滥请乡饮宾客，衙役、胥吏、劣迹犯罪者参与期间，辱没了乡饮盛典。由此规定相关部门要按照律令宪纲，慎重选择乡饮宾客，并且要在每次举行乡饮之后，将所延请的宾客开列报送至抚按、提学、分巡道，以便查访是否名实相符。地方学校的问题则是"是非不公""滥举失实"，也就是说，学校师生对乡饮礼宾的推举并未秉持"公论"，而是不顾朝廷所倡导的尚齿尚德的乡饮选宾标准而"滥举"。由此《考法》中特意强调"非乡里推服者，不得举乡饮宾僎"，即

① （明）俞汝楫：《礼部志稿》卷24《考法》，第449页。
② 《明神宗实录》卷418"万历三十四年二月丁巳"，第7909页。

必须经过乡里士民的"乡评",大家一致认为该人符合选宾标准,众共称贤才可以向上举荐。并对地方儒学师生提出了要求,即乡饮酒礼宾必须举荐有德之人,不能依据官职、贫富去衡量选拔,如果出现妄举、滥举或者受人请托贿举等情况,儒学师生即以"行止有亏"被追究相应的责任。而对提学官的要求则是要以伦理纲常为自己的工作责任,与地方有司一道严格遵守乡饮举荐、选拔的流程,详加采访,核定事实后对乡饮礼宾进行筛选。巡按御史则是要对上述相关人员进行监督、考察,并且实施相应的惩戒。

从前文笔者的论述中可知,地方学校师生是推举乡饮酒礼宾的主要人群,对此群体的告诫与规范在一定程度上可以纠正乡饮宾客推举中的不正之风,从而在源头上遏制乡饮宾客的驳杂。而地方有司与提学官作为地方教化的执行者与监督者,他们是实施朝廷教化旨意的力行者,对乡饮酒礼的推行与具体运行起到关键的作用,从而,以行政的角度对二者教化职责的再三强调也能够起到总体把握教化风向,归正风气的作用。

二是对乡饮的实施过程,尤其对乡饮的举办者作以约束。弘治十七年礼部题准:

> 今后但遇乡饮酒,延访年高有德、为众所推服者为宾,其次为介,如本县有以礼致仕官员,主席请以为僎。不许视为虚文,以致贵贱混淆,贤否无别。如违,该府具呈巡按御史径自提问依律治罪。[1]

也即是说,乡饮酒礼的举办者必须要领会朝廷实施乡饮的教化深意,宾、介务必要延请本地年高有德且众望所归的人,延请的僎者也必须是正常致仕即在任期间没有受到朝廷的惩处,行为上没有污点的人。不许视此为虚文,敷衍应承,必须查校人数以后再决定

---

[1] （万历）《明会典》卷79《礼部三十七·乡饮酒礼》,第456页。

是否可为礼宾。如果出现贤否同席、贵贱混乱的情形,巡按御史知晓后可以依据《大明律》《大诰》等法律直接予以治罪。

从此次礼部的政令传达来看,乡饮酒礼的举办者对乡饮宾客的延请、乡饮宴席的位次、秩序等都负有相应责任。其实早在乡饮施行初期即有关于乡饮主者的规定,《明会典》中即有"主者若不分别,致使贵贱混淆,察知或坐中人发觉,主者坐以违制奸顽不縯,其主紊乱正席,全家移出化外"①。礼部对举办者责任的再次重申也证明了明朝廷整治乡饮酒礼的决心。从引文上看惩罚的力度也很大,一旦乡饮酒礼的举行出现违规违礼的现象,即会受到法律的惩处,而通过巡按御史这一具有监督地方官吏考绩的官员来进行定夺处置,则对从仕者的震慑力更为巨大。"有官职者与注劣考",以官员的考绩为约束条件在一定程度上加大了惩罚力度,也能够更加地提高举办者遵规守矩的自觉性,毕竟"宦业"的通达是明代士人最高的精神追求。从明朝廷采取的这种严厉的行政处罚可以看出,乡饮酒礼施行过程中出现的乱象和弊端确实引起了官方的注意,中央政府也在以法律法规的形式对乡饮牵涉的相关各方进行管理约束。

三是从反面强调即对扰乱乡饮秩序者进行管理。《大明律》中早即有对乡饮乱人者惩戒的规定,"凡乡党叙齿及乡饮酒礼已有定式,违者笞五十"②。即乡饮酒礼是以"乡党叙齿"为前提的,如果出现违例的情况要受到笞刑。而前引沈鲤的奏疏中也提及,"罢闲有过之人,滥与乡饮者,追究原举师生一并罚治,有官职者与注劣考"③。

除此之外,针对乡饮的费用问题,在朝者也提出了改革的建议。嘉靖年间,浙江提学副使薛应旂即提出应该削减乡饮酒礼用银的额度。

---

① (万历)《明会典》卷79《礼部三十七·乡饮酒礼》,第457页。
② (明)刘惟谦等:《大明律》卷12,第601页。
③ (明)俞汝楫:《礼部志稿》45《覆十四事疏》,第856页。

乡饮朝廷大礼，垂之经典，载之律诰，固古今盛事，风示邦人。但本县一年二次额设酒席不过用银拾两，共该银二十两已觳牲醴果核一应宾主执事之费，况自古兔首瓠叶用献君子，苹蘩蕰藻可羞王公，而民贫时歉又多杀，礼册设乡饮酒银三十两大抵多为在官买办人役尅落，实非从厚，伏乞减去银十两。①

从薛氏的论述中可以看出，本县每年两次乡饮的额设酒席只要二十两就已经足够了，但是却要预算三十两，其中的十两主要是被官府里的买办、差役人等贪污克扣。由此伏乞上奏减银十两，以减轻地方民众的负担。

以上是明朝政府与主政士大夫们针对乡饮酒礼破坏而进行的调整，他们立足于行政管理，试图以法律、法规的告诫与约束来挽回乡饮酒礼日趋颓败的局面。对乡饮法律法规的补充、官员责任的重申都有助于纠正是时乡饮酒礼中出现的不良风气，但是从明末士人的议论中可以看到乡饮酒礼的弊端仍然不断滋生，制度的调整与规范起到的作用甚是微小，正所谓"上行未必下达"。

与此同时，在中央政府的各种规范之外，明代士人亦自觉的以"不赴乡饮"的形式归正世风。明代的一些有识之士，尤其是颇有声望的名儒雅士，他们因为不满乡饮酒礼中出现的各种混乱情形，都纷纷拒绝受邀乡饮，或主动地辞去乡饮酒礼宾。

欧阳铎，正嘉时期名臣，历任广东提学副史、吏部右侍郎等职，曾改革田赋以减轻农民负担，为官清廉公正。他在居乡期间曾经被延请为乡饮酒礼宾，但因为"有司不恭"而拒绝赴宴。"邑大夫举乡饮酒礼以宾位请，不赴，子弟私问故，则曰有司不恭，亦有行货而得者老矣，岂不自量？"② 万历年间，福建同安县的陈如松更是为

---

① （明）薛应旂：《方山薛先生全集》卷52《申革冗费》，第550页。
② （明）欧阳铎：《欧阳恭简集》卷18《张处士得月墓志铭》，《四库全书存目丛书》集部第064册，第157页。

了不赴乡饮特意写下《辞不赴乡饮启状》，并且言明他之所以不去参加乡饮酒礼的缘由："窃惟乡饮设席之初，论人而不论爵，末世滥觞之甚，论爵而不论人。至举之者无足为荣，而当之者不自省。"① 从他的言辞中可以看到，这一时期的乡饮酒礼已经渐渐脱离了朝廷举行乡饮的初衷，选择乡饮礼宾已然是"论爵不论人"即只看重其人的官职品位，不再注重德行涵养，以至于被举荐为乡饮礼宾的人也不再以此为荣耀，反而视参与乡饮为耻辱。这种"牛骥同槽"的情形与乡饮初兴时所宣传的"贤否异席"截然相反，所以才会使明代那些洁身自好的士人们对延请为乡饮酒礼宾嗤之以鼻。明代著名诗人龚用卿也是因为乡饮酒礼的参与者中鱼龙混杂，纵使被官府延请数次也坚决不赴，"邑行乡饮酒与席者或有匪人，礼请数四，君竟不往"②。时至明末，这种不想沾染乡饮酒礼不良风气，不想与"匪人"同流合污的士人越来越多。李维桢，明末著名的文学家、诗人，为人平易通达，居乡期间"赐邑乡饮酒礼，翁大宾，翁固辞，邑固以请，亦勉就之，酒一再行促驾归，指城阖而矢之，是不可再辱吾，足矣"③。还有东林党魁，著名的思想家顾宪成，"有司高其行，宾乡饮者再三，先生夷然不屑也"④。

另外，除了拒赴乡饮酒礼以外，明代士人还意图通过结社与组织老人集会等形式重申尊齿尚德的意涵。明人王鏊就曾在家乡苏州府举办过东丘老人会。生活在明代中期的王鏊有感于乡饮酒礼的渐趋废弛，由此聚集乡里致仕耆老十一人，"所以敦契谊、崇齿德、畅洇郁，而示乡人以礼也。示乡人以礼者，所以接之于道，作敬让，

---

① （明）陈如松撰，陈峰校注：《莲山堂文集》卷下，《辞不赴乡饮启状》，厦门大学出版社 2018 年版，第 169 页。

② （明）龚用卿：《云岗选稿》卷 15《肃州卫知事杨君墓志铭》，《四库全书存目丛书》集部第 88 册，第 105 页。

③ （明）李维桢：《大泌山房集》卷 87《乡祭酒吴翁墓志铭》，《四库全书存目丛书》集部第 152 册，第 535 页。

④ （明）顾宪成：《顾端文公集》卷 16《明故承德郎山东济南府别驾莲严黄先生暨配许孺人合葬墓志铭》，爱如生历代诗文集总库收录，明崇祯刻本，第 3b 页。

而远于斗辨也，其犹古乡饮之遗乎？"① 他的言辞中直接道出了举行老人会的目的，即是"崇齿德、敦契谊"，向乡人传达礼义廉耻，远离叛道违规之事。他把此举等同于古之乡饮酒礼，认为此次耆旧盛会重新恢复了尊齿尚德的意涵。之后王氏又进一步说道："况夫尊让洁敬，而接乡人于道。斯君子之所重也，非特燕游之乐而已。"② 一句"非特燕游之乐而已"的感慨也正是对时下乡饮酒礼变成娱乐宴席的反击。

以上的这些事例表明，明代中后期，乡饮酒礼的举行已经形同虚设，各种乱象的出现，尤其是所举匪人，参与者混杂已经影响到社会风气及明代士人们的选择。一些钻营者选择了助长乡饮的不良风气，推波助澜、罔顾礼法，以参与乡饮典礼为社交手段，破坏乡饮秩序；一些士人则选择了漠视乡饮，以结社和老人集会等形式来代替乡饮酒礼行使尊齿重德的教化意涵；而更多的是像欧阳铎、李维桢、龚用卿，顾宪成这样的人，他们持有自己的价值判断，不断地表达对乡饮酒礼发生异化、教化意涵变质的担忧，并且以自身的进退为示范，以期通过他们在士人中的影响力归正风气。

总而言之，尽管明代中期以后乡饮酒礼的实施与发展已经偏离了初期倡导的方向，乡饮酒礼没能持续地发挥其教化乡里的作用，但是明代国家与主政士大夫的积极反映与应对，也从侧面反映出明代国家对乡饮酒礼实施教化功用的重视。而明代士人的议论则表达了知识分子阶层对国家教化、典礼实施的关心与期待，他们"拒赴乡饮"，以身作则的行为表现也表明大多数明代士人持有自己的价值判断，他们深知朝廷推行的教化政策与方式可能出现弊端与迂回，但是"崇儒重道""忠君爱国"的教化本意不会改变。

---

① （明）王鏊、吴建华点校：《王鏊集》卷 16《东丘会老记》，上海古籍出版社 2013 年版，第 251 页。

② （明）王鏊、吴建华点校：《王鏊集》卷 16《东丘会老记》，第 252 页。

第三节 乡贤名宦祠祀与地方教化

明代国家在颁布《大诰》《教民榜文》，赋予老人职权，以乡饮酒礼等形式教化民众的同时，也积极地规范管理地方祭祀，意图通过祠祀的手段对地方士民施以教化。乡贤名宦祠祀即是在明代国家一体化的教化用意之下逐渐被纳入庙学体系，并"分而化之"的规训地方的士民。有明一代，乡贤名宦祭祀被纳入国家政化体系之中，成为与乡饮酒礼并行的地方教化形式。"国家章善瘅恶以化民俗，制自守令择郡邑之德行、道艺者，生以乡饮酒礼之，殁以乡贤祠之。昭荣辱、别赏罚，其劝诫至精也。"① 明代士人也受此思想的影响，把尊为乡饮酒礼宾与受祀乡贤名宦祠作为生死的两种荣耀。

一 倡导建祠

"夫宦于其地而去后见思是之谓名宦，生于其乡而众共称贤是之谓乡贤。"② 乡贤、名宦虽然身份、分工各有不同，但是因为二者与"乡"的关联及他们的高尚品质而一同成为地方民众推崇祭祀的对象。明代以前，对乡贤、名宦的祭祀主要是民间自发的，地方民众有感于乡先生、地方官的贤德与恩泽，把他们安排在一起进行祠祀，合称为先贤祠祀。而这种民间的自发性祭祀往往呈现出一定的随意性，先贤祠中的受祀者既有生长于兹的乡里贤哲，也有仕宦于兹的地方牧守，还有游历、寓居此地的名人雅士。建祠规模、祭祀周期与祀典形式等也并不统一，依各地域实际与人文环境不同呈现出参差不齐的状况。除此之外，崇祀乡贤名宦的

---

① （嘉靖）《宁国府志》卷10《礼祀纪》，《宁国府乡贤祠记》，第7a页。

② （明）蒋冕：《湘皋集》卷21《全州名宦乡贤祠记》，《四库全书存目丛书》集部第44册，第227页。

地点也非常多样，多见于官府、学校、书院、寺院、道观等地，甚至在风景游览胜地也常有建祠。"开庆元年秋，资政殿学士大制帅马公昉祠先贤青溪最胜处，凡生于斯、任于斯，居且游于斯而道、德、功可祠于斯者，自我朝上泝汉周，列位四十有一，取于吴晋仅十有一，选亦邃矣。"① 名宦、乡贤、流寓者的混杂而祀，加之祭祀地点的不固定，以致其观感与受众群体较为局限，这种先贤崇祀更多地体现出对先贤的纪念与追思，其教化意义相对薄弱。与此不同的是，明代的乡贤名宦祭祀较之前代，制度规范性更强，尤其是在其步入庙学之后，教化士民的深意更为明显。明王朝赋予了乡贤名宦祭祀更多的教化意涵，"发动人心"成为有明一代乡贤名宦崇祀的主旨思想。

明朝建立伊始即把乡贤名宦祭祀纳入国家教化体系之中并着力进行推广。洪武四年（1371），太祖朱元璋"诏天下学校各建先贤祠，左祀贤牧守令，右祀乡贤"②，明代国家表彰乡贤名宦自此开始。但由于此时王朝初立，地方政务繁杂，百废待兴，建祠的诏令并没有引起基层社会的足够重视，仅各别府县兴建新祠或改建了原有的先贤祠。洪武中，杭州府兴建乡贤祠，崇祀乡贤许由等三十二人；洪武二十八年（1395），温州府永嘉县建祠。弘治年间，中央政府又再次号召地方建祠，"令天下郡邑各建名宦乡贤祠以为世劝"③，"乡贤祠有宜祀而未祀者祀之，有不宜祀而已祀者去之"④。弘治朝的诏令更为直接的点明了建立乡贤名宦祠的目的，即"以为世劝"，明王朝以乡贤名宦祠祀教化地方士民的用意更加地明显。国家以诏令的形式再次号召地方社会设祠祭祀乡贤名宦

---

① （景定）《建康志》卷31《儒学志四·青溪先贤堂记》，文渊阁《四库全书》第489册，第358页。

② （乾隆）《山东通志》卷14《学校志·名宦乡贤祠》，文渊阁《四库全书》第539册，第879页。

③ （明）蒋冕：《湘皋集》卷21《全州名宦乡贤祠记》，第226页。

④ （弘治）《徽州府志》卷8《人物二·宦业》，第53a页。

在一定程度上加快了地方建祠的步伐，各府州县开始陆续兴建。以江南地区为例，浙江的金华府、衢州府，温州府的平阳县，嘉兴府的崇德县、桐乡县，徽州府的休宁县，应天府的江浦县等俱在这一时期创建的乡贤名宦祠。弘治十一年（1498），"巡抚都御史彭公礼命李烨再购寺地五亩余于学北，檄委同知彭哲筑垣墙拟建尊经阁、讲堂、乡贤祠、号房及莞尔亭"①，（江浦县）"二祠俱在学门内东隅，弘治十三年（1500）知县胡昉始置祠"②。值得注意的是，由于地理位置偏僻、地方守牧官的不作为、建祠资金短缺等原因，这一时期尽管建祠数量有所增长，但是仍然出现区域间的不平衡性，很多府县仍未付诸实践。如，广西的全州县，该县虽然接收到了政府的诏令，但直至正德年间才得以建祠，据《全州名宦乡贤祠记》的记载：

> 吾全僻在一隅，茫然不知奉行此旨者垂二十年。逮正德末广西按察副使大庚刘君节督学□□，惓惓祗承德意，相地于学西稍南……右以祀乡贤则自宋孝子朱公道诚而下凡若干人，名宦以爵，乡贤以齿。每岁春秋丁祭，后三日州之守贰率学之师生行礼……乡贤如是而祠之则凡生而居乡者亦孰不劝乎？崇先正以示轨范于后之人。③

从以上史料可知，全州县因为地理位置偏远，尽管早就收到朝廷的建祠号令，也知晓其教化用意，但是并没能筹建，而是在二十几年之后，由按察副使刘节主持兴建于学西南，名宦、乡贤相对立祀，每年春秋常例祭祀。

乡贤名宦祠祀的兴建高潮是在嘉靖以后，嘉靖九年（1530），

---

① （弘治）《徽州府志》卷5《公署》，第22a页。

② （万历）《应天府志》卷20《祠祀记》，《四库全书存目丛书》史部第203册，第544页。

③ （明）蒋冕：《湘皋集》卷21《全州名宦乡贤祠记》，第226页。

国家更正祀典，乡贤名宦祠祀也随之发生变化。嘉靖九年（1530），大学士张璁遵从皇帝旨意协同礼部提出孔庙祭祀改革方案，内容包括：去孔子王号改为至圣先师孔子、称大成殿为先师庙、不再以塑像祭祀先贤改易木主、重新规范祭祀等级与规格，并对孔庙中的陪祀先贤进行重新调整，另立二祠，中立启圣公神位，以颜无繇、曾点、孔鲤、孟孙氏配祀，俱称先贤某氏。与此同时，在陪祀先贤中剔除申党，颜何、荀况、戴圣、刘向、郑玄、范宁等人也被诏令各祀其乡，增祀后苍、王通、欧阳修、胡瑗。嘉靖皇帝准礼部议奏，随即命全国依照施行，"凡神祇坛庙，嘉靖九年（1530）令各处应祀神祇、帝王、忠臣、孝子、功利一方者，其坛场庙宇，有司修葺，依期斋祀、勿亵勿怠"①。此次声势浩大的更正祀典得到了全国各地府州县的积极响应，各地的庙学遵照朝廷旨令相应的进行了重整。重整的内容包括：学宫房舍的增建、祠祀位置的调整、仪式祭品等规制的统一等等。以江浙一带为例，各府州县学校中的文庙、亭堂、廊庑等都做了一定的调整，明伦堂、敬一亭、尊经阁这些亦都各正其位。乡贤名宦祠作为庙学体系的重要组成部分也随之进行了整改。"嘉靖甲午诏天下正祀典，乡贤之祠遗者增之，严不在祀法者汰之。"② 礼部进一步要求各地方，从前未设乡贤祠需要进行补建，已有乡贤祠如有位置、规制等不符合祀法的要进行裁汰。湖州府的安吉州即是在这一时期对乡贤名宦祠祀进行的调整。"祠旧夹文庙戟门而立，规制浅陋，岁久湮废……乃即学宫仪门两旁隙地而营之，而徙祠，于是左乡贤右名宦，门庑堂室凡法所宜有者悉备。"③

①（万历）《明会典》卷93《有司祀典上》，第532页。

②（明）杨慎：《升庵集》卷4《临安府乡贤祠记》，文渊阁《四库全书》第1270册，第55页。

③（嘉靖）《安吉州志》卷8《重建乡贤名宦祠记》，《天一阁藏明代地方志选刊续编》第28册，第961—962页。

表 2—2　　　　嘉靖时期部分府县乡贤名宦祠建祠及调整列表

地　名	建祠时间	调整时间	资料来源
松江府	嘉靖初年	嘉靖九年	嘉庆《松江府志》卷30《学校上》
九江府	嘉靖十三年		嘉靖《九江府志》卷10《学校志》
临安府	嘉靖		《升庵集》卷4《临安府乡贤祠记》
苏州府	成化二十三年	嘉靖十年	嘉靖《南畿志》卷13《学校》
上海县	嘉靖初年	嘉靖九年	嘉庆《松江府志》卷30《学校中》
华亭县	嘉靖元年	不详	嘉庆《松江府志》卷31《学校中》
如皋县	嘉靖十六年		嘉靖《重修如皋县志》卷9《诗文》
吴　县	嘉靖四年	嘉靖十七年	崇祯《吴县志》卷13《学宫》
长洲县	嘉靖二十年	嘉靖二十年	隆庆《长洲县志》卷4《学宫》
昆山县	成化十九年	嘉靖中	万历《重修昆山县志》卷3《学校》
吴江县	成化五年	嘉靖九年	乾隆《吴江县志》卷8《学校》
嘉定县	不详	嘉靖九年	万历《嘉定县志》卷3《学宫》
太仓州	天顺四年	嘉靖十年	嘉靖《太仓州志》卷4《学校》
崇明县	不详	嘉靖十三年	嘉靖《南畿志》卷13《学校》
武康县	嘉靖前	嘉靖二十四年	嘉靖《武康县志》卷4《学校志》
江浦县	弘治十三年	嘉靖二十九年	万历《应天府志》卷20
衡山县	嘉靖间		光绪《衡山县志》卷16《学校》
瑞昌县	嘉靖三十五年		隆庆《瑞昌县志》卷5《秩祀》
寿州	嘉靖十五年		嘉靖《寿州志》卷3《建置纪》
砀山县		嘉靖中	嘉靖《徐州志》卷6《人事志一·学校》
滁州	嘉靖二十六年		康熙《滁州志》卷15《学校》
六合县	嘉靖十七年		万历《应天府志》卷20《祠祀志》

从上表所示信息可以看出，上述府州县虽然在乡贤名宦祠的建立时间上并不统一，但是基本上都在嘉靖时期进行了布局与整合。嘉靖庚寅，松江府重整文庙，"若文庙，若两庑，若戟门，若明伦、崇德、养贤堂，若咏归亭、若斋庐，若尊经阁、魁星楼莫不焕然一

新，至乡贤名宦祠昔皆位制弗称亦相地改作。"① 由此可得，嘉靖更正祀典以后至嘉靖三十年（1551），大致二十年间是明代庙学乡贤名宦祠祀规制的重整时期，也可以说是乡贤名宦祠祀规制的定型期。

总的来说，这一时期呈现出几个特点与变化，一是全国大部分府州县都已陆续建祠，尽管有个别地方受地理位置、守令官能力的限制，建祠较为狭小，崇祀者也仅有寥寥几人，但绝大多数府县的乡贤名宦祠祀还是实现了朝廷号召的整齐划一，形制完备。

二是乡贤名宦分祠与府县分祠。嘉靖以前，已设有乡贤名宦祠的府县中很多都是乡贤、名宦的合祠而祀。如湖州府的武康县、德清县，该二县嘉靖以前一直都是乡贤、名宦共祀一室，直至嘉靖时才"旌别既定，士论胥允，乃白诸当道随声报可，遂乃戟门左右分揭二祠"②。另外，这一时期基本上制止了府县同祠的现象。明代嘉靖更正祀典以前，乡贤名宦祠的创立参差不齐，个别小县，尤其是府治所在县往往不独立设祠而是附于府学乡贤祠进行一并祭祀。如，宁波府鄞县、杭州府钱塘县、严州府建德县、台州府临海县、处州府丽水县、湖州府归安县等地方。"归安者，湖首邑者，故无名宦乡贤祠，附祀于郡庠久矣。"③ 归安县的名宦乡贤祭祀在嘉靖前一直是依附于湖州府学，直到嘉靖十年（1531），才由知县刘塾等人倡导建祠独立的祭祀乡贤名宦。宁波府的鄞县亦是如此，嘉靖更正祀典以后才脱离府学单独立祀，乡人周相在建祠记中言道："凡学，例得祀名宦乡贤，我学独无。或曰总于府学，乡贤可名宦不可。"④ 也就说，附于府学祭祀名宦乡贤不符合礼法惯例，乡贤、名宦的地方属性决定了其教化对象，混祀的本身即是对崇祀者的不尊重。由此，嘉靖

① （嘉庆）《松江府志》卷30《学校上》，《中国方志丛书》第10号，第671页。
② （康熙）《德清县志》卷8《艺文志》，《名宦乡贤祠记》，《中国方志丛书》第491号，第458页。
③ （万历）《湖州府志》卷12《陆稳记》，《四库全书存目丛书》史部第191册，第250页。
④ （嘉靖）《宁波府志》卷7《经制志·学校》，《中国方志丛书》第495号，第767页。

祭礼改制后，那些依附于府祠祭祀乡贤名宦的地方纷纷开始另立祠祀。

三是乡贤祠与名宦祠的位置逐渐被固定下来，这是嘉靖更正祀典前后非常重要的一个变化。明代嘉靖以前朝廷并未明确规范乡贤名宦的位置，各地根据自己的实际情况兴建，"明太祖洪武四年诏天下学校各建先贤祠，左祀贤牧守令，右祀乡贤，此二祀建立附学之始。但郡县制各不同或分祠或合祠，或在庙堂之后，或列庙门两旁，总之不离宫墙左近也"①。上文所述的郡县情况应该算是执行国家政令比较得力的，所以建祠的位置都是接近庙学宫墙。但是很多府县因为地势狭隘、资金短缺、推诿糊弄、礼法意识不足等原因，建祠地点比较随意。金华府初建乡贤祠即选址于普陀寺旧址，宿州府灵璧县乡贤名宦皆祀于梓橦庙，衢州府乡贤祠建于禮庙，安庆府乡贤祠则是知府胡缵宗"改于新天宁寺之东，撤龙王庙而为之"②。这种情况至嘉靖更正祀典以后不再常见，随着明朝政府对庙学规制的重申，庙学内各祠的空间位置被规范，乡贤名宦二祠的位置也相应固定。乡贤祠一般与名宦祠相对而设，立于儒学戟门两侧。"（名宦祠）嘉靖十年（1531），知县张宪重建于至圣庙之东北，为堂三间……（乡贤祠）为堂三间，前立桂华碑记二十四年，知县余启迁于名宦祠右。"③

另外，乡贤、名宦的祭祀时间、祭祀形式与规格也被重新厘定。"岁以春秋二仲月上丁日祀先师毕，知府率僚属致祭，祭品视名宦。属县官各率僚属祀乡贤于学宫，其日其礼亦如之。"④乡贤、名宦的祭祀时间一般选在春秋二祭之后，由府县正官或佐贰官率领儒学师生与僚属一同致祭。乡贤、名宦的祭品比照少牢之礼，具体则没有

---

① （乾隆）《山东通志》卷14《学校志·名宦乡贤祠》，文渊阁《四库全书》第539册，第879页。

② （嘉靖）《安庆府志》卷13《礼乐志》，《四库全书存目丛书》史部第185册，第427页。

③ （嘉靖）《武康县志》卷4《学校志》，《天一阁藏明代方志选刊》第20册，第13b页。

④ （万历）《杭州府志》卷52《礼制·祀乡贤祠礼》，第3286页。

严格的限定，各府县因实际的条件有所差异。杭州为大府，地大物博，相比其他地方较为富庶，所以其祭祀乡贤、名宦的祭品以牲品为主，“羊一、豕一、帛一，爵三”①。而鄞县因为是小县，所以祭品有所缩减，仅“豕一、帛一，爵三，濮以果品”②。还有个别地方除有上述牲畜果品以外，还增入薨鱼、黍、稷、稻、粱、芹菹、韭菹等，品类最多可达15余种。乡贤名宦祠的祭祀费用也被明确规定，一般是“乡贤名宦二祭各七两”③，而后又固定为名宦、乡贤祭祀银为每祭四两，春秋二祭共八两。这些祭祀费用主要来自三个方面，一是来自地方政府的公费，即在“祭祀银”中支出，“将本宦置立木主三座，选择吉日，仍动支该县公费银两买办猪羊祭品等项”④。鉴于地方政府财政主要出自里甲，祭祀费用追加容易给地方民众形成负累，所以很多地方都谋划置办祭祀田以维持乡贤名宦祭祀，即“以田养祀”。“以田养祀”是指依靠田租来换取祭祀费用，地方官府以学田、废弃寺庙、荒田等出租来获得祭祀费用或本地乡民捐田以维持祭祀。

> 嘉靖癸未夏六月之望春，奉命来职此土，因访前辈之人物，得诸公之贤瓣香祠下，周视祠宇殊朴且陋而为之蹙然，遂捐己俸，命杨公之后名义和者以修饰之。拣主以龛固官以门，奠置有案而常事□供。是既念春秋岁祀之需，每取给于县，县取给于里，里给取于甲，上下交征，彼此渔猎，岁盖以为常。虽惟良有司者亦因而不改，岂思诸公为乡之贤达，其有也波及乡人。既没之后，不宜有以贻其害，使后之人歛取其乡人之脂膏，以供其血食，是以乡贤贻害于乡人者为莫大，而且遗患为无穷。

① （万历）《杭州府志》卷52《礼制·祀乡贤祠礼》，第3284页。

② （嘉靖）《宁波府志》卷10《秩祀》，第7页。

③ （明）叶春及：《石洞集》卷4《惠安政书三》，《明别集丛刊》第3辑，第105页。

④ （明）万衣：《万子迂谈》卷8《本府行县置主帖文》，《四库全书存目丛书》集部第109册，第193页。

公之心宁是忍乎。灵其如在必不是享矣……逾年攒褚值之余与他材之羡，次为置立祀田，适有告清宁观道田之典鬻于民，□者久假而不归，从而追赎，以归于籍之，以官佃之，以民掌之。以邑□岁入其租计公输毕，余□以供祭祀。①

以上史料出自金华府武义县《乡贤祠祀田记》，据记中所言，武义县乡贤祠的日常经费原来出自地方里甲，但是因为"上下交征，彼此渔猎"而形成弊端，新任牧守黄春到任伊始深感其弊，认为乡贤本是受乡里敬仰之人，死后却因受祀而负累乡民，"是以乡贤贻害于乡人"，所以追赎原来卖给乡民的清宁观道田，以供给乡贤名宦的祭祀费用。

祭祀费用的第三个来源是靠地方官捐俸或者乡老的资助。此种情况一般只出现在建祠时的首祭，属于个别地方的自发行为，难以维系每年的春秋常祀，所以稳定性相对较差。

总之，与前代相比，乡贤、名宦祭祀纳入国家一体化祭祀之内，成为明代地方祭祀的重要组成部分，嘉靖更正祀典以后，乡贤、名宦纳入庙学，其规制更加完备，教化指向性也更加明显。

二 "分而化之"的教化实施

明王朝之所以对乡贤名宦祠祀进行严格规范与制度化的管理，主要是出于其教化士民的目的。杨廉在《金坛县创建名宦乡贤二祠记》中即指出了名宦乡贤二祠的教化作用，（乡贤名宦崇祀）"盖人心有感发之机，天下有风动之理，使官于斯者皆有志于名宦，居于斯者皆有志于乡贤"②。《瑞州府名宦乡贤祠记》也点明乡贤、名宦的崇祀有益于治道："在宦则名、在乡则贤，以成治化，庶后之视

① （明）嘉靖《武义县志》卷4《乡贤祠祀田记》，第22—23页，明正德十六年刻嘉靖三年增刻本。

② （明）杨廉：《杨文恪公文集》卷32《金坛县创建名宦乡贤二祠记》，《续修四库全书》集部第1332册，第634页。

今，犹今之视昔也，祠之为道如此。"① 从此二篇祠记中可以清晰地看出，明代庙学名宦祠、乡贤祠的设立主要是为了感发人心、激励后进，以此改变社会风气，使在此地任职的官员有志作名宦，居于此地的士民有志作乡贤，"昭明其德以迪范也，轨度其行以宣则也，繇此以修己则下无类俗，繇此以治人则上无秕政。上下俱得其道，是以国家可坐而理也"②。继而通过榜样的力量使德行卓越的乡贤、名宦逐渐增多，那么社会即可长治安宁、士风学风也会井然有序，国家就可不治自兴。

从乡贤、名宦的概念和明人对其职能的解读来看，乡贤、名宦是"各司其职"，笔者在前文论述明代乡贤名宦祠祀变化的时候已经提及，嘉靖更正祀典以后，大部分府县都实现了乡贤、名宦的分祠祭祀。乡贤、名宦的分祀，一方面是出于合乎礼法的需要进行的祀典调整，更为重要的一个方面则是明代国家"分而化之"的教化用意。

　　"乡贤祀于文庙之右，左以逊名宦也。宦之名者祀之；乡之贤者祀之，未名而贤者将以思而劝也。古之乡先生没则祀于社，惟其贤也，非贤何劝。"③
　　"庶官于斯者政有所持，循生于斯者学有所兴起。"④

以上两段史料一方面言明了受祀乡贤、名宦的选择标准，即名宦以名声、政绩来选择，乡贤则是由品质、德行来判定。另一方面则强调了乡贤、名宦各自的教化分工，即崇祀名宦可以使后之

---

　　① （明）邵宝：《容春堂前集》卷12《瑞州府名宦乡贤祠记》，文渊阁《四库全书》集部第1258册，第123页。
　　② （嘉靖）《安吉州志》卷8《重建乡贤名宦祠记》，第961—962页。
　　③ （嘉靖）《徐州志》卷8《人事志三·祀典》，台湾学生书局1987年版，第568页。
　　④ （明）汪循：《汪仁峰先生文集》卷20《永嘉考名宦乡贤祠文》，《四库全书存目丛书》集部第47册，第452页。

任者"政有所持",崇祀乡贤能够让乡里后人"学有所兴起"。祭祀乡贤、名宦除共同的表达着对先贤的崇德报功外,更多的则体现着各自的教化深意。

乡贤,又可称为乡型、乡先生、乡耆,指那些生于其地而德业、学行著于世者。"其道德足为人所钦佩,其品格足为人所仰敬,居一国而为一国所矜式,居一乡而为一乡之模型。"① 这一群体因品德高尚、学行卓著、温良贤孝而闻名于乡里,是地方社会的道德楷模。

> 古贤者没必祀於乡所谓乡先生,乡人以之薰德善俗。②
>
> 乡贤一邑之翘楚,众所仰而望以为标准者,桑梓之间,衡宇相望,声光相接其贤且能者,如景星卿云一时快睹,既而邈矣,弗及见焉。惟表章以示人,庶后贤有所矜式。凡民之所向慕,里社聚会之际必相与追论前言往行,有所感发而兴起,此乡贤祠之所以作也。③

上述史料更是直接的表述出兴建乡贤祠的功用,即以所崇祀"乡贤"为榜样教化本地的士民,以使乡里后学感慕乡贤德行而竞相模仿、学习,继而兴起,如此循环往复即可善俗,并强调了"乡贤"的核心与重点在"贤",不以"贤"称者就不能起到劝民导俗的作用。而乡贤之所以能被地方士民推崇祭祀,除了其本身所具有的贤品质外,还因为他们俱为"乡里人",以使"桑梓之间声光相接、丘垅相比"。诚然如此,地方乡贤祠崇祀的俱为本籍的

---

① (民国)《西丰县志》卷9《乡型志》,《中国地方志集成·辽宁府县志辑》第12册,凤凰出版社2006年版,第468页。

② (明)王越:《黎阳王襄敏公疏议诗文辑略》卷2《开州乡贤祠记》,《四库全书存目丛书》集部第36册,第557页。

③ (嘉庆)《溧阳县志》卷7《学校志·学宫》,《中国方志丛书》第470号,第176页。

乡人，这些人要么是里闾相传、耳熟能详的前代先哲，要么是沾亲带故的本朝贤达，他们的事迹早已经在乡里之间流传，而官方的认可并崇祀于庙学之内又加重了这些"贤者"的名声与威信，加之每年春秋两次仪式化的常规拜祭，无疑更会使地方士民真实的感受到贤者的品质与德行，教化的收效亦可达到相应的提升。

以乡贤品质中的"孝义"为例，"孝"作为中华传统美德，是历代王朝向地方社会实施教化的重要内容。明代中央与地方政府以多种手段教育、引导士民付诸行动，乡贤祭祀就是其中的一项，明朝廷倡导地方崇祀"乡贤"，立意即是想通过"乡贤"的"在地化"楷模作用以使其"孝行"被本乡人所接受、模仿。"孝义"乡贤的崇祀确也引导了一乡之风气，例如，《浦江志略》中记载，浦江风俗"习俗醇厚、人才辈出、以义居闻者三、效义同居者三"①。浦江一直以"孝义"闻名，所以地方志在记述风俗的时候特意强调"习俗醇厚""以义居闻者三、效义同居者三"，"义居"讲的是地方家族几代人同室而居，"效义居"则是对此居住模式的仿效。浦江"孝义"的代表是郑氏家族，该家族因"孝"贤闻名，浦江县乡贤祠中祀郑氏"孝义"乡贤4人，《浦阳人物记》《金华贤达传》《金华先民传》也对郑氏"孝义"大书特书。由此，乡贤祠在祀、乡贤传有载的郑氏被地方其他家族所效仿，继而又形成了王氏、黄氏、吴氏等孝义家族。"今之人又慕三子之风而兴起焉，后之人亦如之，踵踵不替。"② 由此，在郑氏的影响下，浦江一代一代的乡人感慕前贤，"踵踵不替"完成着"孝义"的传承，进而形成了醇厚的地方风气。地缘与亲缘的接近使乡民能够切身的感知乡贤的德行，并为之效仿，这种温和而潜移默化的教化方式也更易被地方士民所接受，较之其他教化方式也更加行之有效。

---

① （嘉靖）《浦江志略》卷2《风俗》，《天一阁明代方志选刊》第19册，第2a—3a页。

② （嘉靖）《浦江志略》卷2《风俗》，第3b页。

与此同时，“乡贤”在起到人格性典范表率作用的同时还担当着“表乡”的重任，“崇相氏曰：乡贤以表乡也”①。乡贤作为一定区域内的精英人物，他是本乡精神面貌的代表，其影响力能够超越区域，成为一乡在外的名声与符号。

> 夫人以地灵，地以人显，故昌黎以韩重，庐陵以欧阳重，皖不以翁夷诸子昌大哉。嗣是而兴起者，道德偲偲，诗礼亹亹，先后相望，非文不以仕，非作不以学，不于潜岳庐江，大龙小孤重有荣耀也哉。是故缵宗也，既立其祠，又纪其实，使百代而下闻诸君子之风咸有所观感焉。②
>
> 夫郡著以县，县著以里，里著以贤，贤著以世尚矣，其太上则全鲁之望于万世以昌平孔里著……濂洛新安以周程朱数先生著③

上述史料表明了“乡”与“贤”的互相依托、互为增彩的关系。第一段是时任安庆知府的胡缵宗为乡贤祠的设立而写的建祠祭文，大致意思是说，地理人文环境造就了贤者，贤者亦因为自身的名声彰显着乡里，即“人以地灵、地以人显”。第二段出自《名贤里记》，其层层深入，由郡到县、由县到里、最后统归于里中之“贤”，突出了贤的作用，认为贤者的出产与聚集才是乡邦得以闻名的关键。可以说，明代的乡贤在发挥他们个人典范性榜样作用的同时还是乡里社会的荣耀，这种荣耀可以突破一乡的地理范围，被他乡、他者认知，由此，乡里之“贤”不断被传播、建构，渐渐成为张扬乡里、定位乡人的符号。

---

① （明）董应举：《崇相集》，《乡贤传引语》，《四库禁毁书丛刊》集部第103册，第62页。

② （嘉靖）《安庆府志》卷16《乡贤祠记》，第107a页。

③ （明）吴瑞谷：《大鄣山人集》卷22《名贤里记》，《四库全书存目丛书》集部第141册，第506页。

　　总而言之，从明代乡贤祠与先贤祠、名宦祠的分祠能够看出明代国家、地方政府以及士人群体对乡贤里籍的重视。这种重视不仅体现出明人地方意识的加强，还体现出他们以"乡贤"构建乡里传统的思路。明人以"贤"为纽带聚合一地古往今来的贤者，通过群贤的品质达到教化乡人、彰显乡邦的目的。

　　"夫宦于其地而去后见思是之谓名宦。"①"名宦"与"乡"同样关系紧密，"宦于其地"成为受祀于该地的基本条件。名宦在明代以前与乡贤同祀被称为地方先贤，他们同样具有高尚的道德品质，不同的是，名宦之所以被称为"名宦"，主要是因为这一群体在任时有政绩并在当地有一定威望，恩泽于此地乡民。名宦的选取与乡贤选取极为不同，受祀乡贤可以是毫无功名的处士、普通的民众，只要他们品行卓著、有道有德，符合儒家的价值判断标准，并且乡评允协即可申请入祀。而"名宦"则是以"入仕"为基础，他们必须是官宦，其被崇祀更取决于在任时的政绩与名声，这一点上与乡贤选取有着本质的区别。

　　由此，从"名宦"的称谓和选取上即决定了其与"乡贤"的教化对象有所差异。名宦祠的教化对象主要是地方官、儒学生员等入仕者和准入仕者，进一步来说，他是建立在科举取士基础上的教化形式，而直接的受教者即是来此地任职的官吏。

　　　　今夫宦于其地而去后见思是之谓名宦……若文翁之祀于蜀郡，朱邑之祀于桐乡，皆名宦也，其宦业何如邪……名宦如是而祠之则凡仕而居官者孰不劝乎。②

　　明代官员到任地方，其首要任务便是祭拜地方先贤，而每年春秋两次的常例性祭祀乡贤名宦，也使他们在履行职责之外，能够更

---

①　（明）蒋冕：《湘皋集》卷 21《全州名宦乡贤祠记》，第 227 页。
②　（明）蒋冕：《湘皋集》卷 21《全州名宦乡贤祠记》，第 227 页。

多的感知到地方贤者的风范。名宦祠中的受祀者一定是受地方士民推崇、拥戴并卓有政绩的人，他们能够被定义为"名宦"并得到庙学的一体祭祀，也证明了此类人群已经被王朝国家所认可，他们的"宦绩"被表彰、提倡、宣扬。而明代国家进一步实施的与乡贤分祠、单独着重的祭祀这一群体，推动了地方官的进取心，崇祀的官方化与合法化对同为官宦的地方官来说可谓是一种现实的激励。由此，在明代地方官员的心里形成了一个惯性逻辑，受到民众的爱戴、"去后见思"、得到国家认可并表彰、受祀于庙学，这些都会对继任者尤其是新任官吏产生强大的吸引力。

儒学的教官、生员也是名宦祠祀的受教者，他们参与名宦的选取、推举，人物事迹的勘验，还要对名宦的"宦绩"进行"公评"。因而他们对"名宦"的事迹早已了然于心，潜意识中已经开始仰慕这些前辈，而每年春秋例行参加的名宦祠祭祀，仪式化的观感使这些国家储备的"准官员"们更容易产生共鸣，并以此"名宦"为榜样而奋发继起。他们通过对名宦祠中受祀"名宦"的德行、政绩的仿效，从而争取在入仕以后能够同样的获得地方士民的尊崇以及朝廷的表彰。这也正是明代国家分祠崇祀名宦的目的和希冀达到的教化收效，"使官于斯者皆有志于名宦"，经过这样良性的循环，便可以使国家政化更新、吏治清明、社会有序、不治而自安。

值得注意的是，明代有一些名宦祠不是与乡贤的分祠而产生的，而是旧时设立于学宫之外，在嘉靖更正祀典的影响下渐次迁入学宫与乡贤祠并立。例如，浙江绍兴的会稽县，该县名宦祠原来设在"五云书院"之内，至隆庆年间才迁至庙学与乡贤祠相对而立。由此可见，在明代不管是乡贤祭祀还是名宦祭祀都有一个步入学宫的过程，"名宦"受祀者的选择标准也是儒学化的，"名达"的前提仍然是"贤"。而名宦祠、乡贤祠在学宫位置的相对而立，相应的祭祀标准及推荐形式，俱说明了二者尽管在教化职能上各有分工，但因为"贤"的教化指向及与地方社会的关联，他们体现更多的是相互依存，互为彰显。二者作为地方先贤俱承担着化民导俗，稳定社会秩序的作用。与此同时，乡贤、名宦的相互转化，即以双重身份被崇祀，又从反方向造成了教化的偏离。在明代，尤其是在乡贤、名宦祭祀制度成熟以后，出现了既被祀于名宦又祀乡贤的现象。这些"名宦"因为本身所具有的贤品质，往往在籍贯所在地被祀"乡贤"，即所谓"彼地祀名宦，则此地祀乡贤"①。据《弇州续稿》记载：

> 张隐君者，讳弻，字汝能，其先楚之麻城人，避兵徙蜀，得蜀之内江家焉……以明经举，起家耒阳丞，为人公廉，不恪于官，所察见幽隐毋能欺者。然不纯任之以惠利，为吏民所敬爱，数入台使刻，天子异之，为特迁常宁令，甫命下而卒。贫不能殓与归，耒阳之人又相与出资治后事，以丧归内江，而奉其主祀之名宦祠，内江之人亦曰：此吾乡之笃行君子，没而可社者也，亦祀之乡贤祠。②

从上引史料来看，张弻即是先祀名宦又祀乡贤，其身份官职虽然不显，仅做到耒阳丞，但是为人公正清廉，惠泽地方，所以他死后耒阳人崇祀其为"名宦"，归葬于乡后，内江人又尊祀其入乡贤祠。

徽州府人潘旦，"才优经济，志秉清贞"，任职邵武府时有政绩，死后在该地被祀名宦，遵循旧例亦在徽州府入祀了乡贤祠。嘉兴人陆相儒也是如此，他在福、延两郡俱被祀为名宦，在出生地嘉兴被祀乡贤。尽管这些先"名宦"、后"乡贤"的士大夫中确有政绩突出、贤德兼优者，但是同样也有权高位重、行止有亏的人，所以不经甄别而是循常例，即只要祀为名宦必祀乡贤，就会造成"乡贤"

---

① （明）高攀龙：《高子遗书》卷8《与曾郡尊》，第513页。
② （明）王世贞：《弇州续稿》卷70，《张隐君传》，文渊阁《四库全书》集部第1283册，第41页。

的"冒滥"。嘉靖、万历以后，明代地方、士人往往也会把"彼地祀名宦，则此地祀乡贤"当成请祀乡贤的一个依据。东林党人高攀龙即是以此例为先祖请祀的，他在与曾氏郡守的书信中写道："泊道尊为先祖，故黄岩令，名材学宫俎豆也。先祖以万历二十六年（1625）浙中按台学道祀入名宦。移文敝邑，彼地祀名宦，则此地祀乡贤例也。"① 按照高氏的说法，其先祖万历年间即已经入祀黄岩县的名宦祠，按惯例应该相应的在籍贯地常州被祀乡贤。由此可见，明代士人已经把双重被祀当成既定的通例。更有甚者，出现了父子俱被祀名宦又被祀乡贤的情况。

明代士人对此惯例的默认和遵循也加速了乡贤祠中"宦业"人数的增长，明代嘉靖、万历以后，地方乡贤祭祀出现了"独重宦业"的现象，继而导致了崇祀结构发生变化，这也直接地影响了乡贤、名宦祭祀的教化导向。

三 乡贤名宦祭祀的流弊与"冒滥"的出现

明代中后期，与乡饮酒礼一样，乡贤名宦的祠祀也流于时弊，出现了诸多问题。明人欧大任所作《考定光州名宦乡贤状》以河南光州为对象，通篇表述了万历年间光州乡贤、名宦二祠的崇祀弊端。

> 窃惟光州在汉为弋阳县，魏晋皆为弋阳郡，南宋因之，东魏北齐属弋阳新蔡。隋仍为弋阳郡，唐始为光州，汝南文献第一州也。洪武以来，学中名宦乡贤之祀在两祠者不知几人，无所于考，职两陪祭，只见名宦诸公有子孙流寓于州者则入祀焉。宋元无一人，勿论汉魏晋唐也已，乡贤亦然。两祠神位皆其子孙丁日捧来，祭毕持去，事体因仍，礼仪苟简，莫此为甚。夫两祠之祀行于释奠之日，礜宗先老膰俎同时，襄德崇贤，明禋

① （明）高攀龙：《高子遗书》卷8《与曾郡尊》，《文渊阁四库全书》第1292册，第513页。

百代，礼至重也。学宫弟子固不可滥而谬举，亦不可逸而不彰。且不难于近日之可知，莫难于前史之皆核。大抵论名宦者只察其流泽遗爱于治郡之有无，不必究其生平之行实。论乡贤者只观其盖棺论定于人心之臧否，不必徇于后嗣之显荣。况汝南评月旦者人人能也，岂无公论耶。近于成化、弘治、正德、嘉靖年间人数颇多，事属已往，皆经申准入祀。两祠名重儒林，光映俎豆，不俟论其世矣。若司马公光则通志载于流寓，非州人也。今考周汉魏晋隋唐宋元至国朝，名宦未入祀者魏弋阳太守田公豫等，乡贤未入祀者楚大夫虞丘公伯等。其行迹以历代史书及《河南通志》《汝南志》《光州志》为据，职文学掌故也，不敢以越庖代尸祝为辞，谨状列如左。尚有不知者待后之君子考焉。据俟钧裁以举旷典，斯文幸甚。①

欧大任洋洋洒洒几百字叙述了光州名宦乡贤祭祀的情况，在其文中提到了几个当时显现的弊端：一是乡贤、名宦祠内所崇祀者基本都是成化、弘治、正德、嘉靖年间的人，前代先贤崇祀很少，以至于"宋元无一人"。二是乡贤名宦祠内的受祀者皆是子孙有力者，后代的显荣成为是否能被崇祀的关键。"名宦诸公有子孙流寓于州者则入祀焉。"此两个弊端即直指光州名宦乡贤祠的崇祀结构问题，也就是说，这一时期光州名宦乡贤的崇祀结构发生了变化，崇祀者多数为明当代人，并且很多人都是依靠其子孙的显达而受到祭祀。由此提出"大抵论名宦者只察其流泽遗爱于治郡之有无，不必究其生平之行实，论乡贤者只观其盖棺论定于人心之臧否，不必徇于后嗣之显荣"。即不能以后代显贵为标准而是应该依据名宦、乡贤所具有的"贤"品质，必须"盖棺论定"后进行择取，并告诫儒学师生，不可滥举、漏举，必须秉持公论，"学宫弟子固不可滥而谬举，亦不

---

① （明）欧大任：《欧虞部集》卷17《考定光州名宦乡贤状》，《四库禁毁书丛刊》集部第47册，第229—230页。

可逸而不彰"。

而后又提及光州名宦乡贤祠的祠祀礼仪简陋，"两祠神位皆其子
孙丁日捧来祭毕持去，事体因仍，礼仪苟简，莫此为甚"，名宦、乡
贤的木主神牌俱是由受祭者的子孙临时捧过来，祭祀仪式也非常简
略。鉴于此种情形，最后欧大任又提出应该重新考定光州地区名宦、
乡贤的事迹，而后剔除流寓者与不应入祀者，并对漏祀者进行补入。

而结合明人的文集、笔记中的一些记载可以看到，这一时期河
南光州的情况并不是特例，很多地方也出现了崇祀者"冒滥"、祠祀
混乱的现象。

> 乡贤之祀关闾巷万口，公论关国家彰瘅大典。非势位可得
> 而干，非子孙可得而私……乡贤一说大率出于有力子孙遮掩门
> 户及无耻生员晡醵之计相共成之，绝无足为轻重。①
>
> 乡贤之举典重一时，祀垂千载，必当之者无愧色，祝之者
> 无愧辞，而后谓之非滥。吾乡此典正嘉以前最为严核，后稍宽
> 矣。以余所知，往哲如姚太守隆之洁慎，王给事徽之清直，李
> 宪副重之丰稜，卢苑马璧之贞恬，沈侍御越之耿介，阮宪金壆
> 之廉静。在当时并许玲瑭，在今日尤堪楷式，而俎豆尚虚，苹藻
> 未荐，岂子孙之无力，抑采访之未周。闻王公临殁遗诫厥子太
> 仆曰：吾耻入乡贤，慎毋溷我臆，尔时犹有此言，后当何若念
> 之慨然。②

从明人的诸多议论中可以看出，明代嘉靖以前乡贤、名宦的祠
祀还是很严格的，而后虽然在更正祀典的指令下各地乡贤名宦规制
完善，但是时间一久，随着乡贤名宦祠祀在地方社会的认同度，以

---

① （明）唐顺之：《唐顺之集》卷7《与人论祀乡贤》，浙江古籍出版社2014年版，
第291页。

② （明）顾起元：《客座赘语》卷3《乡贤》，上海古籍出版社2005年版，第1256页。

及受祀者所带来的家族荣誉、免役特权等，在各种现实利益的驱动下，地方颇有势力的大家族、有力的子孙贿赂地方官、学校生员等，相互勾结、不遗余力的经营自己的先祖入祀。

再进一步来看，以上的事例及明人议论主要是针对两个问题，一是乡贤名宦的崇祀人数与结构，二是祀典流于形式。

诚然像明人所言，有明一代，地方乡贤祠与名宦祠内的崇祀人数确在不断增加，这与明代国家积极的乡贤名宦祠祀管理密切相关，再加之地方士人崇祀乡贤名宦的热情，明当代人不断被祀入。据（嘉靖）《宿州志》的记载，宿州原祀名宦、乡贤于梓潼庙，仅祀乡贤2人，名宦3人。

> （嘉靖丙申）侍御北江闻人先生视学，按宿见有创东岳行祠者，命铜（鉏）毁之以正风俗，鉏以秩祀尚贤，风化所系，欲正风俗宜莫先于此。宿之名宦乡贤代不乏人，俱未庙祀岂不大阙，乃考郡志、采舆论、疏其人，请举而祀之，曰可。复请费于舜泽、海峰二苏先生，得刑赎六十金以建二祠。一祀名宦何武而下凡若干人，一祀乡贤蹇叔而下凡若干人……①

从上引史料可以看出，宿州在嘉靖时期为了充实乡贤名宦祠祀，在崇祀乡贤、名宦的人数上均有所增长。这一情况在江浙一带也较为普遍，尤其是乡贤的崇祀人数，在嘉靖更正祀典以后呈现出较快的增长趋势。例如：嘉兴府乡贤祠嘉靖二十八年（1549）崇祀乡贤29人，至万历二十八年（1627）乡贤祠已祀52人，增祀23人，其中崇祀本朝乡贤38人；宁波府慈溪县嘉靖三十九年（1560）崇祀乡贤30人，到天启四年（1624）已祀乡贤达到74人，六十几年间增加了44人，且43人为本朝乡贤。台州黄岩县学乡贤祠成化年间建祠，当时仅祀乡贤10人，万历七年（1579）已经增至41人。

---

① （嘉靖）《宿州志》卷6《建设志》，《天一阁藏明代方志选刊》第23册，第19a页。

相比之下，名宦祠的受祀人数相对稳定，增长也较为缓慢，以苏州府常熟县名宦祠为例，有明一代仅祀名宦 19 人，而乡贤则崇祀 62 人。林丽月也曾指出，"名宦较于乡贤的冒滥情况稍轻"①。究其原因，名宦首要的条件便是"入仕"，且必须在此地任职、有惠政于地方才可以被举荐。相较于祀名宦，祀乡贤的门槛相对较低，乡贤祠的受祀者选择较为宽泛，只要是籍贯在"乡"并且德业、学行俱佳者都有机会被举荐乡贤，而不管是否"入仕"，原则上普通百姓、处士只要符合儒家的价值规范皆可被祀乡贤。并且因为乡贤的在地性，乡贤的崇祀更吸引地方士人，地方的势要家族把入祀乡贤祠当成立足于本地，建立家族权威的一个途径，所以地方上那些大的家族往往依仗其权势多方营求父祖入祀。

综上，如果说明代士人把乡贤人数的增多看成是"冒"，那么"滥"又指的是什么，"滥"在哪里？由此就涉及乡贤祠的崇祀结构，哪些人增入，为何能引起明代士人如此的重视。笔者且以万历年间浙江五府的崇祀情况为例进行分析：

表 2—3　　　　　　万历年间杭州等五府崇祀乡贤分类表

	年代	理学	宦业ᵃ	忠节	孝义	文苑	隐逸	其他ᵇ	总数	资料来源
杭州府	万历七年	4	32 (43.84%)	15	1	5	4	12	73	（万历）《杭州府志》卷67—86《人物》；《两浙名贤录》
嘉兴府	万历二十八年	7	22 (42.31%)	7	4	4	1	7	52	（万历）《嘉兴府志》卷19—22《乡贤》；《两浙名贤录》

① 林丽月：《俎豆宫墙：乡贤祠与明清基层社会》，收于黄宽重主编《中国史新论：基层社会分册》，台北联经出版有限公司 2009 年版。

续表

	年代	理学	宦业[a]	忠节	孝义	文苑	隐逸	其他[b]	总数	资料来源
绍兴府	万历十五年	6	33（40.24%）	17	3	6	7	10	82	（万历）《绍兴府志》卷40—46《人物志》；《两浙名贤录》
温州府	万历三十三年	21	27（38.57%）	10	5	1	2	4	70	（万历）《温州府志》卷11《人物志》
严州府	万历四十二年	6	13（48.15%）	2	0	2	2	2	27	（万历）《严州府志》卷13—15《人物志》；《两浙名贤录》

　　a. 括号内数据为"宦业"类乡贤占该府崇祀乡贤的比例。

　　b. 表中的"其他"指人物传中漏记的人物及没有明确被归类的人物，下文不做细致分析。

　　上表所列分别为杭州府、嘉兴府、绍兴府、温州府、严州府万历时期崇祀乡贤的类别及人数情况。五府乡贤祠的建祠时间相差较大，最早为杭州府，洪武中即建祠，其后是绍兴府、嘉兴府、温州府，建祠时间大致在正统至正德之间，但五府在嘉靖更正祀典后都进行了乡贤祠的调整与归正。从上表所显示的数据来看，孝义、忠节、理学、宦业、文苑、隐逸是五府乡贤祠基本的崇祀类型，每种崇祀类型则代表着受祀者突出的"贤"。在祭祀人数上，以上各府在万历时期都出现了快速的增长，具体到各类型，"宦业"类乡贤在各类型中增长人数最多，占比也最高。至万历七年（1579），杭州府共有乡贤73人，"宦业"乡贤32人，占比43.84%，嘉兴府至万历二十八年（1600）共有乡贤52人，"宦业"乡贤22人，占比42.31%，绍兴府至万历十五年（1587），共有乡贤82人，有"宦业"乡贤33人，占比 40.24%，温州府万历三十三年（1605）有乡贤 70 人，其中"宦业"类乡贤 27 人，占比 38.57%。严州府祠受祀者人数虽然总体不高，但是"宦业"乡贤占比最高，多达 48.15%。

根据以上数据再结合明人对"冒滥"的议论可以看出，明代嘉靖中期至万历、天启年间，地方乡贤祠的受祀者出现了较大幅度的增长，其中"宦业"类乡贤的增长尤为突出，几十年内竟有数倍涨幅，"宦业"成为各府县崇祀乡贤的最主要类型。而这些增入者基本都是明当代人，更为值得注意的是，品行高洁但寂寂无闻的处士不再被崇祀，取而代之的是那些"贤"品质并不突出，事迹平平的官宦或者子孙得力的貤封群体。甚或有的县祠被几个当地的大姓家族所占据，祖孙同祀、父子同祀、兄弟同祀比比皆是。

时任杭州知府的陈善直言其弊曰："余讨论乡贤，自上世以来皆有处士，而皇明余二百年独无一人。俎豆其间，岂冠上之士则贤哉！将赫赫者闻而默默者沦也。夫无而不举，则休姱之节微，有而见遗，则尚德之公泯，君子于此可以观世变矣，有风化之责者尚念之哉！"① 由此可见，是时"冒滥"现象的出现表面看是乡贤的滥祀、渎祀，其实质则是"公论"出现问题，以至于引导地方士民出现"尚青紫，轻处士"的社会风气。

明代中后期，除了明人所反映的乡贤崇祀"冒滥"，乡贤名宦祠祀的日常管理也多有不力，某些府县出现了祠庙规制破坏，祭祀懈怠等诸多问题。

> 看得先贤、先儒及名宦、乡贤牌位向多失落，非独蛀朽，盖缘门墙不固，无赖恶少穴入时窃为炊爨用。职已三次捐银补完，随补随失，又令生员何大襄、马元震查补名宦乡贤神牌，三十九位俱于丁前三日奉安矣。但原造神牌俱不如式。今以文庙礼乐志格之，多系僭越，而乡贤子孙莫不欲隆重其祖，高至

---

① （万历）《杭州府志》卷 52《礼制》，第 3286 页。

数尺，字多涂金，比之夫子神牌恐不能胜，此非所以安乡贤之灵也。子曰：祭之以礼。子孙即欲致隆其祖，当自家庙为之，奈何于先圣先贤罗列之地独为高大之神牌以相压为胜乎。谓宜一如礼乐志，名宦乡贤神位高皆一尺二寸，字皆墨为是。[①]

据志，今教授衙故乡贤祠也。教授安得长据之。今择望日复祠乡贤其中。而教授且率妻子徙居于西屋之外寮，虽湫隘尚不失故措，大时规模大德荒学舛，兴劝无术，教授之耻也。斋宇不严宾客无所，非教授之耻也。[②]

以上两段引文出自明人董应举的《崇相集》，两段史料内容都是关于万历时期福建地区闽县地方庙学乡贤、名宦的祠祀情况。第一段史料名曰《乡贤名宦神牌议》，其中指出了万历年间名宦、乡贤牌位出现丢失、僭越的情况。一是名宦、乡贤牌位很多都破败散失，主要是乡贤、名宦祠宇门墙年久失修不够牢固，遂导致被乡间那些无赖之徒偷盗，转而成为做饭的柴薪；一是名宦、乡贤牌位规格不统一，源于所祀乡贤的子孙们为了彰显其父祖，僭越礼制、互相攀比，以致乡贤木主参差不齐、越作越高，木主上的题字也被涂金，甚至超出了先师孔子牌位的规格。由此作者感慨，风气如此不如"子孙即欲致隆其祖，当自家庙为之"。

第二段史料名曰《复乡贤祠》，主要是董应举针对闽县乡贤祠被改成教授衙属所进行的议论。如引文中所说，闽县的乡贤祠长期被教授衙属所占据，董氏认为此种情况在万历以前是完全不能想象的，儒学教官本身承担着地方推贤、祀贤的责任，但却全然不顾礼法，携妻儿老小长期居住在乡贤祠，以致"乡贤"却无处崇祀。鉴于此种情形，董氏提出占祠教授应该携其家眷迁至西庑外寮，并认为乡

---

① （明）董应举：《崇相集》，《乡贤名宦神牌议》，《四库禁毁书丛刊》集部第102册，第162—163页。

② （明）董应举：《崇相集》，《复乡贤祠》，第163页。

贤祠祀懈怠，会导致"德荒学舛，兴劝无术"，此也是儒学教授的耻辱。

综上所述，明代嘉靖以后乡贤、名宦祠祀不管是从崇祀对象上还是日常的维护管理上都暴露出了问题，诸如当祀而未祀，滥祀、渎祀，祭祀懈怠、流于形式等等。面对这种形势，明代中央政府及一些有识之士纷纷做出反应，或出台法令以维护管理，或提出建议并以身作则匡正世风。

明朝政府及主政的士大夫为了整治"冒滥"，不断出台法令规范乡贤名宦的祠祀管理，并告诫各级官员要恪尽职守，不可徇私舞弊。《修举学政》明确了举荐各方的职责：

> 以后节孝乡贤，提学道行府州县，府州县责成师生及里老乡民，即有通学保结，必须乡民千人以同举，然后为公。若滥举及埋没者，访知，官师以受贿刁难重处，子孙不许夤缘，夤缘者虽贤不准入祠。[1]

也即是说，推举乡贤需要千人以上进行保举，必须"公论"一致方可提请，如果出现滥举而导致有贤有德之人被掩盖埋没，一经核查确为事实，则对府县官员、儒学师生及里老等保举者进行追责，并予以重处。同样依照此例，朝廷明令被举荐者的子孙，不准攀援贿赂官府、上下串通，如若被发现，即便被举荐者品行无亏，贤德端方亦不准入祀乡贤祠。

与此同时，沈鲤在《覆十四事疏》中也提议：

> 乡贤崇祀，载在令甲，典至重也。第举行日久，浸失初意，有官以贿败及居乡不检者，往往缘子孙显贵，朦胧混入，有志之士羞与为伍，冒滥之弊，至今极矣。合无今后督学官，每岁

---

① （明）吕坤：《吕坤全集》卷3《修举学政》，第999页。

终将所属府州县举到乡贤，已准入祀者，造册二本，申送部科，以评咨访查考，如有滥举市恩，不协公论，即指名参革，以光祀典。①

在朝廷的一再强调下，地方各级政府也积极地配合乡贤、名宦祠祀的查勘。万历年间，保定府展开核查，巡抚辛自修、巡按敖锟、提学朱琏等人，"奉旨严核冒滥祀典，名宦应祀者二人，应黜者一人，乡贤应祀者三人，应黜者一人。看得知州王思祖经营草创，百务维新，应祀。知州赵希夔，古之遗爱，今之循良，应祀。训导陈隆虽经举典，无迹可述，应黜。尚书李彦名，正色立朝，群僚推重，应祀。都御史邵锡扬历中外，清直著闻，应祀。御史孙庆履常修政，遇变死忠，应祀"②。经过此次的查勘，保定府论定增加"应祀而未祀者"乡贤 3 人，名宦 2 人；罢黜乡贤、名宦各 1 人。

在行政号令的调整与规范下，地方的乡贤、名宦祠祀情况有所好转，但并没有根治崇祀的"冒滥"，主要原因还是前文陈善所说的"公论"偏离问题，也就是说，"冒滥"和乡贤名宦祠祀的规制破坏、礼仪懈怠等不一样，这些问题可以凭借国家政令的强调得到及时的修补，但是"冒滥"体现的是明人评价乡贤、名宦的标准出现问题，更多的是一种价值观念的偏离，仅依靠政策法令的规范是难以从根本上解决的。

基于此，明代的一些士大夫也提出了自己的见解。沈鲤指出，名宦、乡贤的推举不应该以官位官职作为评价标准，也不应该凭借子孙的势力与显贵而推举其父祖，这些都是遮掩、影响"公评"的行为，应该多多荐举恤录那些子孙衰微但是品质贤良、德行兼备的人。何良俊则深入地分析了崇祀"冒滥"的原因，并指出这种不良

---

① （明）俞汝楫：《礼部志稿》卷 45《奏疏》，《覆十四事疏》，第 857 页。

② （清）陈梦雷：《古今图书集成》《职方典》卷 82《保定府部纪事二》第 70 册，中华书局 1985 年版，第 13 页。

的入祀风气所带来的负面影响。他认为这样明显带有功利性的营求入祀不但不能体现出子孙们的"尊显父祖之意",反而会导致其父祖的声誉受到影响,"但不入不为辱,苟既入而一有异议,或遭斥去,则辱及其父祖甚矣"①。也即是说,乡贤祠与所崇祀乡贤是相互增辉、互为彰显的关系,入祀乡贤祠是受祀者的一种荣耀,而乡贤祠祀也会因为受祀者的贤德与名声更加被地方社会、士人所重视,因此而增重。反之,如若乡贤、名宦出现崇祀"冒滥",那么祠祀本身也会失去庄重性,之前人人向往的受祀乡贤、名宦也会变得索然无味,反而会被世人所唾弃。

当时即有一些具有独立见解、价值判断能力的士大夫、士人,他们因不满乡贤、名宦祠祀的"冒滥",采取了相对极端的方式以反击,"抱归木主"即是方式之一。

> 罗念庵以吉水乡祠驳杂,所祀非类,耻其父与之同列,一日入城拜宫墙,奉其主以归。②

唐顺之文中所提及的罗念庵即是明代著名学者罗洪先,罗氏的父亲罗循一直崇祀于吉水县乡贤祠,但至万历时期,罗洪先眼见世风日下,乡贤祠中掺入了一些"德行有亏",却凭借子孙的显贵而得以受祀的"乡贤"。罗氏不愿其父蒙羞,而再与这些名实不符的人同堂而祀,由此,"入城拜宫墙",将其父木主抱出乡贤祠而归家。非常明显,罗氏"奉木主以归"的举动主要是表达他对于当时不良风气的不满与反抗,他也深知仅凭借一己之力很难改变现状,所以只能做到不去追随附和,清者自清。

嘉定人李绳之也是以此方法不与"非类"为伍,"先是父给谏先

---

① (明)何良俊:《四友斋丛说》卷16《史十二》,第143页。

② (明)朱国祯:《涌幢小品》卷17《唐先生》,《四库全书存目丛书》子部第106册,第463页。

芳，已入乡贤祠，后见从祀日滥。叹曰：'吾父岂与若辈伍'，抱主而出。平生刚直方严，义形于色。东林诸正人皆推之"①。李绳之虽然仅是秀才出身，但是性格刚直方正、以贤孝闻名，常与东林讲学者交游，在看到嘉定县乡贤祠"从祀日滥"的情形后，果断地将父亲李先芳的木主抱出以此明其志。

诸如罗洪先、李绳之这样不与"世风"苟同的明代士人还有很多，但毕竟这种做法仅是个人表达不满，独善其身的行为，其号召力、影响力极其有限，并不能从根本上改变不良的崇祀风气。仍然有大量的地方士人在"光宗耀祖"、减免赋役、建立家族地方权威等现实利益的驱动下，认可"尚青紫""序官爵"的选贤观念，攀援附会学官、风宪官以求入祀。是时，另有一批擅长书写的明代士人，他们一直都致力于地方史、地方人物的书写，在看到"从祀日滥"的情境之下，更为积极地为那些"当祀而未祀"的乡贤书写立传，以求匡正世风。

如天启年间的士人徐向梅，他在《两浙名贤录》的《凡例》中就表明了自己为乡贤立传的目的，即是为了纠正当时"冒滥"的不正之风。

> 俎豆乡贤与旌表孝烈乃朝家风世重典。古昔公论尚严，滥与者百无一二，晚近世风逾薄，俎豆止祀甲科，旌表第增门阀，布素单窭之贤，与者有几？即使节如严光、孝如董黯、行如陈嚣、执义如戴就、临难洁身如五烈，生当今日，观风者未必知其姓字，安望表厥宅里，崇彼几筵。所谓贤者未必与，与者未必贤，公论之不存，虽重典亦轻矣。愚概削而不书，以为未祀未旌者解。②

---

① （乾隆）《江南通志》卷159《人物志·孝义三》，文渊阁《四库全书》第511册，第591—592页。
② （明）徐象梅：《两浙名贤录》，《凡例》，《四库全书存目丛书》史部第113册，第24页。

由此可见，生活在明末的徐向梅也深深感知世风轻薄，公论不严，乡贤崇祀变得以科举为依据，只看重门阀，出现了"贤者未必与，与者未必贤"的乱象。由此他想要通过自己编纂乡贤传记，严格收录去取，重新评定人物，"为未祀未旌者解"。

综上所述，明代的乡贤、名宦祠祀是在王朝国家、地方社会、基层士人的共同经营之下，相互渗透、互为表里完成着对民众的价值观念引导与教化实施。尽管明代嘉万以后乡贤、名宦祭祀中出现了不正之风，"公论"偏离，影响了教化的有效性，但是其积极意义不容忽视，乡贤名宦祭祀是明代国家地方祭祀的重要组成的一部分，随着它的庙学化与制度化，士民所看到的是中央政府以旌表的形式鼓励为官者尽职尽责，为民者忠孝贤良。而如此频繁的教化宣扬与实施，王朝意志也会渐渐渗透，进而实现表彰前贤、激励后进的目的。

本章小结

本章主要论述了明代基层社会教化实施的几个方面。老人责任制体现的是明代在地方里甲的框架之下"以良民治良民"的管理策略，其突出特点在"治"。地方里老人以其地缘优势及其自身在基层社会的特殊地位，被明朝廷赋予教化地方士民的职责，遂而成为中央王朝与基层社会上传下达的媒介，他们协助地方官府规训教化百姓、督促农务、条理词讼，拥有实际的权责。乡饮酒礼与乡贤祭祀相比里老人切身地对地方的教化管理，更多显现出的是以"耆老""乡贤""名宦"的典范性人格来影响地方的官吏与士民，是一种温和的、仪式化的教化形式。此两种方式在有明一代的发展脉络极其相似，在经历了明初的制定、强化，至明代中期以后都出现了不同程度的崩坏，其中最为严重的就是乡饮酒礼宾与乡贤的"冒滥"，二者的"冒滥"都体现在"人贤"的择取上，而其实质从根本上来说是由于当时社会形成了一股"尚青紫"

"重宦业"的不良风气，士人"公论"遭到了破坏，遂而价值观出现了偏离，直接影响了教化的导向性。面对此种情况，明代国家、主政士大夫、士人纷纷做出了回应，或出台法令以维护管理，或提出建议并以身作则匡正世风。

第 三 章

佐领官职权的转化与
基层社会的治理

　　本章的视角稍向上移动，关注明代县级行政系统，尤其是佐领官在基层社会治理中所发挥的作用。佐领官指行政系统行列中的佐贰官和首领官，由于首领官又称"幕官"，不少文献中又称佐领官为"佐幕"官。明代各级行政系统均置有主官、佐贰官、首领官以及胥吏，正所谓"上而朝廷，下而郡邑，其设官也，有长焉，有贰焉，有幕属焉，有胥吏焉，各安其分而事其事"①。

　　县级官府的官员设置主要有主官知县，佐贰官县丞与主簿，首领官典史，其下则是大量的办事吏员和衙役。作为王朝最低一级的行政组织，县佐领官品级低微，县丞秩正八品，主簿正九品，典史未入流，可谓位卑末流②。人员配备方面，每县固定有知县和典史各一名，佐贰官的添革弹性较大，人员可以因事设立，事毕也可以即行裁革。学界早期对于明代县级佐领官的研究偏向于基本制度的研讨，如设置、职能、行政权力及其变化等，对县级佐领官职权的变化及其在基层社会治理中发挥的作用关注不多。近些年，明史学者陆续关注到县级佐领官分职与分防的问题，遂将该问题的研究引向

---

　　① （明）汪天锡：《官箴集要》卷上《各守涯分》，《官箴书集成》第 1 册，黄山书社 1997 年版，第 272 页。

　　② 京县品秩稍高，县丞正七品，主簿正八品。

深入。①

理论上讲，县级佐领官是辅助知县赞画政务的佐治官员，但实际的县政运行中，主官有绝对的话语权和决断权，佐领员并不能发挥与主官"论政"的职权。这一方面是佐领官员在主干行政系统中的边缘化，在县政事务中扮演着不甚重要的角色。另一个方面，也可以理解为佐领官员事权的重点发生变化，朝着职能性僚属的角色发展。由于县级官府规模较小，事务却非常冗杂，所以日常行政中，佐领官一般承担起钱粮、水利、河道、巡捕等专职性事务。王泉伟将明代州县佐贰官的分职归纳为十一种，其中尤其详尽分析了佐领官分职巡捕的情况。按照制度的规定，明代丞簿官员本有掌管粮马、巡捕的职责，典史本是掌管文移出纳的幕僚官，并不涉及巡捕事务。明代中后期，典史的职责发生显著的变化，由幕职向尉职转化，王泉伟的分析认为这个过程大致在嘉万时期完成。

但该问题仍有深入讨论的空间。首先，佐领官职专巡捕治安事务，致其与基层社会的接触更加密切频繁。明初普遍设立巡检司负责地面弹压和缉盗治安等工作，则巡捕官与巡检司的关系就值得深入讨论。胡恒的研究关注到了这个问题，他的观点是县巡捕大概对巡检司有统辖的关系，但没有给出具体的论证。同理，巡捕官到底统辖县级的哪些武装力量也值得讨论。既有研究一般认为民壮是听命巡捕官操用的主要基层武装，但并不完全，弓兵、民壮和基层保甲武装都在巡捕官的统辖范围之内，只是这三种武装力量都有一个变化的过程。最后，巡捕官以哪些方式介入基层社会同样需要深入的讨论。②

———————————

① 相关研究有柏桦《明代州县政治体制研究》，中国社会科学出版社 2003 年版，《明清府县正佐官地位之变化》，《河北学刊》2019 年第 1 期；何朝晖：《明代县政研究》，北京大学出版社 2006 年版；王泉伟：《明代州县僚属与幕友研究》，博士论文，南开大学，2014 年等。

② 胡恒：《皇权不下县？——清代县辖政区与基层社会治理》，北京师范大学出版社2015 年版，第 109—117 页；王泉伟：《试论明代的巡检司》，《史学月刊》2006 年第 3期；王泉伟：《明代县巡捕官初探》，《江苏警官学院学报》2010 年第 5 期。

明代中后期，地方治理出现很多新情况，出现佐贰官驻防地方，全面负责某一区域公共事务的情况，其在基层社会的治理中扮演愈加重要的角色。县级佐杂分防地方是清代基层官府出现的较为普遍的情况，但这种情况在明代就已然出现。张海英着重分析了明清佐贰官在市镇的驻防情况，当然分析重点还是放在清代。王泉伟将明代的佐贰官分防分为两种情况，一种是因职能需要导致的分驻，一种是地理上的分防。本书采用这种分类办法，将佐贰官的驻防分为"职能性驻防"和"地域性驻防"两类。当然，本章第二节的重点仍在讨论明代佐贰官的"地域性驻防"情况。①

由于明代可供详细分析的佐贰官分防事例较少，本章择取了三个县佐贰官分防情况作为分析案例，分别是常州府江阴县的马驮沙、汉阳府汉川县的刘家隔镇以及韶州府翁源县的三华镇。本章通过分析这三个市镇佐贰官驻防的原因和驻防情况变化的过程，初步梳理明代对基层社会管理思路的转变和管理方式的特征。

第一节　佐领官的巡捕分职及其基层实践

一　巡捕佐领官的出现

明初基层政权的建设中，府县主官被要求躬亲理事，有较大的行政主导权。但在制度上，佐贰官有赞画副署之权，而典史掌文牍，佐领官依然有共参政务的权责。这一点，汪天锡的《官箴集要》有比较详尽的表述，是一段描述县级政务运行的经典史料：

> 凡吏员禀复公事自上而下，金押文书自下而上。遇有大小
> 事务，该吏先于长官处明白告禀，次于佐贰官处商榷既定，然
> 后当该吏典、幕官书卷，才方自下而上以次金押，讫正官下判

① 张海英：《明清政府对基层管理的路径分析——以江南地区的"佐贰官"为视角》，《江南社会历史评论》第二十一期，商务印书馆 2022 年版，第 26—43 页。

日子，当面用使印信，随即施行。仍于施行簿上注写一行，某月某日押某件文卷，该吏某人，承行于上，书字以凭稽考。其有疑难未决，正官及佐贰官所见不同，再令该吏于首领官处，从公酌量事件，详细陈说，次第佥押，不可执己之见及听小人谗说，因而喜怒妨害政事。①

这段史料强调，吏员凡事都要与长官和佐贰官商议明白，才由幕官书卷。一旦出现正佐官意见不同的时候，典史也可以参与决策。可见，佐领官在理论上是具有与主官一同讨论政务之权责的。但汪天锡在该书内也强调佐领官务必尊敬长官，"凡事务听长官判断，不可僭越"。其实，朝廷在县级政务运行中倾向于维护主官的施政权威，方便其基层行政的顺畅性。如弘治二年（1489），都察院在处理正佐同僚不合的时候便形成了维护主官的判例：

有正官公廉循谨，而佐贰官贪暴，亦有佐贰官有守，而正官脏污徇私，致令同僚不和，诚有如知州潘龄所言者。合无通行各处巡抚、巡按官员，各行所属大小衙门，今后正佐首领官，一应政务悉听正官主张施行，各就协心干办料理，不许徇私偏徇。佐贰官中有贪暴害民，行事不公，倚强恃老，欺压长官者，许正官指实具奏，勘明黜罚。若正官中有赃滥不法，政务乖方者，亦许佐贰官申呈巡抚、巡按衙门，从公体勘，各止坐以正犯应答罪名，不许将朦胧纠举无罪人员，一概滥提，辄坐"同僚不和"之罪。②

这段史料提到基层正佐官互相纠举的问题，都察院则给出了十

---

① （明）汪天锡：《官箴集要》卷下《签押》，第 300 页。
② （明）戴金编：《皇明条法事类纂》卷五《名例类·正佐首领官贤否互相纠举》，《中国珍稀法律典籍集成》乙编第四册，第 232—233 页。

分明确的处理倾向。事例中强调，如果正佐官确有同僚贪暴、赃滥等方面确凿的证据，可以依据程序向抚按官员举报，由上官作出判罚。但同僚互举时，上官不能模糊了事，一概处以"同僚不和"的罪名。文中尤其强调了，日常行政中，正官有绝对的权威，佐贰官只能协助主官施政。换言之，此法令强调的是在正佐官冲突中，朝廷要维护主官的权威，不能轻易对正官作出处罚。

正是在这样一个主导逻辑中，明代佐领官的职能开始出现转向，更多的承担事务性工作，而不是辅助正官赞画政务了。如汪天锡指出的：

> （佐贰）俱各有职分，当为之事，如同知、县丞整点桥梁、道路、急递、铺舍、考算钱粮、提调造作，如通判、主簿则巡防捕盗、跟捉逃军逃囚、巡禁私盐私茶。①

这段史料中涵盖了府州县各级官府的佐贰官员，同知、县丞负责钱粮、驿递等专职性民政工作，通判、主簿负责巡捕缉盗等治安性工作。而（万历）《明会典》中也强调了成弘以后，府通判、州判和县主簿成为巡捕官的主体：

> 国初，捕盗在外无专官，惟在京设五城兵马指挥司以巡逻京城内外地方为职，其后在京添用锦衣卫官校。成化末，加拨营军。弘治以来，在外添设捕盗通判、州判、主簿等官，而诸法禁亦渐详密。②

根据《明会典》的记载，地方佐贰官职专巡捕大致在弘治年间形成。其实在成化二十二年（1486），巡抚都御史何经便奏请在

---

① （明）汪天锡：《官箴集要》卷上《佐贰》，第 268—269 页。
② （明）申时行：万历《明会典》卷 136《兵部十九·巡捕》，第 696 页。

"郧阳府所属竹山、房县宜增设佐贰官一员，操练民快、巡捕盗贼"①。郧阳府是成化十二年（1476）平定荆襄流民起义以后设立的，是明代盗匪比较多的地区，所以何经才建议在竹山县和房县设立职专巡捕的佐贰官。

综上可知，府州县专职巡捕佐贰官是在成弘以后陆续添设的，在县级一般由县丞和主簿出任。当然，王泉伟的研究已经指出，在实际的政务运行中，典史逐步负责治安缉盗，在嘉万年间有一个由幕向尉的职权转化过程。② 如海瑞在《兴国八议》中提到：

> 先年设清军县丞一员、管粮主簿一员、又捕盗主簿一员、典史一员，无所事。四十二年巡按陈考察日，卑职曾以捕盗事归典史，裁革主簿申详，今未示下……窃谓捕盗责之典史，主簿一员当革；清军并之管粮主簿，县丞一员当革；儒学当革训导一员；衣锦巡检司巡检一员、回龙巡检司巡检一员非要害，均当裁革。③

海瑞提到的是嘉靖时期各地普遍出现的情况，由于这一时期州县佐贰官大量裁撤，巡捕专职遂转移至典史身上。如袁黄主政宝坻时就谈道：

> 一、本县词讼，军匠发二衙、钱粮马匹发三衙、斗殴盗贼发四衙。其事关风化及豪强难制者，留堂自理。④

这条史料明确指出了县衙各官员的词讼分工，其中二衙指县丞，

① 《明宪宗实录》卷283 "成化二十二年十月乙丑"，第4791页。
② 王泉伟：《明代州县僚属与幕友研究》，第114—119页。
③ （明）海瑞：《海瑞集》上编《兴国八议》，中华书局1962年版，第208—209页。
④ （明）袁黄：《宝坻政书》卷2《睦僚书》，《北京图书馆珍本丛刊》史部48册，第318页。

三衙指主簿，四衙指典史。由于典史在明代中后期主要职掌巡捕，故而负责的词讼一般是斗殴盗贼一类，以致典史径被称为"县尉"。

既然佐领官专职巡捕是在成弘以后逐渐形成的制度，那么明初用以维系地方治安的巡检司与巡捕专官之间关系如何？巡捕官辖下有哪些武装作为捕役呢？胡恒曾对明代巡检司与巡捕官、里甲、保甲之间的关系略做讨论。他认为，县巡捕官负责全县防务，大概对巡检司有统辖之权，[1] 但没有详细展开讨论，笔者试析之。

二 巡捕官的捕役构成

（一）巡检司弓兵与巡捕弓兵

明初沿用宋元制度，普遍在要道、关津之处设立巡检司，由巡检率领一定数量的弓兵缉私捕盗，专门盘查往来走私商人、逃军逃犯及各类行踪可疑的流动人口。巡捕专官的职责当然与上述有重复之处，如（万历）《青浦县志》记载：

> 本县巡捕县丞□员，统领巡捕民快二十名，专管巡缉盗贼。本县巡盐典史一员，统领巡捕民快二十名，专官巡缉盐徒。淀山司弓兵四十名，新泾司弓兵三十名，已上二司专主盘诘本境奸宄盗贼，各有分地。[2]

这条史料讲到，青浦县的县丞、典史都有巡捕之责，但分工不同。其中巡捕县丞是典型的巡捕官，专管巡缉盗贼，而典史专司稽查私盐。不过，佐领二官统领的都是县衙民快，即民壮和快手。但文中又提到，县内两处巡检司各有弓兵数十名，各有信地，主要是"盘诘"境内奸盗。整段史料给人的印象是，巡捕官与巡检司是并列存在的，二者分工不同并无明确的统辖关系。巡捕官主要统领民快，

---

① 胡恒：《皇权不下县？——清代县辖政区与基层社会治理》，第114页。

② （万历）《青浦县志》卷5《兵防》，明万历刊本，第43b页。

负责处理县内的治安案件，巡检司弓兵则驻守关津要道，盘查诘问往来人口。另据（万历）《括苍汇纪》记载：

> 谈洋巡捡司巡捡一人，从九品掌印，余县并同。司吏一人，弓兵三十人。巡捡控扼要害，讥察异常，奸宄窃发则应时捕击，以听巡捕之令。三年计其捕伪印、强窃盗、逃军、囚民以为上下考。①

这条史料更加明确地指出，巡检司日常由巡检负责，主要的工作是控扼要害，稽查过往人口。一旦盗情发生则听从巡捕官的指挥，"应时捕击"。可见，巡捕官是有权统辖各处巡检司的，只是巡检司弓兵不是巡捕官巡捕差事中统领的武装力量，只有重要盗情发生时，他们才听从巡捕官的统一调度，捕盗缉贼。

此外，嘉靖年间太平县知县李伯润上给吏部尚书桂萼的一个条陈，更加详细地说明了巡捕官与巡检司弓兵及民壮之间的关系。据（嘉靖）《太平县志》记载：

> 该本部尚书桂，仰体圣意，遍询来朝官员，条陈事宜。内一款，太平县知县李伯润议得，原设民兵二百名，分班操守。但本县沿海设有卫所，又置盘马等五巡检司，每司弓兵一百名，皆出本县徭役，实为繁费，已经具申上司，每司量减二十名，此为宽民一分之说。不若罢去民兵，仍照旧每司编审弓兵一百名，止留五十名在司轮拨，五十名在县听巡捕官操演，以准民兵之数，诚为便益，前件未经申议。
>
> 窃惟兵贵豫养，患防未然，若使每巡司减去弓兵五十名，本县民兵又一切罢去，设或地方有警，何以策应。况沿海各卫

---

① （万历）《括苍汇纪》卷3《秩统纪》，《四库全书存目丛书》史部第193册，第469页。

所军士畏缩，折冲御侮，胥此是赖。合无查照近年裁减公移，每巡司弓兵八十名，常川在司巡徼。本县民兵二百名，仍分为两班，其操练季分支与工食，下班之日就行裁支。设或地方有事，两班一并操练，全给工食，如此则不必拘于减罢，而省费亦存乎其中矣。①

李伯润的条陈表明，太平县地方包括沿海卫所、民壮和巡检司三支武装力量，其中民壮和巡检司弓兵都属于县内统领的武装。李伯润认为，巡检司弓兵和民壮都是负责县内治安的武装力量，且费用都出自本县的徭役佥派，民众负担过重。所以，他的建议是革去县内民壮，抽调巡检司一半的弓兵交给巡捕官操练。可见，各县民壮和巡检司弓兵都属于巡捕官统领，都有治安缉盗的职责，所以才能够互折互调。不过吏部认为，巡检司弓兵是常驻武装，负责日常的捕盗缉私，不能随意抽调。这也进一步证明了本书的分析，即巡检司受巡捕官节制，但不是其日常统领的治安力量。只有在某处出现严重的治安问题以后，巡捕官才会统领巡检司缉盗。据（崇祯）《兴宁县志》记载：

> 捕盗公馆在十三都巡检司之左，正堂三间，川堂五架，后堂三间，东西房各三间。右边土地祠一间，右边监房一间，仪门三间，更楼谯楼三间。嘉靖六年以盗多故建之，分委邑中主簿外镇。之后大平，废。②

可见，崇宁县的捕盗公馆是由于嘉靖六年（1527）该地出现了严重的盗匪问题才设置的。设置的地点就在巡检司旁边，官府专门

① （嘉靖）《太平县志》卷5《职官志下》，《天一阁藏明代方志选刊》第17册，第12b—13a页。

② （崇祯）《兴宁县志》卷2《政纪》，中国方志库收录，崇祯十年刻本，第9a页。

委派了一名巡捕主簿前来管理。可见，该巡捕主簿来此缉盗，统率的武装力量就应该是驻守当地的巡检司弓兵。匪盗问题解决以后，巡捕主簿就没有分镇的必要了，巡捕公馆遂废弃。

需要注意的是，巡检司所以由巡捕专官统领，还在于巡检司的行政级别过低，不足以有效发挥弹压地面的作用。据（万历）《江西省大志》记载：

> 复查景德镇四县接壤，诸省商民流寓，业聚杂处，中间善恶难分。该镇巡捕事务原属附近桃树镇，巡检职卑官小，不足弹压。嘉靖四十二年饶州府通判方叔猷建议，本镇统辖浮梁县里仁、长香等都一十三里居民，与所属鄱阳、余干、德兴、乐平、安仁、万年及南昌、都昌等县，杂聚窑业，佣工为生。聚居既多，盗贼间发，旧规设有巡检专管巡捕事外，又于一十三里每里设约副、保总四名，就本里人户佥点，半年更换。其捕盗事宜委管厂官总理，如各附近县分不服勾摄钤束者，许本官指实呈道，重责问遣。万历十年以来，会议将本府督捕通判改驻景德镇兼理烧造，诚为妥便，永宜遵守。①

这段史料表明，江西多处府县均有因制瓷业兴起的市镇，而景德镇是制瓷大镇，地跨四县十三个里甲，往来客商和匠人众多，治安问题也最为复杂。但巡检司的巡检只有从九品，在处理复杂的缉私治安等问题时明显权限不足。所以，饶州府最初的处置方式是在各里甲设立乡约并令管厂官总理巡捕事务，尤其强调附近县份的里甲要服从管厂官的管理。很显然，景德镇是大型手工业市镇，需要品级更高的巡捕官统一督率巡检司和基层治安组织。所以在万历十年（1582）以后，江西布政司干脆派遣督捕通判一员驻守

---

① （万历）《江西省大志》卷7《陶书·设官》，中国方志库收录，万历二十五年刻本，第11页。

并兼理烧造事务。

除流动性人口众多的地方外，巡检司权限不足的问题在军民杂处之地也十分常见，如（万历）《即墨志》中记载：

> 夫雄崖、浮山要害之地，各设有千户所，而鳌山卫即墨营居中调度焉。雄崖而西名栲栳岛，又设有巡检司守御，制固甚周也。第巡检既不足为地方重轻，而卫所又多不谙军民利害，相距本县各窎在百里，军民杂处，县卫不相摄。……此奸人之徒皆视此中为逃逋窝藏渊薮，而禁治未易也。①

即墨县治安的复杂之处在于军民杂处，卫所作为军事单位，缺少基层社会治理经验，在社会治安方面发挥作用有限。而巡检司仍因级别太低，不能有效和卫所机构对接，很难协调军民两个单位的缉捕行动。

军民杂处的多行政区划单位之间的协调难题尤其表现在东南沿海沿边地区。为应对东南沿海倭寇侵扰，明中后期的江海防体制中，即把巡捕佐领官掌握的地方民兵纳入防御体系之中。江防同知、海防同知的设立便是出于此种考量。《江防考》中便记载了应天府属信地中，上元县、句容县、溧阳县、高淳县、六合县等五县下辖县属巡检司，巡检及其弓兵听巡捕官调度。② 以六合县为例：

> 六合县巡捕官典史下，瓜埠巡检司，巡检一员，弓兵四十五名，协守老人一名，民壮三十五名，巡船二支。信地江面上至唐家渡二十里，下至西沟二十里，本县设居江北，东南通江，陆路至瓜埠巡检司二十五里，额设巡检一员，弓兵四十五名，

---

① （万历）《即墨志》卷9《杂志·即墨图说》，明万历八年刻本，全国图书馆缩微文献复制中心1992年版，第12b页。

② （明）吴时来撰，王篆增补：《江防考》卷3，《四库全书存目丛书》史部第226册，第153—156页。

并本县添设把守老人一名，督率民壮三十五名，各驾巡船在于所辖江洋信地，上至唐家渡二十里，与南京观音港新江口暗伏官军接哨，下至西沟二十里与句容县龙潭巡检司官兵接哨。其巡捕典史督率民壮三十五名在于本县看守仓库、狱囚及县境四门陆路，巡逻缉捕盗贼。该司所辖江面，俱系险要信地，设有弓兵、民壮八十名，巡检、老人协同哨守，似亦有备，兵不必添矣。但恐巡检、老人及兵壮互相推误。今议将兵壮八十名轮为三十名一班为列屯之兵，又五十名分为二班，每班二十五名驾巡船一支。上半月，巡检居守，老人督率兵船出江接哨。下半月，老人居守，巡检督率兵船出江接哨，更迭出入，互为犄角，俱听典史调度，其县境陆路，仍行巡捕典史照旧督兵巡逻。①

六合县地处江防重地，由巡捕典史统领县属瓜埠巡检司及其弓兵，并设有防守老人、民壮与巡检协同哨守，二者负责于信地巡逻并与邻近官军接哨。为防止巡检、老人互相推诿，规定俱听巡捕典史调度，由巡捕典史统一指挥。上元县、句容县、溧阳县、高淳县等四县分别以主簿、县丞担任巡捕官一职统领巡检，显然县丞、主簿品级均在巡检之上，但是六合县却是以未入流的典史担任巡捕官，同样也可以统领巡检，更加说明巡捕官与巡检之间的统辖关系。

需要指出的是，县级巡捕官统领的巡检应为县属巡检司。明代巡检司虽然普遍设置于县级，却并非全然如此，亦有隶属于州、府一级。对于其他更高级别的巡检司，县级巡捕官与其之间则没有明确的上下关系。如《江防考》中所载江浦县：

江浦县巡捕官典史下本县信地，除江面系府属江淮巡检司管理，其县治及陆路村落系该县巡捕官管理。原无设有江防巡

① （明）吴时来撰，王篆增补：《江防考》卷3，第155—156页。

哨船只，官兵无从分管，及查县治江面见系府属江淮巡司管理，该司额有巡哨船只每日昼夜在江巡逻，该县原无城池，居民零落，江淮巡检司虽设在彼，实系府属，与县无干，但其逼近大江，盗贼出没，不可无先事之虑。今议该县地方江面一带系江淮巡检司信地，合陆路村分系该县巡捕官信地，其县治地方，巡检巡捕官协同防守，互相调度。①

江浦县江面由江淮巡检司负责巡察管理，该司虽在江浦县，但实为府属巡检司，故与江浦县无关。但江浦县地处大江，为江防重地，不可不守。所以陆路方面划为巡捕官信地，由巡捕官管理，江面虽由江淮巡检司管理，但要与江浦县巡捕官协同防守，遇有警情，二者互相调度。

上述三个事例反映出，无论是军民杂处，还是流动性人口众多，或者防御重地，缉盗治安的难点是多行政区划单位之间的协调行动。巡捕官由府州县佐贰官出任，级别和权限均大于巡检司，对基层情况的掌握也优于卫所，可以更高效的完成治安缉盗工作。即便是品级更低的典史，由于担任巡捕官一职，也可统领巡检，更为充分地说明了县级巡捕官与县级巡检之间的关系。所以本书认为，县级巡捕官负责统领县属巡检司，对于更高一级的巡检司而言，其与县级巡捕官没有明显的上下关系，二者更多的是互相配合、协同防守。虽然巡捕官统领巡检司，但未必对其日常的巡查差事有过多干涉，只是在盗匪严重的时候，才统一指挥巡检司的缉盗活动。但是在一些防御重地，比如江海防要地，巡捕官可能会有稍大的自主权。

本书第一章曾经提到，弓兵系统中除巡检司弓兵以外，还有直堂弓兵，即供役于县衙官厅的一种衙役。（弘治）《徽州府志》的记

---

① （明）吴时来撰，王篆增补：《江防考》卷3，第155页。

载则将供役官厅的弓兵区分为直堂弓兵和巡捕弓兵。① 可见，明代中期以后直堂弓兵也出现了一定的分化，一部分成为巡捕官统领下的捕役。另如（嘉靖）《河间府志》就明确提到，巡捕官由民壮、快手和弓兵三种捕役。② 所以，弓兵是巡捕官直接统领的捕役之一。

需要补充说明的问题是，任何一种弓兵在明代都需要在徭役系统中金派而来，胡恒认为弓兵的金派是巡检司与乡村社会建立直接联系的重要路径。由于基层社会的治理是本书关注的最核心的问题，所以有必要就捕役金派与官民互动之间的联系作一说明。

笔者认为，在弓兵金派活动中，巡捕官或巡检司与基层社会的直接联系很小。本书第一章的研究已经指出，明初杂役金派普遍采用"配户当差"制度，无论直堂弓兵还是巡检司弓兵，都是按照一定的粮额从民户中金点出来，到服役地点长期固定的充当该役。但前引《皇明诏制》就曾提到，弓兵役早在永宣时期就出现了揽纳的情况：

> 一、诸司吏卒、弓兵、皂隶、牢子多有久恋衙门，连年不替。专一浸润官长，起灭词讼，说事过钱，虐害良善者。许所在按察司及巡按监察御史就便擒拿问罪，连家小发边远充军。③

徭役揽纳是从赋役角度观察到的官民互动结果。从官厅行政的角度讲，直堂弓兵与皂隶、禁子类似，在明初就已经出现职役化的倾向，即有固定的群体长期在官府充当某项差役。而差役轮充改革很重要的一个原因就是，官府试图规避因差役揽纳造成的权力寻租问题。但叶盛在广东推行均徭法之时就已经指出，巡检司弓兵逐年金派会给巡捕缉盗活动带来很多麻烦。据其《题为均平徭役事》

---

① （弘治）《徽州府志》卷3《徭役》，第75a页。
② （嘉靖）《河间府志》卷11《武备志》，《天一阁藏明代方志选刊》第1册，第9b—10b页。
③ （明）孔贞运辑：《皇明诏制》卷2"永乐十九年四月十三日"，第33页。

记载：

> 及照各属巡司弓兵、铺舍司兵，旧例附近编充，消乏告替。后因一年一换，或系窎远生疏之人，以致有误递送，巡捕未便……已经公同两广巡按御史、布按二司，查照本处旧行……内弓兵、铺兵等役仍照旧例，俱令附近殷实之家应当，各量地方人数多少，或令三年五年之内告替。其皂隶、防夫、弓兵、禁子、巡拦、斋膳、马夫等项杂役，俱令一年一换。[①]

这条史料已经表明，巡检司弓兵的职役化对巡捕活动是有利的。巡检司弓兵数量大，平时要保持军事训练且需对信地基层社会情况有深入了解，并不适宜每年轮充。所以，叶盛的建议是保持巡检司弓兵的"配户当差"方式，但直堂弓兵可以轮役。而据（崇祯）《长乐县志》的记载，该县巡检司弓兵直到弘治年间才改变"配户当差"的办法，"每岁悉于该年均徭内编当，司各七十名"[②]。

弓兵被编入均徭法以后，每年需要在均徭里甲中佥点出财力相当的人户充当弓兵，十年轮充，周而复始。但这只是财政负担的均平化改革，并不代表官厅或者巡检司因弓兵佥派建立起与基层的互动关系。因为，均徭户一般不会亲身应役，而是根据官定的工食银标准"私相雇募"一名揽纳者替自己应役。不只巡检司弓兵，直堂弓兵由于其供役官厅，早在"配户当差"时期就已经出现久占不替，以权寻租的情况。所以，弓兵役无论是"配户当差"，还是编入均徭法中轮充，其很早就出现了揽纳化，由固定的群体充当。他们无疑是巡捕、巡检官直接统领的衙役群体，但其佥派活动更多地体现了普通民众和揽纳户之间的互动，而非官府介入基层社会的

---

① （明）叶盛：《叶文庄公奏议》，《两广奏草》卷8，《题为均平徭役事》，第433—434页。

② （崇祯）《长乐县志》卷2《经略志》，崇祯十四年刻本，全国图书馆缩微文献复制中心1992年版，第32a页。

活动。

（二）民壮

前引（万历）《青浦县志》的记载表明，除弓兵以外，巡捕官日常捕盗巡缉统领的武装力量是民壮和快手。陈建在《治安要议》中强调"今日州县民壮，各省或称机兵，或称健步，或曰快手"①。可见，民、快的差别不大，是民壮职役化以后的不同名色，各处称呼不尽相同而已。明代民壮设自正统年间，至弘治年间，民壮废止招募，转变为一个相对独立的徭役佥派系统，而民壮的徭役化成为佐领官介入基层的重要环节。民壮直接受地方有司掌印官的领导，其日常管理训练则由佐领官充任的巡捕官员负责，② 所谓"郡县之民壮，固有司之亲兵"③。所以，民壮的佥派是佐领官与基层社会建立直接联系的一条极为重要的途径。

明代民壮的大规模招募始于正统十四年（1449），"土木之变"以后，由于卫所消耗，边情紧急，所以朝廷有招募民壮之举，但规定"事定仍旧宁家为民，切勿疑有编入军伍之意"④。可见，此时的民壮佥派有较强的军事化色彩，是作为卫所军的临时补充使用的。故而朝廷招募民壮时着重强调其"事平放归"的临时性，但事实上民壮武装一直都保留着。景泰四年（1453）监察御史左鼎曾上奏：

> 往者各处召募民壮，所司奉旨，事定宁家。今边警既息，而民壮仍前拘操，在外者不时调拨以供杂役，在京者或有逃脱，则发充军。岂全信之道哉？⑤

---

① （明）陈建：《治安要议》卷5《制兵议》，《丛书集成》续编第50册，台北新文丰出版公司1989年版，第33页。

② 杜志明：《明代民壮层级管理体制初探》，《前沿》2014年第Z4期。

③ （明）姚希孟：《姚宫詹文集》，《代当事条陈地方利弊》，收于（明）陈子龙等《明经世文编》卷501，中华书局1962年版，第5523页。

④ 《明英宗实录》卷186"正统十四年十月丙辰"，第3723页。

⑤ 《明英宗实录》卷228"景泰四年四月庚子"，第4984页。

此时"土木之变"方平，边境紧张局势刚刚有所缓解，但各地已经出现役使民壮作他用的情况了。到了天顺年间，民壮逃移的现象就日益严重了。据镇守临清的平江侯陈豫奏称：

> 各处民壮多致逃移，乞专以府州县佐贰官领操，庶资其用。事下兵部言，即今边务稍宁，而山东、河南、南北直隶等处水旱为灾，其民壮宜暂放免。从之。①

陈豫虽然指出了民壮逃跑的事实，但却给出了与完全解散民壮不同的解决思路。他强调征调各地的民壮应令其回乡，却并不解散，而是由府县佐贰官专领操练，形成区别于卫所军的一套武装系统。但此时的民壮并不稳定，各地设立和裁撤并不统一，民壮稳定的成为地方武装力量还要到弘治年间。据（嘉靖）《河间府志》记载：

> 正统十四年令各处招募民壮，着令本地官司率领操练，遇警调用，事定仍复为民。天顺元年，令招募民壮，鞍马器械悉从官给。本户有粮与免五石，仍免户丁二丁以资供给，如有事故不许勾丁。弘治二年，令选取民壮须年二十以上五十以下精壮之人充当，春夏秋每月操二次至冬，操三歇三，遇警调集，官给行粮，其余照天顺元年例。②

以上记载与《明会典》中民壮佥充的相关规定基本相同，只是史料中没有讲到的是，此时的民壮工食"则给于里甲丁粮"。③ 可见，民壮武装在弘治以后于各地形成了规范的动员制度，与里甲、均徭役一样，形成了轮役审编制度，演化为地方徭役的"四差"之

① 《明英宗实录》卷335"天顺五年十二月辛卯"，第6858页。
② （嘉靖）《河间府志》卷11《武备志》，第9b页。
③ （崇祯）《闽书》卷40《扞圉志》，《四库全书存目丛书》史部20册，第14页。

一。据王琼的奏议可知，民壮在弘治年间的改革是朝廷接受了给事中孙孺的建议。虽然王琼建议民兵佥派"不宜太滥"，但他也承认民壮已经成为地方常设武装，只能在既有事实的基础上加以规范。①

自弘治、正德以后，民壮逐步发展成为地方官掌握的一种稳定的武装力量，有"有司之亲兵"的称呼。根据《明会典》的记载还可以看出，弘正时期也是各地大量添设巡捕佐贰官的时期，而巡捕佐贰官用于缉捕盗贼主要的武装力量就是民壮。应当说，弘正时期专职巡捕官的增设与民壮的扩编及其徭役化是同步发展的。王琼在奏疏中就提到巡捕官统领民壮的情况：

> 一捕盗当有专官。前件看得所言要添设捕盗官一节，查得节年添设捕盗官员，俱系一时权宜，事宁俱当裁革，其原额数目官制已定。系干国初创立制度，难擅改议，但要任人之意，诚为有理。合无行移巡抚河南都御史，将教阅民兵、缉捕盗贼一事，专责各州县掌印正官提督整理，选委佐贰相应官管领操练。如佐贰缺官及无相应官可管，正官带管，捕盗官不必通设。②

王琼在奏疏中讲到，地方州县设置巡捕官是必要的，只是囿于明初规定的官员定额，所以设置捕盗专官是有障碍的。果不其然，嘉靖以后，朝廷集中裁撤了一批新添设的佐贰官，但巡捕佐贰官的职事往往由典史接替，结构并没有变化。如（正德）《琼台志》记载：

> 至弘治庚戌，副使陈英裁革都长三名，民壮八百名，另佥

---

① （明）王琼：《晋溪本兵敷奏》卷8《为专捕盗处民兵以祛民患事》，上海古籍出版社2018年版，第282页。

② （明）王琼：《晋溪本兵敷奏》卷8《为专捕盗处民兵以祛民患事》，第281—282页。

千长一名，百长十名，总甲二十名，小甲一百名，民壮一千名。十年御史王哲案行府县，以千百长害民，革罢掣回，机快听巡捕官操用。十七年副使王楼又革千百长名色，减总甲一十五名，小甲五十名，民壮五百名。州如儋，天顺间民壮三百名，总甲三名亦立所于城南操练。弘治三年，陈英始委州佐兼同军士常川简习，后亦随时裁革不一，余州县大略相同，不必尽述。①

琼州府儋县的民壮在几经调整以后，其军事组织的色彩在淡化，最终由县巡捕官统领操练。其余各县都与儋县的情况类似，只有琼州府的民壮是由州佐贰官统领。另外，（嘉靖）《九江县志》记载德化县演武场时，便记载到"时巡捕官率民兵于此演戏斗射"。

可见，弘正以后，各地的民壮武装均由巡捕官统领操练。由巡捕佐领官统领民壮负责基层社会的缉盗治安工作的意义在于，明代地方官府在成弘以后的治理思路发生了转变。明初治安武装的设置带有比较明显的军事化色彩，其在军事战略要地设置卫所，在关津要道设立巡检司。胡恒就曾指出，巡检司在明初尚未完全摆脱军事色彩，笔者同意这个判断。在广泛的乡村社会，"画地为牢"的里甲制同样带有一定的军事化色彩。本书下节对市镇管理的研究也表明，正统景泰年间，朝廷在治理商业市镇的社会问题时，最初也秉持着传统的静态管理思路。但明代中期以后，社会流动性增强，原有里甲体系的社区功能在减弱，官府眼中的"匪盗"等治安问题愈加突出。

但所谓"匪盗"问题主要是因流动性增强产生的社会治安问题，涉及走私、纷争、斗殴等多方面，严格意义上属于"警务"问题。对这些问题的处理，必须依靠权力可以深入基层社会的州县官僚系统，而非军事或准军事组织。因此，以府州县佐领官统领民壮、弓

---

① （正德）《琼台志》卷20《兵防下》，《天一阁藏明代方志选刊》第60册，第21b—22a页。

兵等具有衙役性质的武装，是明代中后期以行政系统为中心处理社会治安的主要方式。

与此同时，还应注意到民壮在正德嘉靖以后的徭役化和揽纳化问题。所谓揽纳，是指民壮役和其他杂泛差役一样，出现佥派与应役的分离。徭役佥派是官府的财政审核行为，而应役群体则是相对固定的揽纳群体，民户将工食银以"私相雇募"的方式交给揽纳户。据（万历）《明会典》记载：

> 嘉靖元年题准，江南机兵各照里分多寡，量其丁产审佥应役，较习武艺。每一州县多不过一二百名，农忙之时非有紧急，听其务农，不许雇觅游手代当。官府亦不得差遣，勾摄迎送。①

虽然揽纳是官府禁止的行为，但从记载可知，民壮在嘉靖年间早已有固定的"游手"代当。另外，嘉靖年间的官员王臬在《陈言兵事疏》中便指出了民壮出现的这些趋势：

> 统领既非其人，训齐复无其法，往往听容城市无赖之人结揽，收集惰游以充其数。②

王臬是从兵事的角度陈言民壮管理出现的问题，强调民壮的战斗力的减弱。但如果从官府行政，维护社会治安的角度来看，就会发现民壮此时已然"职役化"由固定的群体应当。民户出资雇觅的"游手"就是这条史料中的城市"无赖之人"。而有些地区的民壮在正德以后直接征银雇募，加速了民壮的职役化进程。据（崇祯）《闽书》记载：

---

① （万历）《明会典》卷137《佥充民壮·机兵附》，第702页。

② （明）王臬：《迟庵先生集》卷1《陈言兵事疏》，《四库未收书辑刊》第5辑第19册，第20页。

（民壮）遇警调遣，官给行粮，而工食则给于里甲丁粮。至
正德法废，乃取之田赋，役者雇直，官岁给之。用以守关隘，
追盗贼，巡捕官督焉。①

朝廷的法令中并没有对民壮统一折银雇募的规定，但翻检地方
志则会发现，很多地方的民壮都有折银的改革。一方面是徭役财政
化的表现，另一方面雇募化的民壮也加速了衙役化的进程。如果说
正统年间民壮佥派有明显的军事动员色彩的话，则官府组织民壮武
装还能视为其介入基层社会的实践方式。但弘治以后，民壮逐步徭
役化，这种色彩便在减弱。徭役佥派中的官民互动愈加走向财政领
域，和弓兵佥派类似，应役民户更多的是与揽纳户之间的互动。而
民壮的应役群体相对固定，其官厅衙役的色彩愈加明显，与基层社
会自我组建的治安组织无关了。②

杜志明认为，明代民壮职任的变迁有两个方面，一是军兵化，
即部分民兵向国家常备军的转化，二则是民壮的衙役化。③我以为这
是民壮职能多元化的一种体现，二者是一体两面的关系。据（万历）
《严州府志》记载：

但照本府民壮一百二名，建德县民壮一百一十名，除散班
跟随各官并佥应捕巡捕，及役占吹手，答应上司，每门止民壮
一十名。④

这段史料是万历五年（1577）严州府同知龚天申写的一篇公文，

---

① （崇祯）《闽书》卷40《扞圉志》，第14页。
② 参见马奏旦《从军事到财政：明代中后期民壮的功能转变》，《聊城大学学报》
2022年第6期。
③ 杜志明：《明代地方武力与基层社会治安研究》，人民出版社2021年版，第125页。
④ （万历）《严州府志》卷21《艺文志·城守江防人丁议》，中国方志库收录，明
万历六年刊本，第30a页。

里边讲到了严州府民壮的多种差遣用途。其中把守城门城池是其最初准军事职能的保留，但所占比例已经不足十分之一。此外，民壮还用作巡捕官的捕役，以及官员的随从皂隶和迎送往来的各类杂差。而万历末年的官员韩日缵在《询蒉录》中则直接指明了民壮的衙役化问题：

> 故练乡兵不如且练民壮。嘉隆间讨山寇全在募打手，即今民壮也。承平日久，官府习以为隶，但使之承符下乡。今之民壮亦自以为隶，而忘其为打手矣。如博罗一县，除各衙门杂役民壮外，尚有守城民壮一百名，以一把总、四队长领之。居然兵也，然亦第以承符下乡而已。名兵也，实隶也。举一县而他县可知也。①

韩日缵十分明确的讲到各级官府将民壮当做"隶"的情况。所谓"隶"就是供役于官厅的皂隶，也就是官府的公差衙役。其实早在嘉靖年间，戴璟在巡按广东时也看到了民壮的衙役化问题：

> 巡按御史戴璟访得，石城县巡捕典史阳富带领民壮三十名，每日令其纳柴一担、草二担，无柴草罚银三分。又派拨上府听用民壮，每名令其助银三钱……再照恩平县民壮，巡捕官止管二十四名，其余皆供本县各房差用，及本院忽下教场、演武亭，皆草莽株连、粪碟堆积。问知县则曰巡捕官之事也。典史则曰照会止三十名，外不知也。②

综合以上三条史料可知，民壮首先仍是官府巡捕役的主体，受

---

① （明）韩日缵：《韩文恪公文集》卷末《询蒉录》，《四库禁毁书丛刊补编》第70册，第493—494页。
② 嘉靖《广东通志初稿》卷33《民壮》，《北京图书馆珍本丛刊》史部第38册，第557页。

巡捕佐领官的统领，下乡勾摄公事。其次，另有很大一部分被分派给各级衙门和县内各房充当差役。可以说，民壮充任各级官厅的皂隶是典型的衙役化的表现。明初供官厅役使的主要是皂隶，可分为直堂皂隶与随从皂隶两种。但随从皂隶在宣德以后便逐步成为补贴官员俸禄的柴薪皂隶，是为均徭银差。而原来配给各级官厅的直堂皂隶都有定额，随着衙门公使差事的增多，原有额定的皂隶早已不敷使用，这才出现民壮衙役化的趋势。如叶春及也提及惠安县机兵被广泛用作官厅差役的情况：

> （机兵）额并增者三百人，赴道听操者半，赴府上宿者十，鸣钲挝鼓供迎送者若干人，绛帻皂带备趋走者若干人。知县役之、丞役之、簿尉各役之，亦徒有其籍耳。①

叶春及这段议论进一步说明，民壮的分配已经和皂隶非常类似了。知县、丞簿、典史等衙门的正佐官都要役使一定数量的民壮用作随从皂隶。不仅如此，还要供给上官一部分民壮，供其驱使。

第三，叶春及和前引《严州府志》都提到民壮被役占为"鸣钲挝鼓"、往来迎送的杂役。而嘉靖初年任知县的娄枢就已经发现了这个问题：

> 民壮本以防御也，今州县民壮多在本府迎送过官，补筑私衙、公廨。快手本以捕盗也，今州县快手多在本府分隶各衙，入而勾摄，出而拥导，皆非原设之旨。②

从娄枢的议论可以看出，真定府的民兵武装分为民壮和快手两

---

① （明）叶春及：《石洞集》卷 8《封还取折干机兵票》，《明别集丛刊》第 3 辑，第 239 页。

② 娄枢：《娄子静文集》卷 6《止真定巡抚刘公编乡兵议》，《明别集丛刊》第 2 辑，第 604 页。

部分，民壮用以防御，快手用作捕役。这和我们前文的分析一致，是民壮多元化的一种表现。但无论民壮还是快手，都出现了衙役化的现象。民壮被差遣作迎送往来官员，甚或修补公廨的杂差，而快手则被用于各官的随从皂隶。

综合可知，嘉万以后民壮衙役化的趋势非常明显，其隶属于佐领官负责缉盗治安以外，还广泛被佥派供役各类差事。有鉴于此，朝廷尚多次重申各地不许差占民壮，如隆庆六年（1572）令：

> 各处额编民壮、快手本为缉捕盗贼而设，近来尽数差占，或赴各兵备道团操。遇有草寇窃发，有司束手无措。今后不许占役一人，悉令放回衙门，该州县责成掌印、巡捕官操练。①

其实民壮衙役化的趋势已然形成，朝廷的禁令并不会取得预想的结果。相反，庞尚鹏在巡按浙江时，承认民壮役作衙役的既定现实并将其规范管理则是比较务实的做法。庞尚鹏《题为节冗费定法守以苏里甲事》奏疏中提到：

> 一、打扫衙宇划草固为细务，然役用附近地方更夫情似不堪。今查各府州县俱有额设民壮，年给工食，除上操之日外，余俱闲暇，且打扫划草，一岁之间不过一二日，不为甚劳。该臣案行二道，通行各属，以后凡有打扫划草等项，俱令民壮供役，庶事不废，而民不扰矣。
>
> 一、上司登岸出道扛抬卷箱，及按临供用水薪，并府州县祭祀办送下程宴席，合用夫皂俱不可缺，若不酌处定规，不无分外妨费。该臣案行二道通行各衙门，凡上司登岸出道扛抬卷箱，如兵备道有随捕团操兵者就令供役，其余无者俱该驿募夫答应。如上司按临扛抬水薪等项，俱用听事民壮，不得擅扰地

方及另支银雇募人夫。如经临合送皂隶若驻扎行事者，许照旧规开送内外二班，如或经过停宿昼夜止拨一班，迎来送往不必另送外班。至于祭祀及办送下程燕席，俱拨民壮扛抬，庶不烦里甲募夫，而滥费亦可少节矣。①

这封奏疏是嘉靖四十四年（1565），庞尚鹏在浙江推行"均平法"改革之时提出的各类官府公费支出项目的改革措施。笔者曾撰文指出，庞尚鹏"均平法"改革的特点就是将官府原来佥派里甲支应的公费开支项目合法化，并统一折算成里甲均平银，由官府统一支办。② 上面节选的两段史料可知，公使项目不烦扰里甲的前提就是将往来迎送、扛抬以及打扫衙宇等各类杂差一律佥派给民壮完成。换言之，均平法改革的前提之一就是承认民壮的衙役化。

以上分析了民壮作为巡捕官统辖捕役的形成以及演化过程。明代民壮从正统年间以准军事武装出现，到弘治年间变为徭役编佥，经历了由军事力量到"警务"性力量的蜕变过程。所以，民壮的徭役化进而职役化是其稳定的成为捕役的前提。但民壮的职役化也是其衍生为官府衙役的逻辑起点。

自明代中前期开始，徭役折银和佥役买办就是明代各级官府汲取财政资源最重要的一种手段。无论是官厅役使的皂隶，还是职掌官库的斗级、库子，都不可避免地走上了由徭役而"役法财政"的发展轨道。民壮自明中叶成为行政系统直接管辖的治安武装以后，它的分化也遵循着这个逻辑。所以，当我们认定民壮是巡捕官统领的捕役群体时，还应当注意民壮的衙役化趋势。嘉万以后的民壮群体，只有类似"快手"这一部分在固定的充当治安缉盗的捕役，还有一部分则已经转化为供役于各级官厅的皂隶和杂

---

① （明）庞尚鹏：《百可亭摘稿》卷1《巡按浙江监察御史臣庞尚鹏题为节冗费定法守以苏里甲事》，《四库全书存目丛书》集部第129册，第115—116页。
② 参见丁亮、赵毅《明代浙江杂办银收支结构与"均平法"改革》，《中国史研究》2016年第1期。

差了。

（三）保甲

另外一种与巡捕官缉盗治安密切相关的基层组织就是保甲。保甲是明代中期出现的，嘉靖以后各地普遍建立的基层治安组织。对保甲组织，清史学者关注较多，如胡恒认为，县级佐杂官员分防制度成立的极为重要的一个条件便是佐杂官员与里甲、保甲等基层组织之间的关系。若佐杂官员统辖里甲、保甲，则其管辖区域可视为行政意义上的辖区，反之则只可视作防卫区域，不具有行政意义。①胡恒在这里提出了一个值得深入思考的问题，就是明代巡捕佐贰官与保甲组织是否有直接统辖的关系，作为其介入基层社会治理的一条途径。以往明史学界对保甲的研究成果较少，薛理禹在系统梳理前人研究的基础上，写成了《明代保甲制研究》一书。该书详细介绍了保甲组织发展的缘起以及保甲在各地的推行过程。遗憾的是，该书没有专门讨论巡捕佐贰官与保甲组织之间的关系。②

保甲组织虽然成弘年间就已经存在，但大规模的推广却在嘉靖以后。明代中后期，土地流转和民众迁徙的情况增多，里甲的分化十分严重，蜕变为赋役审编单位，而丧失了其原有的社区管理职能。嘉靖中期以来，明朝更是面临严峻的"南倭北虏"问题，户口隐匿、逃避赋税等情况愈加严重，保甲法正是在这种情况下推广施行的。那么，保甲成立以后，其与巡捕佐领官和巡检司之间关系如何？各自发挥的治安功能又有什么不同呢？据祁承㸁《澹生堂集》记载：

巡捕官军分派信地者应与保甲之法相为表里，在保甲使盗不能容，在巡军使盗发必获，在保甲可以搜奸细之窟穴，在巡

---

① 胡恒：《皇权不下县？——清代县辖政区与基层社会治理》，第114页。
② 薛理禹：《明代保甲制研究》，中国社会科学出版社2019年版。

军可以绝奸细之往来,安缉都城莫此为要。①

保甲是以地方常住人口为基础组织起来的负有连带责任的基层治安组织,它的目的是使匪盗无法藏身于基层社区,而巡捕官军则主要在信地内巡警盘查,捕盗缉贼。因此祁承爜认为,二者是相互配合的关系。但还应看到,巡捕官对保甲负有统领之责。如桂萼的奏疏中就强调:

> 谨巡捕之职,重赃官之法。臣会议得捕盗一事国家甚重,设民职于各府州县者,所赖以联属保甲,以安缉地方。设军职于京城及在外各卫所者,所赖以追剿捕捉,以防卫地方。②

桂萼的奏疏中强调了民职与军职在维系社会治安中发挥的作用。其中军职指的是在京的五城兵马司和各地卫所,而民职指的就是各级官府中的巡捕官。桂萼尤其提到了巡捕官应当"联属保甲"以安地方。另据(隆庆)《岳州府志》的记载:

> 统理各保甲者,各州县巡捕官,州则吏目,县则典史。其若别生事端,或虚应故事,或乘机横索,责有所归,罪不汝贷,勖之戒之慎焉耳矣。③

可见,保甲作为乡村社会的治安武装,都是由各地巡捕官来统理的,州吏目和县典史一般充任巡捕官。陈儒的《芹山集》则记载了边境州县巡捕官考校保甲武装训练效果的事例:

---

① (明)祁承爜:《澹生堂文集》第二册,卷10《覆京城巡警疏》,国家图书馆出版社2013年版,第592页。
② (明)桂萼:《修省十二事疏》,收于陈子龙《皇明经世文编》卷180,第1842页。
③ (隆庆)《岳州府志》卷6《军政考》,《天一阁藏明代方志选刊》第57册,第32b页。

宜令沿边各州各县各乡各村立为保甲，每五十人为一队，择其骁勇众所推服者为队长，其各人或弓箭或枪刀或棍棒，任从其便。掌印官令其务农之暇，时时操练，各县巡捕官时出巡行，调取一二队考验，果有武艺精通者，掌印官量加赏犒。久之人人思奋，尽室为兵，亦可以制挺而挞强胡矣。此即古者寓兵于农之意。①

边境地区保甲的军事化色彩较浓，各州县在农闲时都要操练保丁，考校的任务则在下乡巡行的巡捕官。另据陈有年《钦奉圣谕事疏》记载：

查得先年议刊保甲事宜一册遵行已久，并将捕盗条格及各道条议参酌增入，开款呈详，允日刊刻成帙，印发各该道府及所属州县掌印、巡捕等官着实举行，并刊给告示于各市镇乡村张挂，使官民咸知遵守等因。②

这条史料说明，保甲设立及捕盗条格等官方条例都由各级官府的正官和巡捕官具体推行，并有向基层社会晓谕宣讲的责任。

以上本节分析了弓兵、民壮和保甲三种基层治安力量。虽然三者都在巡捕官的统领之下，但三种类型的武装的组织方式及其发挥的职能并不完全相同。

首先，巡检司是明初即存在的治安机构，主要驻防在关津要道，负责盘查往来流动人口。巡检司弓兵在成弘以后接受巡捕官的统领，但主要是在遇警行动的时候。尤其在治安问题严峻的时候，官府往往会派驻巡捕佐贰官于巡检司，统一指挥缉贼捕盗的行动。

---

① （明）陈儒：《芹山集》卷25《边方事状》，《明别集丛刊》第2辑，第517页。

② （明）陈有年：《陈恭介公文集》卷3，《续修四库全书》集部第1352册，第650—651页。

其次，与巡检司弓兵不同，直堂弓兵才是传统意义上的官厅捕役。在巡捕专官出现以后，他们统一接受巡捕官的统领。但这只是构成捕役的一小部分，真正作为捕役主体的是逐渐发展演化的民壮群体。民壮由准军事化武装逐渐蜕化为缉盗治安的"警务"力量的过程是与巡捕官增设同步发展的，是官府转变基层社会治理思路的体现。但民壮徭役化和衙役化过程，令其与巡捕弓兵一样，发展为官厅使用的"公人"。他们介入基层事务的管理只能是自上而下的，只能通过公人下乡"勾摄公事"的方式与基层社会发生关系。

第三，明代中后期真正作为基层武装力量存在的是保甲。保甲与弓兵、民壮虽然同属于巡捕官统领，但具体方式并不相同。前文分析已经表明，保甲与巡捕在治安方面发挥的职能并不相同，保甲是基层社会团结自保的自治武装，并没有巡查捕盗的责任。巡捕官对保甲力量虽然有统领之责，但只能通过政令发布、定时巡查和考校训练效果的方式实现自己的控制。显然，府县介入基层社会的具体实践方式只能是多手段、多维度的。

三 巡捕官基层治理的实践活动

（一）勾摄公事与受理词讼

佐领官依托巡捕官身份介入基层社会最为直接的表现便是下乡"勾摄公事"这一活动。作为县巡捕官，佐领官平时要率领衙役四处巡逻，缉拿盗贼。盗情发生，知县责成巡捕官、弓兵限期缉拿，否则责罚：

> 凡捕强窃盗贼，以事发日为始，当该应捕弓兵，一月不获强盗者，笞二十……捕盗官罚俸钱两月。弓兵一月不获窃盗者，笞一十……捕盗官罚俸钱一月……捕杀人贼，与捕强盗同。①

---

① （明）申时行：万历《明会典》卷171，第876—877页。

本书之前在分析《教民榜文》的时候曾讲到，明初太祖设想的基层社会是高度自治的。赋役的派征和一般的民间纠纷都由里甲内的里长、老人协调解决，严禁公人下乡扰民。当然，里甲正役中仍有一项内容是与下乡公人有关的，即"勾摄公事"。岩井茂树对"勾摄公事"有比较精当的分析，他认为该词汇是指与逮捕犯人、传唤诉讼和追缴赃物相关的官厅用语，并不泛指与里甲相关的一切公务。而明代中期以后"勾摄公事"的主体就是巡捕官及其统领的快壮。如毛宪在《与陈郡公书》中指出：

> 又每遇公事，民壮、快手相继谋差下乡，势如狼虎，民何以堪。今宜严令所属，酌为定规，除粮役之外，更不科索。至于勾摄，一委乡长，不许轻差民壮、快手，以扰害乡村人户。①

可见，当捕盗成为佐领官的专职责任以后，其顺理成章地成为基层社会最为直接的官员代表，民壮、快手就是其差使下乡的"公人"，当然这也为其科索盘剥百姓提供了可乘之机。又如《醉醒石》第三回讲到典史为调查汤小春案件下乡的情景：

> 典史领了堂尊之命，换了便服，带一班缉捕人役，扳鞍上马，出了东门。不多时，将近木家庄。那些耕田的农夫，有几个认得是典史老爷的，连忙丢了锄头铁耙，近前磕头，问道："老爷今日何事下乡？"典史道："我奉堂上明文，到木家庄来拿一起人犯。工夫各自忙，此时正是耕种的时节，不要妨你们的农业，各自去罢。"内中有两个是木家庄上的人，便问道："不知老爷到本家庄上捉哪个？"典史道："要捉一起盗

---

① （明）毛宪：《古菴毛先生文集》卷1《与陈郡公》，《四库全书存目丛书》集部第67册，第421页。

逃的。"①

在晚明社会，典史已然专职巡捕，也正因为其经常下乡，所以乡村百姓很多都认识典史。其率领人役下乡就是来捉拿人犯，即"勾摄公事"的。嘉靖年间，广东巡按御史戴璟也讲到巡捕官下乡的情况：

> 曰革执结，照得披属府州县卫所、巡捕佐贰县丞主簿典史、千百户等官，专为捕盗而设，或有员缺，差委吏目、仓官、河泊、驿丞等官权管。近来假以缉盗贼、取执结为由，多带兵壮人等下乡，饮食若流，或以点闸总小甲，或查捕鱼船只，或称清查流民。每社索银三五两，每船索银一二两。及至书手、弓兵人役亦索三五钱不等，袭为常例。小民受害日甚一日，不敢告言。……今后各该府州县卫所等衙门巡捕官，止许于盗贼出没去处缉捕，不许乘机下乡，假称前项名色需剥小民，敢有故违，许被害之人指实陈告。②

在戴璟的叙述中，巡捕官员仍是多类型的，包括佐领官及临时委派的仓官驿丞等官。但他叙述了一个普遍的现象，即真正下乡临民的官员并不是知县正官，而是佐贰、杂职等官员。巡捕官下乡的任务也多方面的，包括缉贼捕盗、清查流民以及巡查保甲等公务，均与基层社会的治安相关。海瑞在任淳安知县时也曾讲到巡捕官下乡的情况：

> 典史掌巡捕，民间盗贼争斗小事尽属之。所用应捕，又皆狡猾积年，若听其指良为盗，为己驱利，盗贼分其赃，争讼罚

---

① （明）东鲁古狂生：《醉醒石·点石头》第3回，华夏出版社2013年版，第33页。
② （嘉靖）《广东通志初稿》卷33《巡按御史戴璟禁约》，第579页。

之纸，非典史也。①

综上可知，捕盗官员负有防御贼盗的职责，与基层接触最多，所以趁机盘剥科索百姓的情况多有发生。他们与积年弓兵勾结一处，借捕盗寻租即属常见现象。而海瑞的论述则表明，在明中后期，典史已然成为当然的捕盗官了，他的主要活动空间就在乡村中了。

此外，本节在考察公人下乡活动时尤其注意到其受理民词的问题。在地方司法实践中，佐领官受理民间词讼是比较常见的情况。县作为行政系统中最低的一个层级，也是一切民间诉讼最先陈告和初步审理的官署。如毛恺曾言及明代的听讼程序：

> 大凡词讼，自下而上，越讼者有罚。非系正官，擅受者有罚。②

知县正官躬亲鞫狱是法定职责，非正官不得受理民间诉讼。尽管明文规定如此，但因正官事冗，而词讼繁多，往往无暇顾及，而佐领官本就大多吏员出身，"致身多由法律文移，刑名皆出素讲也"③。所以在日常的诉讼纠纷处理过程中，佐贰、首领官已经形成约定俗成的分工，受理某一方面的诉讼案件。如万历年间袁黄主政宝坻时就强调：

> 本县词讼：军匠发二衙，钱粮马匹发三衙，斗殴盗贼发四衙。其事关风化及豪强难制者，留堂自理。④

---

① （明）海瑞：《海瑞集》上编《典史参评》，第147—148页。
② （明）张萱：《西园闻见录》卷97《听讼·毛恺》，周骏富主编：《明代传记丛刊》第124册，台北明文书局1991年版，第201页。
③ （嘉靖）《兰阳县志》卷6《官师志》，《天一阁藏明代方志选刊》第52册，第11b页。
④ （明）袁黄：《宝坻政书》卷2《睦僚书》，第318页。

这条史料道出了县衙佐领官的词讼分工情况，其中二衙指县丞，三衙指主簿，四衙指典史。由于典史在明代中后期职专巡捕，故而委托案件一般是盗贼斗殴一类。因此也可以认为是职专巡捕的佐领官在县衙分理治安缉盗一类的案件。

当然，佐领官也愿意协助主官审理案件，帮助主官营收纸赎之外，自己也能获得一份收入。如吕坤在《实政录》中写道：

> 词讼轻批佐贰，其官可知。以后除盗贼批巡捕官，钱粮批管粮官外，但有一切词讼，俱许亲自裁决，小者批乡约和处。彼佐贰者，岂肯代堂官空手营赎？自有赎外之赎也，小民不益病乎？例禁佐贰不许受词为此。①

吕坤这段论述表明，佐贰官代主官审理案件，营收纸赎是一种常见的现象。而官箴书《居官格要》也认为词状除主官审理一部分外，"其余亦须分理"，只不过佐贰官不能私自接受词状，需要"首领计开词状件数"②。

上述诸论，佐领官虽可问理案件，但都是由府县官员转发的，是正官委托佐领官审理的案件。而较关心的则是巡捕佐贰官"私受"词讼的现象。前文已经指出，佐领官分管盗贼、斗殴等类词讼，是由于其常年下乡缉盗治安、"勾摄公事"而成的分工。那么，随着佐领官逐步下沉至基层社会，与乡村社会联系日益加强，其私受词讼现象自然层出不穷。如张时彻在巡抚四川时就提出官员滥受词讼的情况：

> 一禁滥受词讼。访得所属有司但遇小民诉讼，不拘事之轻重、理之曲直，一概滥受。其佐贰、首领亦违例受词，词一到

---

① （明）吕坤：《实政录》卷3《民务·有司杂禁》，第1009页。
② （明）不著撰者：《居官格言》，《官箴书集成》第2册，第79页。

手，即差积年光棍遍入乡村，照名科取纸牍，通不问理。间有问理，追收纸牍，报官者十之一二，侵克者十常八九。或抽抹文案，或假作的决，惟知规利是图，不顾虐民之惨，相应通行禁革。今后有司掌印官凡接受民词，务审情有冤抑及事干非法者，方许准理，止令见年里甲拘提到官，俱要从公问断，有罪者依律议拟仍审，愿纳牍者纳牍，愿的决者的决，供明者免纸，明白发落。其有争论，小事自愿和息者，令写和约三张上书，二家争告及愿和情由到官判印，原被告各给一张，官收一张粘卷，以防日后番异。佐贰、首领不许擅受民词，虽职掌有关，亦必掌印官准发，方许问断。敢有仍履前弊、滥受民词、恣意科罚者，定行拿问赃罪，革职。①。

这段史料将佐领官私受词讼的情形描绘得淋漓尽致。文中讲到，佐领官正是由于职掌相关，这才出现受理乃至私受词讼的现象。而佐领官由于统领公差，其一旦收到民词，便可以指使公人下乡"勾摄公事"，多收纸牍，从中牟利。另外，万历年间蔡献臣在任浙江宁绍巡海道时，也讲到佐领官擅受民词的情况：

　　宁绍民俗刁顽，不能无讼，然在院司道府县正印官，例得批发准理，以伸冤抑，其余府县佐贰首领原无受词问牍之例。近访得佐领等官一切呈状，擅自准理，差役四出，间阎骚动，且径自罚牍支用，政出多门，甚非事体。且府厅既然，何以责彼下属。今三厅更新之会，合行禁约。为此，仰府官吏即便转行海防、总捕、海仓、管粮各厅，除该厅合管事务，准受呈行拘，小则径自料理，大则申呈道府，但不得擅问纸牍。至于民间词讼，合就上司衙门府县正官告理者，一概不许擅受准理，

　　①　（明）张时彻：《芝园别集》卷2《祛积弊以苏民困案》，《四库全书存目丛书》集部第82册，第497—498页。

其府卫首领及县佐领以下，惟真正盗情许巡捕巡司一面究盗起赃，一面申报。此外如有擅受呈状，径自拘摄，扰害良民者，准被害之人赴道府告究。该府仍不时查访报道以凭拿问斥逐。仍通行各属，晓谕施行。①

蔡献臣陈述的情况同样表明，巡捕官因职务分工的原因，可以审理与盗情治安有关的民间词讼。但他们往往私受呈状，并不深究是非曲直，案情真伪，立即差遣公人下乡，主要是为了索取罚赎作为自己的灰色收入。所以，蔡献臣才强调，公人下乡必须是"真正盗情"出现且要申报上官知晓。无独有偶，祁承爜在一则奏疏中同样指出巡捕官私受词讼获取纸赎的现象：

> 一禁衙官佐贰、杂职不许擅受民词，赫赫明禁，不啻三令五申，而地远法疏，积习成玩，上固谆谆，下且漠漠，呈词手本，擅准施行，视纸价之多寡，为事体之胜负。目今河北之地，纪法素明，衙官自好者亦不少，而衙役诸人，非此不足以饱其垂涎，而供其俯仰。彼谓上司未必尽知，而不知官常岂可自越。今后除巡捕官系真正盗情，失主与地方邻佑同举者许即时缉捕外，其余户婚、田产及小隙微嫌托名盗情者，佐贰捕官不许擅行。一事惟承上委及堂批者，方许奉行，即堂批之词，亦须禀请堂印，方许出牌，或原告、或里长拘审。如不奉堂批，即奉堂批而无堂印，擅自出票拘人者，许被拘之人竟粘原票赴道呈告，即时提究。如巡简（检）及候缺等官，州县正官务须时时严禁约束，不得批与词讼。②

---

① （明）蔡献臣：《清白堂稿》卷3《申禁擅受民词以肃吏治行宁波府》，第69—70页。

② （明）祁承爜：《澹生堂文集》第五册，卷19《饬禁（河北道）》，第117—118页。

祁承爜在文中也提到了巡捕佐贰官不经主官许可,擅自受理词讼,差公人下乡"勾摄公事"多索纸赎的现象。而祁文同时指出一个非常重要的问题,即巡捕官差公人下乡的理由是十分宽泛且模糊的。以上两条史料都强调,巡捕官差必须在"真正盗情"出现时才能出差,即失主报失与邻里证实方可认定。但现实中,民众纠纷托名盗情,甚至户婚、田产纠纷出现,都有巡捕官差下乡勾摄的情况发生。

综合几条史料的记述可见,"勾摄公事"是巡捕官差下乡介入基层社会的主要依据。但现实中,"公事"的范围又非常模糊,可能涉及户婚、田产等多种民事纠纷,并不仅限于缉盗治安。所以,巡捕官介入基层事务也是非常广泛的。不仅如此,巡捕官由于在官厅中分理斗殴、匪盗一类词讼,为多索纸赎,他们甚至不待主官知晓,私受呈状,擅自出差。可见,基层社会一部分民事纠纷与治安案件都是在没有经过官方程序的情况下,由巡捕官差下乡解决的。那么,是否可以将"私受词讼"简单理解为佐贰官蒙蔽主官的一种职务犯罪行为呢?我以为并非全然如此。万历年间,户部尚书王遴曾谈到一种情况:

> 贪墨有巧有拙,拙者济之以酷,败露稍易。巧者如府官则批词讼于府首领、州县佐贰,州县官批之佐贰、首领。无贪之名,收贪之利。既取之民以肥己,又取于民以媚人,巧之为害尤甚。①

这条史料讲到,精明的府县正官往往把刑狱案件转批给佐领官审理,这样他们既可以借机收取纸赎,又可以推诿责任。同理,主官也可以佯装不知,让巡捕佐贰官私受词讼,然后差遣公人下乡去解决案件与纠纷。如此一来,大量的民事诉讼与治安案件可以不经

---

① 《明神宗实录》卷 156 "万历十二年十二月辛酉",第 2885 页。

过正式的司法程序，减少官民之间的直接冲突，正佐官还可以从中牟利。因此笔者认为，所谓巡捕官"私受词讼"其实是基层官府正官行政管理的一种手段。

总之，明代巡捕官介入基层事务是有多方面表现的。首先，佐领官介入缉盗治安等事务，既有制度保证，也是明代中期以来县政分工自然形成的。其次，巡捕官利用"勾摄公事"的模糊性，广泛介入到治安缉盗以外的各类民事纠纷事件中，当然也给正佐官带来丰厚的灰色收入。第三，大量民事诉讼和治安案件不经正规的诉讼程序，而由巡捕官差介入解决，也可以理解为州县官控制基层社会的一种手段。

（二）以保甲为支点实现基层治理

虽然弓兵、民壮和保甲都是接受巡捕官统领的治安力量，但性质不尽相同。弓兵和民壮是由巡捕官直接管理的"公人"，而保甲才真正是基层社会自我组织的治安武装。本书此前曾提及巡捕官管理保甲的两种方式，一种是以州县官的身份向保甲宣示诏谕条例；另外一种是定期校阅保甲武装的训练情况，但这都属于官府对保甲的间接管控。巡捕官以保甲为依托"勾摄公事"才是其介入基层社会的主要手段。据张时彻的记载：

> 查得各州县保甲之设，专为防御盗贼，近访得各该有司掌印并佐贰首领官奉委踏勘灾伤，或因清查塘堰，或因检验死伤，或因追并钱粮，随带吏书门皂人等一二十人，下乡驻扎各堡，供给俱出保甲，仍百计需求上宜。又令各备马夫，一堡递送一堡，小民受害莫可，谁何以致。……每月朔，各堡□□结，止令堡长一人赴掌印官处投递，其各□□员奉委下乡遇脱，止许歇宿寺观，自备饮食，不许仍前驻扎各堡，亦不许巡捕官前去点闸，骚扰乡民。①

---

① （明）张时彻：《公移》卷2《祛积弊以苏民困案》，《芝园别集》，第499页。

张时彻这段奏疏非常明确的讲到，正佐官尤其是巡捕官，因催征钱粮或勾摄公事会经常下乡，其驻扎之处便是保甲，且各项供给开支亦出自保甲。可见，巡捕官因对保甲有统辖权，所以公差下乡便通过保甲执行公务。张时彻给出的建议是让保甲自治，减少巡捕官下乡扰民的机会。但张时彻还提到，仍需保甲每月初向官府投递一份公文。上引史料有二字不清晰，根据（嘉靖）《昌乐县志》的记载，保长投递的应该是"甘结"：

> 保甲法……保长必推有身家殷实之人，巡捕官每一月于该地方巡视一遍，每月终带领保长赴县递无失事甘结，以凭申报。[①]

可见，巡捕官每月都要巡视保甲，此举应与上文巡捕官"点闻"保甲是同一个意思。不仅如此，巡视的结果也非常重要，是月终保长去县衙投递无事"甘结"的重要依据。所以，巡捕官是通过"点闻""递交甘结"等方式实现对基层社会的日常治安管理的。巡捕官与保甲之间是官府与基层社会对接的联结点，当然也是官府寻租和官民矛盾最突出的地方。但大量的基层事务性工作和治安工作都依赖巡捕等佐领官，所以抚按官对该群体除了严加监管以外并没有更好的管理措施。如（嘉靖）《广东通志初稿》记载：

> 故凡巡捕、巡司等官，非系督捕及奉上司明文，不许辄取下乡，骚扰需索。有犯者，许诸人首告，通将在衙人役并贪赃官吏与违犯之徒一体问罪施行。[②]

---

① （嘉靖）《昌乐县志》卷2《田赋志》，《天一阁藏明代方志选刊续编》第57册，第605页。

② （嘉靖）《广东通志初稿》卷33《弓兵》，第552页。

可见，巡按御史也只能强调巡捕官非令不许擅自下乡，并要求基层民众加强对官员的监督。其实起到的作用是十分有限的，因为巡捕官的寻租活动往往都是在正常的职权范围内展开的。

总体而言，巡捕官职在缉盗，保甲职在维持地方治安，所以用巡捕官统领保甲无疑是明代中期以后县级官府融合基层组织，治理基层社会的一种有效设置。巡捕官通过保甲介入基层社会是多种方式的，其或以保甲为依托完成"勾摄公事"、追征钱粮的任务，或通过每月一次的下乡点闸及其月终开具甘结实现对保甲的日常管理。所以，明代才有"统理各保甲者，各州县巡捕官"这个说法。当然需要注意的是，明代巡捕官大量出现是在成弘以后，保甲制的兴起则更晚。所以以巡捕官统辖保甲的体制形成的较晚。逮至清朝，巡捕官受令分防乡村后，才与保甲建立起直接的统辖关系，才是所辖区域内的主官。①

第二节 驻防佐贰官的设置与基层治理

佐领官向事务性官员的转向是多方面的，并不只有巡捕佐贰官一种，还涉及粮马、水利、清军等很多具体的行政事务。而这些专项事务的执行需要长期奔走在外，因此他们大多移出县城，驻扎于专项事务附近，其中以河务管理、农田水利、银场、山厂等事务最为典型，这种情况可以称之为"职能性驻防"。此类官员自明前期就存在，虽曰驻防在外，但仅负责专职事务，往往事罢裁撤，不是常驻职官，也谈不上是独立的地方行政官员。而对于一些远离县城的关隘要津地区，仅仅依靠一个县衙是难以全面治理的，这时需依靠驻防丞簿处理政务，弹压地面，此种佐贰官可称为"地域性驻防"。"地域性驻防"的佐贰官多系治安需要，大多自明中后期开始设置，

---

① 胡恒：《司的设立与明清广东基层行政》，《清史研究》2015 年第 2 期，第 124—125 页。

相较职责明晰的"职能性驻防"佐贰官，"地域性驻防"佐贰官的权责范围往往是广泛的，情况也更为复杂。不同类型的地域性驻防反映出明代中后期基层社会出现的新情况，是分析明代中后期基层社会治理的理想切入点。

一　职能性驻防

"职能性驻防"是佐贰官转向分职的一种类型。由于丞簿职掌分事，一些专项事务需要佐贰官驻扎于职事附近才可履职，其中以管理河务最为典型。如山东鱼台县"管河主簿廨居谷亭小河北"①。又如隆庆六年（1572）朱衡上疏论讲守河事宜时提到：

> 新筑河堤计长三百七十里，每六十里用官一员，俱以州判县簿领之。又添设府同知一员与管河通判均分督调。如遇有急，互相协理。其每年修守著有成效者，年终荐举，纪录次第迁秩，如管河主簿则升管河县丞，县丞升州判，州判升州同，州同升通判。其系科目者，管河通判则升管河同知，同知升佥事，递升参议、副使、参政、按察使、布政使，累著成效则直以总理河道大用之。②

朱衡的建议是设置管河的专职官员，从管河主簿开始，通过专职的考核与监督，可逐步升迁至（管河）通判。如果管河官员是科举出身的话，则可继续升迁，管河同知升管河佥事，直至参议、副使、参政、按察使、布政使。可见这类官员的设计是脱离各级主官考核系统，属于专职的官僚系统，当然主要涉及的仍是佐贰官。就如瞿同祖所言，该类佐贰官"隶属于河道，受河道总督的领导，不应该将这样的佐贰官与负责一般行政事务的佐贰官相

---

① （万历）《兖州府志》卷22《公署》，中国方志库收录，明万历刻本，第25b页。
② 《明神宗实录》卷3"隆庆六年七月戊子"，第75页。

混淆"①。

当然，这些佐领官在名义上仍隶属所在各级官府。与钱粮管理不同，专职佐贰官员只有一些重要地区才可以常驻，如大多管河佐贰官一般是由于临时水患等原因才添设，等到水患渐轻，便会裁革。翻检《明实录》时会发现大量临时因事设置、事后裁革的管河（县级）佐贰官员。

除河务管理之外，还有为银场、山厂等机构所置的县级佐贰官。银场设置在产银所在地，也称"银坑""银穴""银场局"，由当地官府招募民众进行开采。明初朝廷对于银矿业开发采取限制政策，太祖认为银场之弊"利于官者少，而损于民者多"②，永乐以后银矿开采才逐渐放开。但是"银冶利之所在，人所必趋况"，银场之地极易受盗贼侵扰、出没偷矿，故而往往设立专官于银场附近驻扎。③

正统十年（1445），因福建银场被贼侵扰，巡按福建监察御史冯杰、陈永会同三司官奏请于"附近山场县分各除县丞一员，坑场多者或二员三员，专令招抚流民，带管坑场"④。正统十一年（1446），朝廷又"增置处州府丽水、青田、缙云、庆元、松阳、龙泉六县县丞各一员，专管银场"⑤。当然，随着开采日久，矿脉渐微，一些银场便会封闭，所置官员也就随之裁革了。如弘治元年（1488），巡按浙江御史畅亨便上书奏请裁撤专职管理银场的佐贰官：

> 浙江布按二司，温处二府，松阳等县，俱有添设专管银场参议、佥事、通判、县丞等官。近来矿脉既微，课额减旧，而各官具在，请量加裁减。⑥

---

① 瞿同祖：《清代地方社会》，法律出版社 2011 年版，第 18 页。
② 《明太祖实录》卷 31 "洪武元年三月甲申"，第 538 页。
③ 《明英宗实录》卷 92 "正统七年五月庚午"，第 1860 页。
④ 《明英宗实录》卷 136 "正统十年十二月乙巳"，第 2697 页。
⑤ 《明英宗实录》卷 138 "正统十一年二月庚申"，第 2743 页。
⑥ 《明孝宗实录》卷 16 "弘治元年七月戊辰"，第 389 页。

此后巡视浙江刑部侍郎彭韶也奏请"裁革松阳、宣平、云和三县管场县丞各一员"[①]。弘治四年（1491）又以银坑填塞之故，裁革浙江管理银矿官，"处州府遂昌、庆元、龙泉、景宁四县丞各一员"[②]。可见，管理银场的佐贰官员均属于专职性驻防官员，因事而设，事毕而裁。

同类型的驻防佐贰官还出现在山场等处，专门管理木材的采伐和柴炭的贮存。易州山场作为明代供应内府柴炭最重要的场所，设有"部堂"和"府州县分治"等行政机构来管理。"府州县分治"就是指从相关府州县划分出一些官员，一般是结衔临近府州县佐贰官，设于山场附近，以便负责柴炭收纳领运。

> 山厂之设，专以烧薪炭供应内府。……其后建部堂于中，环以土城，八府五州分治以次而列，皆南向。前有东西长衢，各属州县分治列焉，每门各设坊牌以记之。其部堂府治两傍各有隙地，为积放薪炭之所，并植蔬果以供日用。部堂总其纲，府州县佐贰官分理其事。[③]

其实，易州山厂的燃料产运涵盖了北直隶、山东、山西三省。成化十年（1474）十月，根据总理易州山厂右通政程万里奏请，增设管理柴炭官四十四员，包括"藁城、蠡、唐、满城、博野、榆次、太谷、文水、太原、阳曲、高平、阳城、陵川、长子、壶关、潞城、襄垣、屯留、安邑、闻喜、稷山、洪洞、临汾、曲沃、翼陵、翼城、太平、莱芜、新泰、章丘、淄川、沂水、安丘、寿光、临朐、乐安三十六县主簿各一员"[④]。嘉靖年间，大量易州山场派驻官员被裁，

---

①　《明孝宗实录》卷25"弘治二年四月丁巳"，第577页。

②　《明孝宗实录》卷70，"弘治五年十二月甲子"，第1327页。

③　（明）戴铣：《易州山厂志》，收于黄训《名臣经济录》卷52《工部》，文渊阁《四库全书》史部第444册，第477—478页。

④　《明宪宗实录》卷134"成化十年十月丁未"，第2524—2525页。

"凡山厂职官，旧设督理侍郎一员，督理其领运柴炭。设官甚多，嘉靖五年（1526）革。存同知一员，通判四员，都事、经历、知事各一员，判官十员，县丞一员，主簿十一员"①。至嘉靖六年（1527）五月，成化年间所增设的主簿尽数革去：

> 裁革易州山厂运薪官，并真定府定州、平阳府汾州判官各一员，平阳府夏县县丞一员，真定府宁晋、行唐、灵寿、饶阳、南宫、枣强、武邑，保定府涞水、深泽、束鹿、完、唐、蠡，太原府交、太原、交城，平阳府安邑、闻喜、襄陵、曲沃、翼城、阳城、陵川、长子、襄垣、潞城、壶关，济南府莱芜、阳信、济信、淄川，兖州府单县，东昌府立县，青州府安丘、沂水、乐安、临朐、寿光主簿三十七员。②

综上可见，"职能性驻防"的佐贰官基本上都负责专职的事务，比较常见的是地方河务治理，当然也有银场、山场等专职性的机构和部门，都需要专门的佐贰官员驻防管理。但他们的设置是不稳定的，事毕一般裁撤，且与基层事务的管理并无涉及。至于县级佐贰官驻防在外，则普遍见于清代，不过这种基层变革的端绪在明代已经出现。

二　地域性驻防

明朝中叶，人口流动性增加，流民盗匪等治安问题时有发生，成为基层社会治安的一个主要问题。如弘治年间兵部尚书白圭上疏《四川盗贼疏》就曾言及全国的盗情：

> 四川盗起，烧毁县治，敌杀官兵。而江西、河南、山东俱

---

① （明）申时行：万历《明会典》卷205《工部二十五·柴炭》，第1025页。
② 《明世宗实录》卷76"嘉靖六年五月辛丑"，第1707页。

有草寇窃发。南北直隶水旱相仍、淮河淤塞、湖水耗竭，所在多转徙之民行舟被劫掠之害。浙江自去年以来，旱潦为患，江潮溢涨，矿贼窃起。矧两广流贼未宁，陕西虏寇未息，荆襄流民未定，此皆目前可虑之事。今天下有司，既不能加意抚恤以消患于未然，又不能及时缉捕以弭患于已发。事机一失，渐不可图，则远近骚动，其扰将大。①

文中提到全国各布政司普遍出现流民成盗的情况。如何应对人口流动性增强以及相关的治安问题，显然是此时明王朝亟须解决的。从前人研究和明代文献的记载可知，当时府一级一般设置捕盗同知或通判驻扎要地以缉盗贼，县一级则主要增添佐领官为巡捕官以应对，此问题上一节已有详细论述。当然，明代中期也有部分县级佐贰官开始移出县城，去往要地驻扎。本节即以南直隶江阴"马驮沙"、湖广汉阳"刘家隔"镇以及广东韶州三华镇为例，考察明代佐贰官的地域性驻防情况。

"马驮沙"是南直隶江阴县下辖的一座江中沙洲。据（万历）《重修常州府志》记载：

> 靖江县在杨子江中，旧呼为马驮沙，其地中分为二，曰东沙、西沙。汉以前无考，隋唐时属泰州、海陵、吴陵县境。宋隶泰兴县，元因之。国初隶江阴。②

马驮沙因地处江阴、泰兴两县交界，元以前一直隶属扬州府泰兴县管辖。元朝时于江北沙（马驮沙南端）设立马驮沙巡检司，隶属于江阴县③，致使马驮沙一地逐渐过渡为两县共管，称其"江阴境

---

① （明）白圭：《四川盗贼疏》，收于陈子龙：《明经世文编》卷42，第327页。
② （万历）《重修常州府志》卷3《靖江县境图说》，《南京图书馆藏稀见方志丛刊》第55册，第481页。
③ （万历）《重修常州府志》卷12《武备》，第12页。

有马驮沙，与泰兴县分领"①。但马驮沙主要还是辖于泰兴县，其中民户三分之二属于泰兴县，三分之一属于江阴县。

> 马驮沙，盖水中之洲，东枕孤峰，西引黄山，广一十八里，袤五十余里，民居以户计者六千有奇。元以前隶扬州之泰兴，其户隶江阴者裁（才）三之一。②。

元末此地为朱定、徐泰占据，直至明初为靖海侯吴贞平定。③ 洪武初年，马驮沙"以土产类江南，田赋独重于扬州诸县"，遂将其全部划归江阴县管辖。④ 马驮沙虽隶属江阴县管辖，但地理位置特殊，其独处江中，盗贼多发，虽置有巡检司，仍不得治。成化三年（1467）佥都御史高明上奏"以江盗弗靖请于朝，添设县丞一员，抚治之"⑤。同年十一月，朝廷正式增设江阴县丞一员，驻于本县马驮沙之处，以分理县事。⑥

高明以"江盗弗靖"为由请求增设驻防县丞，所增驻防县丞仍然属于专职缉盗的官员，但是"抚治""分理县事"的说法也意味着该驻防县丞有权管理分地事务。嘉靖《新修靖江县志》也有类似的记载：

> 成化三年巡抚高公明以江盗弗靖，奏设县丞一员，署其地。
> 抚院高公明奏设县丞一员，专莅沙事。⑦

---

① 《大明一统志》卷10《中都》，文渊阁《四库全书》第472册，第248页。
② （嘉靖）《新修靖江县志》卷8《新建庙学记》，《稀见中国地方志汇刊》第13册，中国书店1992年版，第1010页。
③ （成化）《重修毗陵志》卷1《地理》，四库存目史部179册，第694页。
④ （嘉靖）《新修靖江县志》卷1《疆域上》，第926页。
⑤ （成化）《重修毗陵志》卷1《地理》，第694页。
⑥ 《明宪宗实录》卷48"成化三年十一月戊辰"，第986页。
⑦ （嘉靖）《新修靖江县志》卷1《疆域上》，第926页，卷4，第961页。

另据（成化）《重修毗陵志》记载：

> （江阴）县丞一员正八品，月俸米六石五斗。成化五年江阴县增设一员，分莅马驮沙，后立靖江县，省。①

以上就是靖江县成立之前，江阴县分设县丞驻防马驮沙的记载。从字面意思看，这里边的"署其地""专莅沙事"和"分莅"都有让官员区域驻防，负责辖区内行政事务的意思。

就具体情况而言，除了缉盗治安以外，赋役问题也是马驮沙治理的一大难题。据（嘉靖）《新修靖江县志》记载：

> 江阴县北临大江，江之中为马驮沙，沙有民居。居民困于赋役，盖江水突冒冲激，沙飞土走，朝桑田、暮沧海，粟米布缕之征自若也，欲不困得乎。②

马驮沙地处长江之中，"沙间有陈公港、天港、新港，其水皆达于江"③，河流港汊纵横，土地形态不稳定但流通经济却很繁盛。成化七年（1471）巡抚滕昭巡视苏松时，就称苏松诸处以"马驮沙最繁盛"④。这种情况导致马驮沙的赋役派征非常困难。不仅如此，马驮沙地处江中又寄治江阴，百姓缴纳田赋须得渡江解交至江阴县城，而扬子江江面辽阔，风波不定，"居民往来、舟楫阽危"⑤。百姓过江送粮容易遇险失期，苦于往返之间，所以赋役的核算与缴纳是马驮官民共同面对的困境。成化三年（1467），王秉彝为江阴县令时

---

① （成化）《重修毗陵志》卷10《职官》，第800页。
② （嘉靖）《新修靖江县志》卷4《县令王侯去思碑》，第967页。
③ 《大明一统志》卷10《中都》，第250页。
④ （明）焦竑辑：《国朝献征录》卷40《兵部左侍郎滕公昭传》，上海书店1987年版，第1651页。
⑤ （嘉靖）《新修靖江县志》卷4《靖江县造县岁月记》，第967页。

便积极处理该问题：

> 王秉彝字好德，巴县人，举人。成化三年令江阴时，马驮
> 沙尚未设县，民困于赋役，秉彝乃因沙之涨没，以甲之羡余补
> 乙之不足，积逋始清。输粮涉险者，计银布抵之。招流亡，缓
> 积负，助种谷，赎子女，资婚葬。三年往返风波，民歌其德，
> 为立去思碑。①

这条史料表明，马驮沙虽然隶属于江阴县，但其本身的赋役征
收和财政来源是有其独特性的。而且马驮沙独处江中，水波不时，
"四面湍流不息，东枕孤山，西引黄山"②。这种独特的地理条件也
造成该地物资运输的困难。所以，王秉彝在赋税征收管理上不得不
采用折征的办法，让马驮沙民户以银布轻赍折抵税粮。

史料中还记载王秉彝为治理县事"三年风波往返"，以示其辛
劳。但需要注意的是，前引两种史料都记载，马驮沙设置县丞驻防
就是在成化三年（1467），成化《毗陵志》的记载是成化五年
（1469），均是王秉彝在任期间。那么，此间设立的驻防县丞是否仅
是因为"江盗不靖"来弹压地方的，还是本就负有征收赋役钱粮的
责任呢？据《明宪宗实录》记载：

> 一常州府江阴县马驮东西二沙，地在扬子江心，原有坍江
> 无徵税粮，岁该米麦三千七百三十余石，马草三千四百五十余
> 包，每年包赔于通县者，合令岁折银布为便。本沙既经奏准建
> 立县治，其旧添设收粮县丞则俟。县治成，新官到，送部
> 别用。③

---

① （万历）《常州府志》卷 10《职官三·名宦》，第 342—343 页。
② （成化）《重修毗陵志》卷 1《地理》，第 694 页。
③ 《明宪宗实录》卷 95 "成化七年九月丁亥"，第 1823 页。

《明实录》中明确提到马驮沙原来增设的是"收粮县丞"，综合可知，朝廷在增设江阴县丞驻扎马驮沙时，考虑到的不仅是缉盗治安问题，县丞也管理赋税征解。因此，文献中"署其地""分莅""专莅沙事"的说法是比较广泛的职权，是佐领官地域性驻防的一种表现。

至成化七年（1471），滕昭巡抚南直隶，奏请在马驮沙设县，谓"其地越大江，供赋税服徭役，凡有事于邑者多冒风涛，以奉期约为非便，而民数视昔有加"①。至此，马驮沙设为靖江县。

马驮沙由佐领官驻防到升级成县经历的时间较短，却颇具代表性。从经济和财税结构可见，马驮沙仍属于传统的农业经济区，每年上缴赋税马草数量很大，且地处交通要冲，治安问题也很突出。囿于交通限制，马驮沙与江阴县衙之间往来不便，凡此种种都具备设立分管官员的条件。虽然不同史料对马驮沙设立县丞分管的原因记述并不相同，但综合分析却会发现，分管县丞的权限涵盖了钱粮和治安两大方面。马驮沙最终升级为靖江县的结果也表明，驻防佐贰官所处理的仍是复杂农业聚居区的政务，没有超出原有乡村社会的管理经验。

除佐贰分防升级为县的情况外，佐贰员驻扎市镇是明中叶以后更为普遍的情况。市镇是流通经济发达的产物，是在传统乡村统治框架下，因贸易的发达而形成的人口聚集区。从行政关系上看，"市镇统于州县，例无设官"，市镇之内没有独立行政机构。②但市镇的聚落形态又与传统的乡村社会大不相同，人口流动和物资流动极为频繁，传统乡村的治理经验并不完全适用。所以，明清时期不乏巡检司、税课局、河泊所等机构来管理市镇的治安和税收。但是这些毕竟是专职管理机构，缺乏对市镇复杂公共事务的管理能

---

① （嘉靖）《新修靖江县志》卷8《新建庙学记》，第1010—1011页。
② 张承先著，程攸熙订，朱瑞熙标点：《南翔镇志》，上海古籍出版社2003年版，第29页。

力。当然，既有研究也关注到了明清市镇的行政管理方式，注意到佐杂官员驻扎市镇的情况，进而分析了明清国家对市镇公共事务的管理模式。① 佐贰官驻防表明官府意识到对市镇公共事务管理的重要性，欲以行政级别相对较高的府、县佐贰官统筹市镇的各项公共事务。②

尽管如此，本书认为，明代市镇的佐贰官驻防仍有深入研究的空间。首先，以佐贰官统筹市镇，最为常见的是府级佐贰官员驻镇管理，但对县佐贰官员进驻市镇的研究常见于清代，关于明代则几乎未有提及。第二，学界缺乏对市镇管理模式形成路径和演变轨迹的探讨。市镇是不同于乡村社会的另类基层聚落形态，明代中早期对市镇管理模式的探索，代表其基层社会治理思路的转变，是动态的过程。目前学界缺少对明代市镇管理方式变迁的探讨，且关注点大多集中在江南商业型市镇上，缺少对不同区域及不同类型市镇的探讨。事实上，相较明代府佐贰官较为普遍进驻江南市镇的情况，其他地区也存在县级佐贰官驻扎市镇的案例。以下以湖广汉阳府汉川县的刘家隔镇和广东韶州府翁源县三华镇为例，试析之。

刘家隔是汉阳府汉川县的一个市镇，关于该镇的沿革，礼部尚书黎淳留有《刘家隔巡检司记》记述之：

> 刘家隔为汉川旧址，距今县三十里，相传宋知军事刘谊隔岸种荻因名，或云楚人称水滨为隔，兹土业于刘氏也。地卑下，每岁垫于春涨，逮秋始涸，榛芜沮洳，人鲜居之。然地

---

① 相关研究有张研《清代市镇管理初探》，《清史研究》1999 年第 1 期；张海英《明清江南市镇的行政管理》，《学术月刊》2008 年第 7 期；胡恒《清代江南佐杂分防与市镇管理献疑》，载刘昶、陆文宝主编《水乡江南·历史与文化论集》，上海古籍出版社2014 年版。

② 武乾：《官治夹缝中的自治：明清江南市镇的非正式政体》，《法学》2013 年第12 期，第 72 页。

脉来自应城，蜿蜒起伏，走一日之程及此，衍为平原，周广四十里余，而襄水、汉水、涢水、郢水、白水五派合流环焉。一入我国朝，辟为通衢，人遂乐业，其始居民十数家。宣德、正统间，商贾占籍者亿万计，生齿日繁，贸迁益众，卒成巨镇。①

另外，知府刘武臣在记述汉川县行署设立的过程时记载到：

> 刘家隔镇在汉川县治之北，县以汉水得名。汉水出刘家隔，盖其地卑下宽平，水始溶漾渟涵，汇为巨浸，已而风搏浪激，泥滓凝聚，突起为洲，民来居之，徙附者众，久之而为镇，又久之而为县也，耆老谓刘家隔。宋初置义川县，后以太宗名匡义，更曰汉川，而其地终卑下，水涨则学官暨诸祀典坛壝俱为水所啮，乃迁于阳台山之麓。国朝因之，今之县治即其地也。按元大一统志，县在汉为安陆地，唐为汉川，中间为郡为州，因革靡定意者，俱置阳台之麓。后迁刘家隔，最后复自刘家隔迁以还其旧欤。县治为刘家隔陆行仅三十里，迁八十里。②

综合两端史料可知，刘家隔地处交通要道，是五条河流的交汇之处，周围地势平坦，所以其本为汉川县的旧址。只是该处地势低洼，每年春季涨水，城内学官与祀坛便会被淹没，导致县址的迁移。入明以后，该地经过疏导，又成为通衢之所。尤其在宣德正统年间以后，该处商业复苏，人口渐多，又成为商贾大镇，治安问题也随即凸显。所谓"地当四达之冲，商泊辐辏，盗贼恒出没其间，防御

---

① （嘉靖）《湖广图经志书》卷3《刘家隔巡检司记》，《日本藏中国罕见地方志丛刊》，第313页。

② （嘉靖）《汉阳府志》卷3《创置志》，《天一阁藏明代方志选刊》第54册，第44a—44b页。

孔急"①。

但刘家隔与县址距离较远，知县难以控驭，故而在宣德年间，湖广按察使李素奏请设立巡检司：

> 刘家隔去汉川县远，而与云梦、孝感、应城三县相连，土著之民止有九户，而各处客船往来贸易驻泊者常三五千艘。亦有结屋安居不去者，虑有遗逃，军民杂于其间，或至相聚为盗，宜立巡检司。②

李素的奏疏进一步说明，刘家隔治理的难点还不仅仅是距离汉川县衙较远，其还与多县接壤，但本地人口仅有九户，其余均为往来船只和外来人口。所以，一个巡检司并没有将刘家隔的治理问题完全解决。

景泰年间，锦衣卫指挥佥事卢忠前往湖广公干，将沿途所见湖广问题逐一开列，其中便涉及刘家隔的治理问题。

> 汉阳府地方刘家隔，常有人四五万居住，中间刁泼者数多，俱是江宁等处无引之人，恐有强窃贼盗逃躲，在彼潜住，况此处止有巡司一所，难以关防。乞敕该部计议或设立一卫，筑立城池镇守，关防便益。

关于这个建议，时任兵部尚书于谦的答复是：

> 前件看得，前项地方要立军卫，修筑城池镇守一节。防奸保民之道，固宜如此，但恐中间别有窒碍，又无相应官军堪以设立卫所。合行巡抚湖广右都御史李实公同都布按三司堂上官

---

① （清）顾祖禹：《读史方舆纪要》卷76《湖广二》，中华书局2005年版，第3552页。
② 《明宣宗实录》卷81"宣德六年七月甲子"，第1871页。

及巡按监察御史从长勘议，刘家隔是否住有趁食之人数多，中间有无来历不明，及日后贻患别情。应否设立卫所，有无相应官军勘以那调。如果此地堪以设立卫所城池，将合调官军并丈量城垣及人工物料数目开奏，以凭区画。若有窒碍及有别项策略，可以潜消奸宄，保障居人，亦要明白回奏，不许苟且怠忽，及轻易更张，已后因而误事，责有所归。①

于谦认为在刘家隔设立卫所消耗资源太多，应当慎重。他给出的处理意见是，要巡抚李实会同湖广都、布、按三司堂上官以及巡御史共同查勘商议此事。如果刘家隔确实应当设立卫所，就立即计算修筑城池所需的费用，所需人工和物料数目，还要商议调动何处官军来镇守。但他同时强调李实等人也要考虑到设立卫所的困难以及相关的替代方案，如实上报朝廷。可见，设立卫所并不是理想的解决方案。

另外，鉴于荆州、襄阳有辽王、襄王二府，所以卢忠还建议派遣廉能官员前去镇守荆州、襄阳、刘家隔一带。但这项建议也没有得到兵部的直接同意。兵部认为：

> 湖广已有总督、总兵等官，右都御史王来、保定伯梁珤等调度官军抚捕贼寇，又有右都御史李实专一巡抚，及有都督陈友守备辰沅一带，并有都布按三司官同巡按监察御史分理事务。今奏要推举贤能官一员镇守荆州、襄阳、刘家隔一节，诚恐差官太多，未免下人劳扰。

可见，兵部认为湖广一带已经有总督、巡抚、总兵官、巡按御史以及都布按三司等地方官，没有再设立镇守官员的必要。与前项

---

① （明）于谦：《忠肃集》卷 5《兵部为贼情等事兵科钞出锦衣卫指挥金事卢忠题》，文渊阁《四库全书》1244 册，第 183—184 页。

建议一样，兵部仍旧让巡抚李实会同巡按御史及布按官员共同商议是否有设立镇守官员的必要。但兵部已然表露对此事的倾向，是不赞成的。① 与朝廷不积极的态度相比，实际调查至刘家隔的巡抚李实认为"汉川虽县，地狭而民寡，刘家隔虽镇，地广而民众。公等出巡临县而不临此，甚非所以便吏民也"。对此，各官员的回答是，此处无公署。因而李实在此处设立布按分司，"事有涉刘家隔者，因就决焉，官府之文移，吏民之奔逐，盖省者半，公私便之"②。

可见，朝廷并没有在刘家隔设立卫所，也没有专门设立镇守官员，李实的解决方案则是在此处设立布按分司，督促上官多到此处巡查，以解决社会问题。但布按分司只是二司官员巡历驻扎之所，并非常驻。刘家隔镇日常的缉盗任务仍然依靠常驻的巡检司而已，治安问题并未得到真正的解决。

弘治年间，知府孙识针对"刘家隔镇居之众如蚁，累患盗"的情况，"公拘壮者编甲捕之"，但是并没有效果，后来"使偿故威行"，盗情才有所平息。③ 可见，此时刘家隔的治理成本很高，且地方官也没有什么太好的解决办法。

直至正德年间，巡抚都御史秦金上奏，认为刘家隔虽然多盗，却是"江湖都会"，应该在此处"添设汉阳府捕盗通判一员驻扎巡视，其巡司捕盗巡检宜革之"④。至正德十三年（1518），朝廷正式同意在刘家隔设立公署，建立府馆，以新设通判居之。⑤ 此时，刘家隔初步形成了以佐领官驻防的治理模式。但嘉靖初年，驻扎刘家隔的捕盗通判和其他佐领官一样被裁革。直至嘉靖十年（1531）六

---

① （明）于谦：《忠肃集》卷 5《兵部为贼情等事兵科钞出锦衣卫指挥佥事卢忠题》，第 184 页。

② （嘉靖）《汉阳府志》卷 3《创置志》，第 43b 页。

③ （咸丰）《武定府志》卷 35《汉阳府知府孙公墓志铭》，《中国地方志集成·山东府县志辑》，第 162 页。

④ 《明武宗实录》卷 168 "正德十三年十一月癸亥"，第 3259 页。

⑤ （嘉靖）《湖广图经志》卷 3《公署》，第 10b 页。

月，朝廷才在凌相等人的建议下，于刘家隔复设汉川县县丞一员。①

复设的县丞虽然级别降低了，但显然是替代此前捕盗通判的，"以汉川县丞代驻，掌捕盗"说明以佐贰官驻防的治理思路并没有改变。② 但地方志的记载则为"抚民县丞"，并称"县丞之设为刘家隔一处，非为一县也"③。所以，该县丞的"抚民"全县更为广泛，对辖区的各种事务都有管理的职责。这一点在万历年间汉川知县蔡纲的奏疏中也可以看出：

> 万历六年知县蔡纲私计分辖未便，申允院司改附县治佐理，汉川居民原不敌刘家隔之半，而冲疲不堪，又卑下当湘水淹没之处，岂堪此多设一官之费乎。即粮、捕二项各小县俱一知一典统理，汉阳县十九里有例，汉川八里耳，刘家隔固不可复，汉川县亦不可增，此近日所当议裁者。④

蔡纲认为，汉川县一共才有八个里甲，远不敌邻近汉阳县的规模，钱粮、捕盗二项有知县、典史来处理就足够了，没有添设分辖县丞的必要。这一说法首先表明，原来刘家隔驻扎县丞除负责捕盗一项外，税粮也在其中。另外值得注意的是，何以蔡纲建议撤销刘家隔的驻守县丞？他在文中强调了一点，就是刘家隔的水患问题。蔡纲认为"刘家隔水塞民移，即有巡检，县丞不必在彼驻扎，申允两院，改附县治"⑤。

其实，刘家隔最初就是汉川县县治所在，因为水患，县城才被迫迁出的。明初虽在此开通道路，刘家隔又成为水路要冲，但囿于

---

① 《明世宗实录》卷126"嘉靖十年六月乙卯"，第3007页。

② （万历）《湖广总志》卷2《方舆》，《四库全书存目丛书》史部第195册，第295页。

③ （万历）《汉阳府志》卷1《舆地》，中国方志库收录，万历四十一年刻本，第10a页。

④ （万历）《汉阳府志》卷1《舆地》，第10a页。

⑤ （万历）《汉阳府志》卷2《疆域》，第19a页。

地理位置，其水患问题并未得到根本解决。据《汉川县堤考略》记载：

> 按县东至汉阳，南至沔阳，西至景陵，北至云梦，正当汉水下流，故有长湖、横湖、观湖、龙车、小松等湖以蓄水。又有城北南湖、鱼湖、蓼湖、西岗、水淇等垸以御水。且汉江至此分流，一由张池口经县治，一由竹筒河出刘家隔，二水复合流出汉口，故无大水患。嘉靖三十九年，汉水大溢，各垸堤俱溃，而竹筒河中塞十五里许，其张池口身又复浅狭，以故水多壅滞于钟祥、景陵门，而刘家隔之估舶不得通于汉川，民亦病之。①

可见，汉川县地处水路要冲，却也隐伏了水患的危机。嘉靖三十九年（1560）汉水大涨导致原有御水的垸堤全部崩溃，河道淤塞，刘家隔与汉川之间的交通受阻。另据（万历）《汉阳府志》记载：

> 箅河在县治东北二十五里，一名东田南经，原非长流，春夏水涨始通舟楫。至嘉靖末冲决颇甚，涢水逆流与沦水合，而涢口以上通塞不常，刘家隔士民以其状闻院司道府，欲筑塞箅河以通商贾，虽未卒业，筑塞颇易，况箅河原非故道也。②

这段史料也指出，嘉靖末年的汉水大涨破坏了周边的水系，导致刘家隔水道淤塞，商贾不通。繁荣的刘家隔镇由此衰落，也没有往来客商了。郡人秦聚奎曾提到刘家隔的衰败场景：

> 余尝乘传过，汉川云大都，十年之前夫马如取诸寄。迩来

---

① （万历）《湖广总志》卷33《水利二》，第144页。
② （万历）《汉阳府志》卷2《疆域》，第23a页。

十不得一，至有滨午不成行者。询其故，则邑连年苦水，民贫
逃散，千百中仅存十一，皮破而毛安傅矣。余感往念，今低回
者良久，故夫议裁冗员似亦节爱之一端，弗可后也。①

刘家隔是商业型市镇，以外来通商流动人口为主，土著居民很少。
商业的衰落自然导致市镇聚落的瓦解，也就没有设官治理的必要了。
所以，秦聚奎也赞成蔡纲的建议，裁撤驻守县丞。但从此后的记载可
知，蔡纲的建议并没有得到落实。据（同治）《分宜县志》记载：

> 彭大科，号媿名，西冈人，万历丁酉乡举。初知汉川县，
> 县有河名刘家隔者，巨镇也。南贾络绎，岁额派商税八百金，
> 协济潞府。以县丞驻隔地征收，率以为常。癸丑河阗，舟楫不
> 通，而岁仍征税。大科与邑绅周嘉谟议请之大府，列疏入告，
> 得允裁冗员，罢隔税。②

根据这条史料，分宜人彭大科曾任汉川知县，是时刘家隔仍有
县丞驻守征收商税，可见万历六年（1578）蔡纲的建议并未被采
纳。而刘家隔在万历四十一年（1613）再次遭遇洪水，舟楫更加不
通，彭大科这才联合当地士绅周嘉谟一同请求裁撤驻守县丞和所征
商税。

至此，可以梳理出刘家隔镇的特点及其设立与裁撤驻守佐领官
的全过程。刘家隔是水陆交通要冲，原本是汉川县治所在，只是囿
于地势才丧失了政治型城市的优势。永宣时期，明代的流通经济开
始恢复，大量市镇涌现出来，刘家隔在恢复水陆交通以后，区位优
势再次凸显，亦成为重要的商业市镇。但刘家隔镇的常住人口很少，

---

① （万历）《汉阳府志》卷1《舆地》，第10页。
② （同治）《分宜县志》卷8《人物志》，中国方志库收录，清同治十年刻本，第
5a页。

九成以上都是通商吸引而来的居民，是典型的因流通经济而成的聚落。因此，刘家隔的治理方式完全不同于此前的里甲模式，对于地方官员而言是一个挑战。

事实证明，刘家隔的管理模式也是几经探索。该处首先设立的仅有巡检司，属于专职性治安管理机构。但治理效果显然不理想，因此巡视官员才建议设立卫所或专门的镇守官员，不过这些方案都没有得到批准。从逻辑上讲，即便刘家隔设立了卫所，也不会收到理想的效果。卫所是军事单位，只是在一定的区域范围内起到防卫作用和弹压地面的功能。但刘家隔是商业市镇，它的治安问题和民事问题主要是由于流通经济产生的，不是单纯的匪盗问题。军事单位不可能向行政部门一样，对某一区域实现深入的治理，处理日常的民事纠纷，偷盗案件并征收商税。和本章上一节的分析类似，此时明朝对商业市镇的治理思路还没有转变，仍秉持着以军事弹压和"画地为牢"的里甲相配合的静态管理思路，而市镇是流通经济的产物，并不适用静态的管理模式。所以成弘以来，刘家隔的管理始终以上官巡查为主，有效的治理措施仍在探索中。

正德年间，以巡抚秦金设立捕盗通判为标志，官府对刘家隔镇实现了深入的、有效的管理。虽然捕盗通判在嘉靖初年大规模裁撤佐领官时遭到裁汰，但不久又复设了驻守县丞，这表明佐领官驻防的管理模式是得到认可的。当然还需要注意的是，刘家隔镇此时已经形成了稳定的商税收入，后来用作协济潞王府的俸禄。虽然潞王初封是在隆庆年间，但笔者以为刘家隔早期的商税收入应当多于八百两这个额度。因为刘家隔在嘉靖末年曾遭逢大水，商业凋零，但仍有八百两的商税收入。所以正德以后，佐领官驻防体制的形成，不仅为该地的治安问题，还在于刘家隔丰厚且稳定的商税收入。

综上可知，地域性驻防官员的设立既与地方治安有关，更与财税收入密切相关。商税收入在明初因宝钞的贬值一度出现崩溃，但成弘以后逐渐成为地方财用的稳定来源之一。因此，治理商业市镇并形成稳定的商税收入渐成为地方官关注的重点。也正因如此，刘家隔镇的商税收入一旦用于专项支出以后，即便遭逢水灾，商业凋敝，驻守官员也不会被轻易裁撤。

但商业市镇受到的干扰因素太多，任何阻碍流动性的情况出现都会影响到该处的经济和居民构成，这就是刘家隔镇和前述马驮沙不同的地方。刘家隔地处水路要冲，最大的考验就是水患，在经历嘉万年间两次大水灾的冲击后，其商业枢纽地位自然就不存在了，因而也就没有设官治理的必要了。

除商业性市镇之外，明朝也有在军镇添设驻防佐贰官的情况。广东翁源县的三华镇"在县北三十里三华山下"，原本是一座军事性驻防城堡，为嘉靖年间控制诸隘所筑立。① 嘉靖末年，有贼匪官祖政猖乱，朝廷派军剿平。至隆庆年间，又有余党张廷光等再次叛乱，隆庆六年（1572）南赣巡抚李崇领军平定，并且上奏题请建镇以处理后续事宜。② 至万历元年（1573）该议通过，三华镇得以建立。镇城建成的同时，该镇还添设了驻防官员。据《明神宗实录》记载：

> 添设广东韶州府同知一员驻扎三华镇，专一操练军马，缉捕盗贼。及添设翁源县县丞一员，随住该镇管理税粮，专听同知委用。③

这条史料表明，三华镇的驻防官员是府县佐贰官并设，只是各自负责不同方面的事务。府同知侧重治安缉盗，县丞主要管理钱粮税收，是常住镇民的直接管理者，当然他须得听从驻扎同知委用。但（康熙）《新修翁源县志》的记载则稍有不同，该志仅提

---

① （清）顾祖禹：《读史方舆纪要》卷102《广东三》，第535页。

② （康熙）《新修翁源县志》卷1《盗贼》，《稀见中国地方志汇刊》第44册，第23—24页。

③ 《明神宗实录》卷9"万历元年正月癸卯"，第333页。

到"万历元年,建三华镇,添设县丞一员,管理镇务",没有提到并设府同知的情况。① 我以为,这并不代表该镇并未设立过专门负责管军缉盗的驻守同知,只是随着该地重要性的下降陆续裁撤而已。这一点从三华镇驻守官兵的数量上也能看出来。据同志书记载:

> 三华镇千总一员兵八十名。原额官兵三百员名,后因承平日久,陆续裁减存八十八员名。崇祯二年又裁汰四名,粮银抽扣解给虎头门兵食。十二年奉文裁汰旗总三名,实存官兵八十一员名。②

根据记载可知,三华镇原有官兵三百名,由一名千总统带。千总在明代属于职事性武官,没有固定品级,但按照管理三百官兵大致相当于下千户来推断,此时的千总当为正五品武职上下。如果有相应文官统辖管理的话,应当由正五品的府同知而非正八品的县丞出任。同时期委派的县丞则是负责当地税收钱粮的征收。只不过三华镇的治安问题逐步得到解决,所以驻防的官兵陆续裁减。(万历)《广东通志》的记载是由221名裁减至100名③,至崇祯年间又陆续裁减至81名。所以,驻防的府同知应该在陆兵逐渐减少的过程中也被裁撤了,而管理镇务的官员也由原来的县丞降为了主簿,并且兼管镇守官兵④。

三华镇的建立和管理反映了明代因军事驻防衍生市镇的一种情况。在考察三华镇驻守官兵的同时,不能忽略驻防官兵的兵饷构成。

---

① (康熙)《新修翁源县志》卷4《职官志》,第46页。

② (乾隆)《翁源县志》卷2《兵防》,中国方志库收录,清乾隆三十年刻本,第22b页。

③ (万历)《广东通志》卷28《兵防》,《四库全书存目丛书》史部197册,第700页。

④ (康熙)《新修翁源县志》卷2《公署》,第29页;万历《广东通志》卷28《兵防》,第700页。

根据（万历）《广州通志》的记载，驻守三华镇官兵的兵饷"岁支韶州桥税银六百八两四钱"①。这还是在驻防官兵减至 100 名时的开支，如果在原额 300 名的情况下，此处每年的军饷开支当不少于1800 两。有这样一个稳定的消费群体，三华镇自然形成一定规模的商业市镇，用以供给官兵的日常消费。

在考虑明代市镇成因的时候，不能忽视稳定性消费群体对商业性聚集区产生的推动作用。明代的有效消费者除贵族、官僚等特权群体和上述商业生产者群体以外，还有因募兵制产生的军人集团。明代早期的卫所军兵以屯操为主，除行军以外，大多数是驻守于本地的农业生产者。至明代中叶，尤其是"南倭北虏"以后，官兵军饷的货币化程度逐渐增高，他们的驻防自然推动当地商业经济的发达。所以，翁源县的驻防县丞虽然要负责当地的税粮征收，其实主要是维系商业市镇的公共秩序。但随着当地驻军的减少，三华镇流通经济的规模也会随之缩减，保留一个县主簿就足以处理日常政务了。

以上，本节分析了明代佐贰官两种不同类型的驻防情况。其中，专职性驻防可以视作佐贰分职的延伸，并没有突破明初制度设计的逻辑。专职性工作需要一部分官员长期驻守在某一地区，因此形成了专职治河、矿冶和采伐工作的佐贰官。但他们在完成专职性工作之时，并不干预基层社会的治理。所以，专职性驻防自明初就有，是官府分职管理思路的一种体现。

相对而言，区域性驻防的类型与原因要复杂得多，而本部分择取的三个区域性驻防事例均有一定的代表性。其中，马驮沙是一处远离县城的飞地，它仍属于以农业生产为主的乡村社会。江阴县对马驮沙治理的困境在于赋役派征和治安管理，但这主要是由于该处距离江阴县城较远造成的，并不是应对新出问题的困境。所以，马

------

① （万历）万历：《广东通志》卷 28《兵防》，第 701 页。

驮沙于成化年间升格为县，也反映出此处佐贰官的驻防是传统县政主官的复刻。

但刘家隔镇和三华镇不是传统的农业聚落，是因流通经济而聚集的市镇，其驻防佐贰官处理的问题较传统而言有较大的差异。刘家隔因地处水陆要冲，和宣德以后普遍兴起的市镇一样，是贡赋经济推动的以生产、交换为主的商业市镇①。此类市镇的兴起给明王朝基层社会的治理带来了新的问题。其不得不改变既有的以军事弹压和里甲自治为主的静态治理模式，尝试新的管理方式。从景泰年间建议新增卫所和镇守官员开始到正德嘉靖时期设立驻防佐贰官为止，整个过程都体现出明王朝以驻防佐贰官为主，综合处理商业市镇的税收和治安问题的管理思路逐渐形成。相比之下，三华镇则不是水路要冲，不但不是生产交换的中心，反而是匪盗出没之处。三华镇形成于明代晚期，是军事消费性市镇的代表。驻防佐贰官的设立主要处理因军民杂处和流动人口增加而产生的社会治安问题。

当然，商业性市镇的兴衰也受到了影响经济流通诸因素的制约。刘家隔因水陆要冲聚集城镇，官府设官管理既要维系地区治安，也要获取稳定的商税收入。一旦该地水涝成灾，失去交通优势以后，商业凋敝，佐贰官最终的裁撤也代表着商税的免征。三华镇的存废则直接取决于当地军事消费群体的多寡。随着当地治安情况的好转，三华镇的级别也随之降低，驻防官员由同知逐步降格为县丞乃至主簿。所以，其佐贰官驻防市镇的级别和重视程度也会随着市镇的兴衰、事务的繁简而调整。

---

① 参见刘志伟《贡赋体制与市场》代序《中国王朝的贡赋体制与经济史》，中华书局 2019 年版，第 1—32 页；谢湜《十五至十六世纪江南粮长的动向与高乡市镇的兴起——以太仓璜泾赵市为例》，《历史研究》2008 年第 5 期；丁亮《市场与徭役：明代地方政府的财政流通机制探论》，《中国经济史研究》2021 年第 5 期。

本章小结

本章主要讨论了县级佐领官的分职与分防及其在基层社会的实践情况。虽然视域有所变化，但笔者关注的核心问题并无不同，仍旧思考官府的为政方针和管理手段如何在基层社会的实现。巡捕佐领官与驻防佐贰官均集中出现在成弘以后，分职与分防既是官府内部职务分工的体现，也是政务繁多，治理手段多元化的结果。

明代中叶以后，社会形势发生了很大的变化，流通经济繁荣，流动人口增多，社会治理也面临着诸多新的挑战。明初的里甲组织此时已经很难发挥社区功能，单纯的蜕化为赋役审编单位。卫所官军隶属于独立的军事系统，与府县行政互不相干，很难发挥日常维系社会治安的作用。而于关津要道设立的具有巡警职能的巡检司级别较低且辖区有限，只能发挥有限的盘诘与巡查作用。总之，王朝最初设计的以军事武装弹压地面和里甲制管控人口的静态管理思路很难适应这种形势的变化。明代的巡捕佐贰官的设置就是正在这样一个背景下出现的。

巡捕官由府县官府的佐贰官兼任，级别高、权限大，可以综合调动政区内的各种"警务"力量，协调不同部门，有效完成缉盗治安的工作。所以，巡捕佐贰官对辖区内的弓兵、民壮和保甲都有不同程度的统领权，其介入基层事务也是通过不同的武装力量实现的。

其中弓兵虽然源自徭役佥派，但其很早就出现了揽纳化，由专门的揽纳群体固定充当。民壮群体虽然在成立之初具有军事动员的色彩，但其佥派徭役化以后，职役化的进程也非常明显。本书的分析尤其强调了民壮的衙役化倾向，大量民壮在明代中后期已然分化为供役于各级官厅的公人衙役，只有与"快手"相近的民壮武装才是固定的捕役。因此，官府对弓兵和民壮的编佥主要体现在财政意义上动员，更多的互动存在于民众与揽纳群体之间。巡检司弓兵则日常在信地驻防，遇警才由巡捕官统一统领。而巡捕弓兵与民壮更具公差性质，是巡捕官直接统领的治安武装。所以，巡捕官差下乡"勾摄公事"是官府介入基层社会一个主要的实践方式。

在现实中，巡捕官"勾摄公事"的权限有很大的模糊性，巡捕官员以"私受词讼"的方式广泛介入治安缉盗以外的各类民事纠纷事件中。这固然可以视为正佐官员获取灰色收入的一种方式，但本书认为，民事诉讼与治安案件由巡捕官介入解决而不经正规诉讼程序，也可以理解为州县官控制基层社会的一种手段。因此，巡捕佐贰官在州县治理基层社会中所起到的作用，远大于其自身的分职权限。

明代中晚期，真正在基层发挥治安防御作用的是保甲与保甲武装。我们固然可以将保甲组织视为基层社会的自治性武装，但其也要接受巡捕官的统领，是巡捕官介入基层的重要联结点。本书的研究表明，巡捕官通过保甲介入基层社会是多种方式的，其"勾摄公事"要以保甲为依托来完成。更重要的，巡捕官通过每月一次的下乡点闸及其月终开具甘结实现对保甲的日常管理。但必须指出的是，保甲组织是介于官民之间的共治组织，巡捕官虽然可以通过保甲实现其治理目的，但保甲的实际控制权总是被地方精英所掌握。①

和分职官员同步发展的，是地域性驻防的佐贰官员。该群体同样是明代中期以后，王朝为适应政务繁杂和社会转型而尝试的一种管理模式。随着国家赋役办纳方式的调整以及军制的变化等诸多方面因素，大量的手工业生产者、商人和新兴消费群体聚集成镇，产生出多种类型的市镇。如何有序治理新兴市镇并获取稳定的商税收入，同样考验着州县官府的治理能力。本章的分析表明，地域性驻防佐贰官的设置一部分是对传统政区管理经验的复刻，更主要的是为适应流通经济需要而添设的市镇管理者。地域性驻防佐贰官的设置会因人口规模、商税收入额度和驻军数量的变化而不断调整，但在缉盗治安、征收商税、协调多种社会势力方面发挥着重

---

① 高寿仙：《明代农业经济与农村社会》，黄山书社 2006 年版，第 187 页。

要的作用。

　　不过，基层社会管理模式的形成与确立是一个"长时段"的历史过程，明代的佐领官虽然通过保甲或驻防的方式介入基层社会的管理，但尚未形成稳定的佐杂防区，直到清代该制度才完善定型。

余　论

　　所谓"余论"而不径称"结论"，实因为以区区二十余万言论及"明代基层社会治理"这样一个庞大的历史问题，即便以"诸问题"加以限定仍惶恐不已，何谈给出"结论"。斟酌再三，决定将笔者对本书诸问题的思考与写作过程以"研究笔记"的形式呈现出来，权作对此前研究的小结。

　　2014 年的博士论文答辩会上，赵轶峰老师曾问我"配户当差"与明代赋役体制的关系，我当时对该问题虽有初步的思考，但尚不能给出系统的回答。后与吴大昕老师交谈，他也提及明代杂泛差役的金派有从"配户当差"制向均徭法过渡的现象。我虽甚是同意此论，奈何所得史料不足论证，但"配户当差"与均徭法的关系却始终萦绕心头。

　　后阅读《与李司空论均徭赋》一文时，注意到王鏊在文中谈及均徭役与里甲数量的比例时，我方悟到解决该问题的门径。王鏊讲到弘治以前，苏州府吴县和吴江县的均徭差役和二县里甲数量的比为 1 : 1，每年的轮役甲平均负担一个差役。正因如此，成弘之际，地方官员才对均徭里甲中未派役的民户统一征收"均徭余剩银"。王鏊这封书信及同时期的多种史料都记载了对征收"均徭余剩银"的议论之声。有趣的是，在嘉靖年间地方官员记载的均徭役审编原则中，以本年丁田编本年均徭役的原则被确定下来，编派"均徭余剩银"被严格禁止。其实，这种方式就是岩井茂树所论之徭役编金的

"均徭形态"。

对比可知，嘉靖年间的"均徭形态"虽然也反对余剩银的派征，但已经与弘治以前的均徭役审编有本质的不同。以本年丁田应本年徭役是一种"满编"状态，均徭里甲中已经不存在"空闲"的人户了。何以弘正以来，均徭役审编形态出现如此大的变化呢？首先，徭役的附带财政责任在增大，需要朋充的户数越来越多；其次，官绅优免增加，官府掌控的有效应役户数在减少；第三，均徭法在弘正以后成为编金杂泛差役最主要的方式，大量杂役被编入其中。

揆诸史料，确有巡检司弓兵、递运所水夫、渡夫、更夫等大量差役是在弘治以后被编入均徭法轮充的，而这类杂役此前便是"配户当差"制金派产生的。循此思路向上追溯便会发现，在均徭法出现之前，皂隶、门子、禁子、弓兵等役都是采用"配户当差"的办法金派的。加之近年来陆续披露的"试行黄册"文献，其中关于"带管外役户"的记载更加证实了笔者的论断。

可以说，明初徭役编金普遍采用"配户当差"的方式，包括里甲役和广义上的杂泛差役。均徭法的出现只是改变了一部分官厅杂役的编金办法，这固然可以将其理解为改革徭役金派弊端的一项措施，但岩见宏和胡铁球的研究都指出，均徭法的启动主要体现出地方官府财政权力的深入。虽然"配户当差"制度展现出明王朝对基层社会强大的控制力，但这只是权力广泛性的一种体现，用迈克尔·曼的话来讲，广泛性权力是将领土上大量人民组织起来从事低限度稳定合作的能力。① 从徭役的使用数量和方式来看，王朝虽然在法理上拥有对每一个民众的支配权，但地方官府实际能够动员的民众比例较低，且仅限于对劳动力的使用。但徭役折银的意义则大不相同，柴薪皂隶银以及马夫、斋夫、膳夫银改折是基于徭役超经济强制原理的货币征收，其负担量远大于对皂隶人身的役使。一般民

---

① ［英］迈克尔·曼：《社会权力的来源》（第一卷），上海人民出版社 2018 年版，第 10 页。

户根本无法承担每年 12 两白银的负担，则以"配户当差"方式点选出来的皂隶户便无法长期承充该役，杂役轮充制改革势在必行。但均徭法的出现毕竟只解决了官员个人的俸禄待遇问题，就均徭差役和里甲比例而言，地方官府对均徭里甲的利用率仍旧很低。成弘以后的均徭役"满编"状态的出现，无疑可以视作地方官府财政资源的再次扩大。此后，凡杂泛差役尽量编入均徭法体系，而均徭里甲民户无论户等高低，都要依照丁田核算徭役负担，此即岩井茂树所言之"均徭形态"。

然而，"均徭形态"的意义却并非岩井氏所强调的，是地方官府摆脱里甲的基层权力组织，实现对民户徭役负担的直接审核与佥派。本书第一章以及笔者此前的系列研究都在强调，徭役审编与徭役佥派在基层的实现并不相等。从"配户当差"到均徭法的出现乃至"均徭形态"的完善，的确代表了地方官府以徭役为中心重建地方财用体系的过程，是其财政动员能力扩大的一种表现。但徭役派征却必须依托实际发挥社区功能的基层组织来完成，正如第一章所论，无论是"杂役户"的点选，还是上供物料银的出办，都是由里长在里甲内部落实的。徭役审编完善的同时，是里甲社区功能退化，"绅士"等非职役性精英群体崛起的过程。所以，财政权力的深入与"官绅互动"的格局也是同步发展的，官府所能支配的财用资源不仅体现在册籍之中，还取决于与基层组织的协商与互动。①

2020 年，拙著《明代浙直地方财政结构变迁研究》出版以后，蒙吴滔老师赐教，他问我为什么在书中没有涉及"四差"之一"民壮"的研究。我的回答是，在博士论文写作的时候，没有发现"民壮"作为徭役系统的财政意义，没有对前人研究更多发覆与补充，所以未着一墨。后来，我指导学生作明代典史研究时发现，对"民壮"的研究或可从其与巡捕佐领官的关系以及"民壮"的衙役化

① 本书仅涉及明初"配户当差"部分的讨论，关于均徭法的推行和变迁过程参见拙著《明代浙直地方财政结构变迁研究》，中国社会科学出版社 2020 年版。

切入。

明代民壮发轫于"土木之变"以后，本意是作为卫所官军补充的武装力量，带有浓厚的军事武装色彩。弘治以后，"民壮"逐步成为基层的常设治安武装，由巡捕佐领官统领。明初对基层治安的维系主要依靠卫所弹压与设置于关津要道的巡检司，乡村社会内部则依靠里甲的自治。正统以后，随着流通经济的发展，人口的流动性增强，商贸市镇的繁兴，明初静态化的社会管理机制已不能适应新的社会形势。巡捕佐领官就是府县官府为适应新的社会形势，处理基层社会治安等公共事务而增设的分职佐领官。

但我们最初讨论巡捕佐领官设置时，首先关注到的却是景泰年间朝廷关于商业市镇治理的一次讨论，即第三章第二节所涉及的刘家隔镇的管理问题。刘家隔镇地处汉江水路要冲，是典型的由贡赋经济推动，在宣德、正统年间兴起的商贸市镇。讨论中不难发现，卫所与巡检司仍是官方治理商业市镇时能够想到的主要手段。其实，地方官员在讨论佐贰官分职巡捕时，也会提到卫所与巡检司在维系社会治安时的低效。卫所属于军事武装，与民政分属不同系统，并不熟谙捕盗缉贼等社会治安问题。巡检司则辖区有限、级别过低，很难单独处理新出现的复杂的社会治安问题。但是弘治、正德以后，府县在面对类似问题时，则有完全不同的治理思路，一般以佐贰官分职与分防的方式处理某一地区的公共事务。

佐领官的分职与分防是明王朝基层社会治理思路的转变，以军事化或准军事化武装弹压地面的色彩在减弱，官府行政系统在公共事务处理中扮演愈来愈重要的角色。所以，巡捕佐领官统领的弓兵、民壮等武装力量主要发挥的是"警务"职责，而非军事武装。学界目前对民壮的分析仍置于基层防御性军事力量发展脉络之中，而缺乏对民壮徭役化的讨论。当然，正统年间的民壮确有明显的准军事化色彩，但弘治年间入役编金以后，民壮出现了明显的职役化趋势。官府对民壮役的派征更多是财政意义上的，而民壮则由固定的揽纳群体充当，成为巡捕官统领的稳定的"警务型"力量。所以，民壮的出现并不能简单视作对卫所军事力量的补充，其蜕化为一般性衙役也不能全然归咎于战斗能力的减弱。民壮的衙役化是在其作为官府系统的"官差"和"公人"以后，出现的职能性分化。各级官府在公务增多、机构膨胀的过程中，都出现定额配给差役不敷使用的情况，尤其在部分皂隶折纳为官员俸给补贴以后，这种情况更加严重。所以，民壮中除与"快手"相近的一部分继续作为捕役以外，还有一部分被佥派为官员皂隶或杂役。但民壮的衙役化恰说明其本质上是府县官管辖的治安武装，是作为巡捕官处理基层公共事务时役使的主要"公人"。

相比之下，保甲才是明代中晚期基层社会的自治性武装。保甲武装虽然隶属于巡捕官统领，是地方官府介入基层社会的支点，但保甲组织是官民之间处理词讼、治安等公共事务的互动区域。固然可以认为明代中后期，地方官府在治安问题上介入基层社会较深，但仍需注意到地方精英对保甲的控制。

和分职官员同步发展的，是地域性驻防佐贰官员。该群体同样是地方官府为适应政务繁杂和社会转型而尝试的一种管理模式。地域性驻防佐贰官除一部分是对传统政区管理经验的复刻以外，主要是为适应流通经济需要而添设的市镇管理者。驻防佐贰官的设置会因人口规模、商税收入额度和驻军数量的变化而不断调整，但在缉盗治安、征收商税、协调多种社会势力方面发挥着重要的作用。

官府机构的膨胀和分职分防佐贰官的出现，无不体现出地方政府在基层公共事务管理方面的权责越来越重。和军事色彩较强的静态管制相比，官府在处理民事纠纷和治安缉盗等公共事务方面，本就有深入和细琐的特点。结合本书第一章的研究，笔者更倾向于将这个过程视为地方官府重新明确自身权责，转变治理思路的一种表现。

在考察明代基层教化问题时，我们尤其关注明代乡贤、名宦祠祀建设过程中的官绅互动问题。和前代不同的是，明王朝建立之初就把乡贤、名宦祭祀纳入国家的教化体系之中，赋予乡贤名宦祭祀较多的政治文化意涵。但即便如此，乡贤名宦祠祀建设在成弘以前，更多的体现出地方官员的个体性行为。弘治以后，在国家的推动下，各地方陆续兴建乡贤名宦祠。以嘉靖初年"更正祀典"为契机，地方官员开始一体化的建设乡贤祠和名宦祠，祠祀的规制、位置、祭祀时间以及祭祀经费都被严格的规范，且根据教化对象的不同，尤其注意乡贤、名宦的分祠建设，"分而化之"的教化官民。所以，地方官府以乡贤名宦祭祀为中心规范地方精英群体，引导士人的价值观念的教化意图是非常明显的。与此同时，地方士人在择贤的过程中也会形成"公论""乡评"等舆论话语，是群体价值的向上反馈。

在科举群体崛起，成为控制基层社会的主体力量以后，他们的价值观念对基层教化的引导尤为重要。从明代中后期士人对乡贤祭祀、名宦祭祀"冒滥"的讨论可知，所谓"冒滥"就是选择入祠者时"重甲科""尚青紫"的现象。在科举群体的主导下，"贤"的标准已被简化为科举名次和官品高低，其本质上是价值观念单一化的表现。虽然官府可以从行政流程上规范乡贤名宦择取的程序，但他们却不能从根本上扭转已然成型的价值观念。

以上呈现的就是本书作者在写作过程中，集中思考和着重分析的问题。考察王朝对基层社会的治理，便离不开对国家或政府与社会关系的讨论，离不开对"皇权是否下县"的关照。如果说"官绅共治"是对明代国家与社会关系的结构与机制性的描述，则本书更侧重叙述其形成的过程。明代中叶是变革的时代，尽管学界已赋予其多样的解释，但这不妨碍我们从地方官府权责重塑的角度去深入思考这段历史。成弘以来的明代社会，民众生业活动多元化，各种社会组织的能动性增强，社会冲突的形式也愈加复杂。地方官府在公共领域发挥的作用越来越大，权责也在逐渐加强。无论在财政资源的汲取、社会治安的管控，还是社会教化的实施等各个领域，地方官府的权力都有明显向下延伸的趋势。但官府权力深入的同时，也是地方精英群体主导基层社会的过程。官方任何关于赋税派征、缉盗治安或教化措施的实现，都要在与精英群体的博弈和协商中完成。所以，权责的明确在社会转型中完成，而权责的边界则要在社会组织的互动中明确，这正是本书关注明代基层社会治理方式变迁的重点。

附　录

明代乡贤相关文献举要

附录表 1　　　　乡贤崇祀相关文献分类举例表

文献类型	名　称	出　处
乡贤崇祀 往来文移	《吴公乡贤文移序》	《大泌山房集》卷 17，存目集第 150 册
	《乡贤公移》	《王侍御类稿》卷 16，存目集第 140 册
	《崇祀乡贤祠录》	《刘练江先生集》，存目集第 179 册
	《会祭举祀乡贤朱少贞先生文》	《莲鬚阁集》卷 25，存目集第 183 册
	《议金华府民卢子通告祖都御 史卢睿入乡贤祠词》	《方山薛先生全集》卷 49，续修第 1343 册
	《表彰陈同父移》	《柏斋集》卷 9，四库第 1266 册
	《乡贤祠祀典始末》	《邹聚所先生外集》，存目集第 157 册
	《任斋陈先生祀乡贤序》	《苍霞余草》卷 4，禁毁集第 125 册
	《请入殷方斋先生乡贤呈词》	《学古绪言》卷 20，四库第 1295 册
	《李竹坡先生请祀乡贤呈文》	《尊岩先生文集》卷 35，《明别集丛刊》 第 2 辑第 84 册
	《儒学请祀乡贤公状》	《瑞阳阿集》卷 10，存目集第 167 册
	《乡贤公移》	《玄居集》卷 10，存目集第 177 册
	《相国父不祀乡贤》	《枣林杂俎》，《和集》，中华书局 2006 年版
	《崇祀乡贤公移》	《万子迂谈》卷 8，存目集第 109 册
	《杨州守入乡贤祠呈文》	《北游漫稿》卷下，存目集第 144 册
	《议绍兴府训导翁文入乡贤祠 呈》	《方山薛先生全集》卷 49，续修第 1343 册

续表

文献类型	名　称	出　处
乡贤崇祀往来文移	《批绍兴府萧静庵先生入乡贤祠呈》	《方山薛先生全集》卷 49
	《批绍兴府汪提学入乡贤祠呈》	《方山薛先生全集》卷 49
	《批金华府章尚书唐同知入乡贤祠呈》	《方山薛先生全集》卷 49
	《批慈溪县王都御史孙府尹入乡贤祠申》	《方山薛先生全集》卷 49
	《复修撰康公乡贤祠议》	《明文海》卷 76，中华书局 1987 年版
乡贤祭祀管理法规、条例	《名宦乡贤祀典部汇考》	《古今图书集成·经济汇编·礼仪典》卷 248
	《南京礼部公行》	《渭崖文集》卷 14，存目集第 69 册
	《学政条陈疏》	《亦玉堂稿》卷 4，四库第 1288 册
	《礼部.乡贤》	《万历野获编》，中华书局 2004 年版
	《严名宦乡贤祀》	《礼部志稿》卷 85 下，四库第 597 册
	《祀乡贤祠礼》	（万历）《杭州府志》卷 52，《中国方志丛书》第 524 号
	《考法》	《礼部志稿》卷 24，四库史部第 597 册
	《覆十四事疏》	《礼部志稿》卷 45，四库史部第 597
	《风宪官提督》	《明会典》卷 78，中华书局 1989 年版
	《惠安政书三》	《石洞集》卷 4，四库第 1286 册
	《有司祀典上》	《明会典》卷 93《有司祀典上》
	《修举学政》	《吕坤全集》卷 3，中华书局 2008 年版

续表

文献类型	名 称	出 处
乡贤赐祭文、封赠文、告敕文	《乡贤祠祭赠大学士徐公文》	《文简集》卷48，四库第1271册
	《季先生入祠祭文》	《徐文长文集》卷29，存目集第145册
	《祭刘中山入乡贤文》	《双江聂先生文集》卷7，存目集第72册
	《奉政大夫云南按察司佥事祀乡贤星严詹公偕配林宜人合葬墓志铭》	《苍霞续草》卷12，禁毁集第125册
	《顾东江初祔乡贤祠告文》	《东麓遗稿》卷8，存目集第73册
	《赠尚宝司司丞前礼部主事诸敬阳先生入乡贤祠告文》	《梅花草堂集》卷7，续修集第1380册
	《赠光禄卿前兴文县知县谥烈愍张公祀乡贤祠告文》	《梅花草堂集》卷7
	《赠工部侍郎故通议大夫督抚山东都察院右副都御史李公入祀乡贤祠告文》	《梅花草堂集》卷7
	《诰封中宪大夫张公入乡贤祠祝文》	《梅花草堂集》卷7
	《诰赠中宪大夫怀鹿陈公入乡贤祠告文》	《梅花草堂集》卷7
	《续增阮侍郎木主入乡贤祠告文》	（弘治）《潞州志》卷5，《中国方志丛书》本
乡贤祠记、碑记	《永嘉考名宦乡贤祠文》	《汪仁峰先生文集》卷20，存目集第47册
	《全州名宦乡贤祠记》	《湘皋集》卷21，存目集第44册
	《开州乡贤祠记》	《黎阳王襄敏公疏议诗文辑略》卷2，存目集第36册
	《祀乡贤祠礼》	《杭州府志》，中国方志丛书524号
	《安庆乡贤祠记》	《鸟鼠山人小集》卷13，存目集第62册

续表

文献类型	名　称	出　处
乡贤祠记、碑记	《如皋县新建名宦乡贤祠记》	（嘉靖）《重修如皋县志》卷9，《天一阁选刊续编》第10册
	《宁国府乡贤祠》	《东廓邹先生文集》卷4，存目集第66册
	《徽州乡贤祠记》	（乾隆）《歙县志》卷17
	《江阴学乡贤说》	（乾隆）《江南通志》卷88，四库第509册
	《安成乡贤祠碑》	《吴竹坡先生文集》，存目集第33册
	《徐一夔乡贤祠记》	（成化）《杭州府志》卷24，存目史第175册
	《临安府乡贤祠记》	《升菴集》卷4，文渊阁《四库全书》第1270册
	《温州府儒学新立名宦乡贤二祠碑记》	《永嘉县志》卷23《古迹·金石》，《历代石刻史料汇编（明清卷）》
	《金坛县创建名宦乡贤二祠记》	《杨文恪公文集》卷32，续修集第1332册
	《名宦乡贤祠记》	《句容金石志》卷8，《历代石刻史料汇编（明清卷）》
	《华亭县新建名宦乡贤祠记》	《少湖先生文集》，存目集第80册
	《潞州新建乡贤祠记》	（弘治）《潞州志》卷5
	《胡炳文乡贤祠记》	（弘治）《句容县志》卷9，《天一阁明代方志选刊》第11册
	《溧阳县乡贤祠记》	（弘治）《溧阳县志》卷2
	《瑞州府名宦乡贤祠记》	《容春堂前集》卷12，四库第1258册
	《重建乡贤名宦祠记》	（嘉靖）《安吉州志》卷8，《天一阁藏明代方志选刊续编》第28册
	《名贤里记》	《大鄣山人集》卷22，存目集第141册

续表

文献类型	名　称	出　处
乡贤祠记、碑记	《石湖乡贤祠记》	（道光）《苏州府志》卷130，道光四年刻本，中国方志库
	《常熟县新建乡先贤巫公祠记》	（嘉靖）《常熟县志》卷12，明嘉靖刻本，中国方志库
	《谒乡贤祠诗》、《题乡贤祠联》	《秫坡诗稿》卷8，存目第1册
	《司理张君创建高安名宦乡贤二祠有述》	《陈氏荷华山房诗稿》，续修第1368册
	《祁州名贤祠记》	《潘笠江先生集》卷9，存目集第81册
	《太平县学乡贤祠记》	《桃溪净稿》卷8，存目集第38册
	《考定光州名宦乡贤状》	《欧虞部集》卷17，禁毁集第47册
	《陆川名宦乡贤祠碑》	（民国）《陆川县志》卷23，民国十三年刊本
	《河中书院记》	（康熙）《平阳府志》卷36，清康熙四十七年刻本，中国方志库
	《乡贤祠祀田记》	（嘉靖）《武义县志》卷4，明正德十五年刻本，中国方志库
乡贤行状、墓表	《明旌表孝廉文林郎监察御史梅峰陈先生墓志铭》	《见素集》卷18，四库第1257册
	《提督四夷馆太常寺少卿讷谿周公墓表》	《万文恭公摘集》卷9，《明别集丛刊》（第2辑）
乡贤议论文、乡贤留祀册	《乡贤崇祀录》	《谦斋文集》
	《乡贤名宦论》	《石洞集》卷11
	《与人论祀乡贤》	《唐顺之集》卷7，浙江古籍出版社2014年版
	《乡贤祠论》	《石洞集》卷10
	《乡贤》	《客座赘语》，中华书局1997年版
	《论乡贤》	《林次崖先生文集》12，存目集第75册
	《乡贤名宦神牌议》	《崇相集》，《议一》禁毁集第102册

文献类型	名 称	出 处
乡贤议论文、乡贤留祀册	《复乡贤祠》	《崇相集》，《议一》
	《祀贤册序》	《大泌山房集》卷 17
	《名贤公论卷》	《詹养贞先生文集》卷 3，存目集第 166 册
乡贤传记序跋	《姑苏名贤小纪序》	《姑苏名贤小纪》序，续修第 541 册
	《叙东吴名贤记》	《东吴名贤记》序，存目史第 92 册
	《序东吴名贤记后》	《东吴名贤记》后序
	《续吴先贤赞序》	《续吴先贤赞》序，存目史第 95 册
	《续吴先贤赞后序》	《续吴先贤赞》序
	《昆山人物志序》	《昆山人物志》序，存目补第 93 册
	《昆山人物志后序》	《昆山人物志》序
	《姑苏名贤续纪序》	《姑苏名贤续纪》序，全国图书馆文献缩微中心 1991 年版
	《同里先哲记序》	《千顷堂书目》卷 10，上海古籍出版社 2001 年版
	《平阳府人物题名记》	《双江聂先生文集》卷 5，存目集第 72 册
	《沔阳人物考序》	《二酉园文集》卷 2，存目集第 139 册
	《睢阳人物志序》	《容台文集》卷 1，存目集第 171 册
	《江右名贤编序》	《刘聘君先生全集》卷 4，存目集第 154 册
	《尊乡录序》	《桃溪净稿》卷 5，存目集第 38 册
	《金华乡贤志序》	《桃溪净稿》卷 6
	《尊乡录详节引》	《桃溪净稿》卷 31
	《书尊乡录详节后》	《桃溪净稿》卷 31
	《四明文献志后序》	《嵩渚文集》，存目集第 71 册
	《跋漳郡名宦乡贤录后》	《东所文集》卷 9，存目集第 154 册
	《浙学宗传序》	《浙学宗传》序，存目史第 111 册

续表

文献类型	名　称	出　处
乡贤传记序跋	《晋陵先哲传题词》	《晋陵先贤小传》题词，存目史第111册
	《乡贤传引语》	《崇相集》，禁毁集第103册

a. 本表将乡贤崇祀相关文献分七个类别：乡贤入祀文移；乡贤祭祀管理法规、条例；乡贤赐祭文、封赠文、告敕文；乡贤祠记、碑记；乡贤行状、墓表；乡贤议论文、乡贤留祀册；乡贤传记序跋等。

b. 乡贤文移包括地方政府、士民推举乡贤入祀的提请、申文、呈文、批文以及议论文。

c. 本表“四库”指《文渊阁四库全书》；“续修”指《续修四库全书》；“禁毁”指《四库禁毁书丛刊》；“存目”指《四库全书存目丛书》。

附录表2　　明代江浙私修乡贤传基本情况列表

区域		成书年代	书名	作者	书写方式	文献信息	存佚
江苏	苏州府	洪武	《吴下名贤纪录》	王　宾	撰写	一卷	佚
		成化	《成化间苏材小纂》	祝允明	撰写	六卷	存
		成弘	《吴郡献征录》	朱存理			
		成弘	《同里先哲记》	吴骥	撰写	“吴江有同里乡，骥记其乡先哲”存有《同里先哲记序》	佚
		弘治	《新倩籍》	徐祯卿		一卷，序吴中人物	存
		弘治	《吴中往哲记》	杨循吉	撰写	一卷	存
		嘉靖	《续吴中往哲记》	黄鲁曾	撰写	一卷	存
		嘉靖	《吴中先贤传》	袁　袠	撰写	十卷	存
		嘉靖	《昆山人物志》	方　鹏	撰写	八卷，共分十类，未刊印	存
		嘉靖	《古虞文录》	杨　仪	撰写	二卷，记常熟之先贤烈女，其中还收录了“民间怨词”以为戒	存

续表

区域		成书年代	书名	作者	书写方式	文献信息	存佚
江苏	苏州府	隆庆	《吴中人物志》	张昶	撰写	十三卷，"吏治"一目记述在吴任官者，内容较诸家稍备	存
		万历	《姑苏名贤小纪》	文震孟	撰写	二卷，记明代长洲吴县人物	存
		万历	《昆山人物传》	张大复	撰写	十卷，"传记词多扬诩，不免标榜之习"	存
		万历	《东吴名贤记》	周复俊	撰写	二卷，仿《华阳国志》之体	存
		万历	《续吴先贤传》	刘凤	撰写	十五卷，仅记明代人物，"御史"形象着重书写	存
		万历	《常熟先贤事略》	冯复京	撰写	十卷	存
		崇祯	《姑苏名贤续纪》	文秉	撰写	一卷	存
		不详	《吴中往哲记补遗》	不知撰人		四卷	佚
		不详	《姑苏人物小记》	谢会	撰写		存序
	常州府	嘉靖	《毗陵正学编》	毛宪	撰写	仅记述毗陵道学先贤	存
		嘉靖，万历补	《毗陵人品记》	毛宪 吴亮	撰写	十卷，记明代人物所占比例过大	存
		嘉靖	《锡山先录录》	华云	辑录		佚
		万历	《晋陵先贤传》	欧阳东凤	辑录	二卷，祠传合一，又称《晋陵崇祀先贤传》	存
	扬州府	嘉靖	《銮江人物志》	黄瓒			
		嘉靖	《维扬人物志》	黄瓒		八卷	
		嘉靖	《维扬人物续志》	张榘		二十卷	
		隆庆	《广陵十先生传》	欧大任	撰写	一卷，仅记述广陵文学乡贤	存

续表

区域		成书年代	书名	作者	书写方式	文献信息	存佚
江苏	应天府	成弘	《金陵人物志》	陈镐		六卷	
		弘正	《溧阳人物记》	史学			佚
浙江	镇江府	天顺	《润州先贤录》	姚堂、刘文徽	辑录	祠传合一，记述庙学乡贤祠所祀乡贤行实	存
	淮安府	嘉靖	《淮郡文献志》	潘埙	辑录	有乡贤列传，俱分类目，"文献志志人物也"，收录宋江36人	存
		天启	《两浙名贤录》	徐向梅	撰写	儒硕、理学在前，孝友、忠烈在后	存
		明末	《浙学宗传》	刘鳞长	辑录		存
	徽州府	万历	《休宁理学先贤传》	范涞	撰写	一卷	存
		弘治	《新安文献志·先贤事略》	程敏政	撰写	记述齐到明永乐年间新安先贤人物，不分类目，记述较简略	存
		明末	《新安学系录》	程瞳	辑录	十六卷，录新安理学一门，收录宋至明新安理学乡贤	存
	宁国府	嘉靖	《宛陵人物传》	梅守德			佚
	安庆府	万历	《桐彝》	方学渐	撰写	三卷，专记孝节乡贤	存
	金华府	洪武	《浦阳人物记》	宋濂	撰写	二卷，忠义、孝友为先	存
		洪武	《造邦贤勋录》	王祎	撰写	一卷	存
		洪永	《金华贤达传》	郑栢	撰写	十二卷	存
		永乐	《金华贤达传》	王稌			
		弘治	《婺乡贤志》	章懋		二卷	佚

区域		成书年代	书名	作者	书写方式	文献信息	存佚
浙江	金华府	弘治	《金华乡贤志》	薛敬之	撰写	祠传合一，存有《金华乡贤志序》	佚
		正德	《金华渊源录》	董遵	撰写	二卷	佚
		正德	《金华文统》	赵鹤	撰写	十三卷，以金华文学、理学乡贤为记述对象	存
		正德	《续敬乡录》	凌翰			佚
		嘉靖	《义乌人物记》	金江	撰写	二卷，仿《浦阳人物记》体例	存
		嘉靖	《金华先民传》	应廷育	撰写	十卷，所记大部分为庙学受祀乡贤	存
		嘉靖	《浦阳人物续记》	张应槐	撰写	一卷	存
		嘉靖	《浦阳人物补遗》	张应鑑		二卷	
		嘉靖	《金华献征》	徐与泰		二十二卷	
		崇祯	《婺书》	吴之器		八卷	存
		不详	《浦阳人物补遗》	张德行		一卷	
		不详	《金华名贤传》	刘征		三卷	
		不详	《补金华贤达传》	杨璹		一卷	
		不详	《东阳人物志》	杜儲		十卷	
	台州府	成化	《尊乡录》	谢铎	撰写	四十一卷	存
		成弘	《尊乡续录》	王启			
		弘治	《尊乡录节要》	王弼	辑录	四卷，节选《尊乡录》，各为之赞，卷末附《拾遗》	存
		弘治	《台学源流》	金贲亨	撰写	七卷，专记台州先儒，仅设儒学一门	存
		不详	《太平人物传》	谢理			

续表

区域		成书年代	书名	作者	书写方式	文献信息	存佚
浙江	湖州府	嘉靖	《吴兴掌故集》	徐献忠	撰写	十七卷	存
		万历	《吴兴名贤录》	陆昆			
		万历	《吴兴名贤续录》	王道隆		六卷	
		万历	《西吴琬琰录》	沈节甫			
		崇祯	《吴兴人物志》	严有毅	撰写	十卷	
	宁波府	明末	《四明人物志》	孙承泽	撰写	二十卷	存
		不详	《四明名贤记》	黄润玉	撰写		存
		不详	《四明先贤记》	李本			
		不详	《四明名贤记》	李孝谦			
	绍兴府	正德	《绍兴先达传》	吴骥			
		嘉靖	《绍兴名宦乡贤传》	王綖			
		明末	《乡贤考》	刘宗周			
	嘉兴府	嘉靖	《国朝槜李名士传》	彭辂	撰写	孝友在前，艺苑在后	
		万历	《槜李往哲前编》	戚元佐	撰写	一卷	存
	杭州府	洪武	《富春人物志》	杨维桢	撰写		存
	温州府	正德	《东嘉先哲录》	王朝佐	辑录	二十卷，先达、程子门人、名儒名臣在前，孝子、气节在后，八类目，不收女德	存

参考文献

一 古籍文献

（明）《明实录》，台北"中央研究院"历史语言研究所 1962 年版。

（明）蔡献臣：《清白堂稿》，《四库未收书辑刊》本，北京出版社 2000 年版。

（明）陈建：《治安要议》，《丛书集成续编》本，台北新文丰出版有限公司 1989 年版。

（明）陈仁锡：《皇明世法录》，《四库禁毁书丛刊》本，北京出版社 1997 年版。

（明）陈如松：《莲山堂文集》，厦门大学出版社 2018 年版。

（明）陈儒：《芹山集》，明隆庆三年陈一龙刻本，《明别集丛刊》本，黄山书社 2013 年版。

（明）陈有年：《陈恭介公文集》，《续修四库全书》本，上海古籍出版社 2002 年版。

（明）陈子龙：《皇明经世文编》，中华书局 1962 年版。

（明）戴金编：《皇明条法事类纂》，《中国珍稀法律典籍集成》本，科学出版社 1994 年版。

（明）董应举：《崇相集》，《四库禁毁书丛刊》本。

（明）方鹏：《昆山人物志》，《四库全书存目丛书补编》，齐鲁书社 2001 年版。

（明）高攀龙：《高子遗书》，《文渊阁四库全书》本，台湾商务印书馆 1986 年版。

（明）葛寅亮撰，何孝荣点校：《金陵梵刹志》，南京出版社 2011
　　年版。

（明）龚用卿：《云岗选稿》，《四库全书存目丛书》本，齐鲁书社
　　1997 年版。

（明）顾起元：《客座赘语》，上海古籍出版社 2005 年版。

（明）顾宪成：《顾端文公集》，明崇祯刻本。

（明）郭之奇：《宛在堂文集》，《四库未收书辑刊》本。

官箴书集成编纂委员会：《官箴书集成》，黄山书社 1997 年版。

（明）海瑞撰，陈义钟编校：《海瑞集》，中华书局 1962 年版。

（明）韩日缵：《韩文恪公文集》，明崇祯刻本。

（明）何良俊：《四友斋丛说》，中华书局 1997 年版。

（明）黄训：《名臣经济录》，文渊阁《四库全书》本。

（明）霍韬：《渭厓文集》，《四库全书存目丛书》本。

（明）蒋冕：《湘皋集》，《四库全书存目丛书》本。

（明）焦竑辑：《国朝献征录》，上海书店 1987 年版。

（明）孔贞运：《皇明诏制》，《续修四库全书》本。

（明）况钟：《况太守集》，江苏人民出版社 1983 年版。

（明）李春熙：《玄居集》，《四库全书存目丛书》本。

（明）李东阳等：（正德）《明会典》，文渊阁《四库全书》本。

（明）李乐：《见闻杂记》，上海古籍出版社 1986 年版。

（明）李梦阳：《空同子集》，文渊阁《四库全书》本。

（明）李维桢：《大泌山房集》，《四库全书存目丛书》本。

（明）刘瑞：《五清集》，《四库未收书辑刊》本。

（明）刘惟谦著，怀效锋点校：《大明律》，法律出版社 1999 年版。

（明）娄枢：《娄子静文集》，明王元登重修本。

（明）吕毖：《明朝小史》，《四库禁毁书丛刊》本。

（明）吕坤撰，王国轩整理：《吕坤全集》，中华书局 2008 年版。

（明）毛宪：《古菴毛先生文集》，《四库全书存目丛书》本。

（明）聂豹：《聂豹集》，江苏古籍出版社 2007 年版。

（明）欧大任：《欧虞部集》，《四库禁毁书丛刊》本。

（明）欧阳铎：《欧阳恭简集》，《四库全书存目丛书》本。

（明）庞尚鹏：《百可亭摘稿》，《四库全书存目丛书》本。

（明）祁承爜：《澹生堂文集》，国家图书馆出版社 2013 年版。

（明）钱薇：《承启堂稿》，《明别集丛刊》本。

（明）邵宝：《容春堂前集》，文渊阁《四库全书》本。

（明）申时行：（万历）《明会典》，中华书局 1989 年版。

（明）宋濂：《浦阳人物记》，文渊阁《四库全书》本。

（明）宋仪望：《华阳馆文集》，清道光二十二年刻本。

（明）唐顺之撰，马美信、黄毅点校：《唐顺之集》，浙江古籍出版社 2014 年版。

（明）万衣：《万子迂谈》，《四库全书存目丛书》本。

（明）汪循：《汪仁峰先生文集》，《四库全书存目丛书》本。

（明）王鏊：《王鏊集》，上海古籍出版社 2013 年版。

（明）王臬：《迟庵先生集》，《四库未收书辑刊》本。

（明）王樵、王肯堂：《大明律附例笺释》，全国图书馆文献缩微中心 1986 年版。

（明）王琼：《晋溪本兵敷奏》，上海古籍出版社 2018 年版。

（明）王世贞：《弇州续稿》，文渊阁《四库全书》本。

（明）王越：《黎阳王襄敏公疏议诗文辑略》，《四库全书存目丛书》本。

（明）吴瑞谷：《大鄣山人集》，《四库全书存目丛书》本。

（明）吴时来撰，王篆增补：《江防考》，《四库全书存目丛书》本。

（明）徐向梅：《两浙名贤录》，《北京图书馆古籍珍本丛刊》本，书目文献出版社 2000 年版。

（明）薛应旂：《方山薛先生全集》，《续修四库全书》本。

（明）杨廉：《杨文恪公文集》，《续修四库全书》本。

（明）杨慎：《升菴集》，文渊阁《四库全书》本。

（明）姚舜牧：《来恩堂草》，《四库禁毁书丛刊》本。

（明）叶春及：《石洞集》，《明别集丛刊》本。

（明）叶盛：《叶文庄公奏议》，《续修四库全书》本。

（明）于谦：《忠肃集》，文渊阁《四库全书》本。

（明）余子俊：《余肃敏公奏议》，《四库禁毁书丛刊》本。

（明）俞汝楫：《礼部志稿》，文渊阁《四库全书》本

（明）袁黄：《宝坻政书》，《北京图书馆古籍珍本丛刊》本。

（明）张吉：《古城集》，文渊阁《四库全书》本。

（明）张时彻：《芝园定集》，《四库全书存目丛书》本。

（明）张萱：《西园闻见录》，《明代传记丛刊》本，台北明文书局
　　1991年版。

（明）张选：《忠谏静思张公遗集》，《四库全书存目丛书》本。

（明）祝允明：《怀星堂集》，文渊阁《四库全书》本。

（明）邹守义：《邹守益集》，凤凰出版社2007年版。

（清）陈梦雷：《古今图书集成》，中华书局1985年版。

（清）东鲁古狂生：《醉醒石·石点头》，华夏出版社2013年版。

（清）顾祖禹：《读史方舆纪要》，《中国古代地理总志丛刊》本，中
　　华书局2005年版。

（清）谈迁：《枣林杂俎》，中华书局2006年版。

（清）张廷玉等：《明史》，中华书局1974年版。

杨一凡、曲英杰、宋国范点校：《中国珍稀法律典籍集成》，中国社
　　会科学出版社1994年版。

卞利编著：《徽州民间规约文献精编·村规民约卷》，安徽教育出版
　　社2020年版。

二　地方志

（嘉靖）《安吉州志》，《天一阁藏明代方志选刊续编》本，上海书店
　　1990年版。

（嘉靖）《安庆府志》，《四库全书存目丛书》本。

（弘治）《八闽通志》，《北京图书馆古籍珍本丛刊》本。

（嘉靖）《昌乐县志》，明嘉靖刻本。

（崇祯）《长乐县志》，明崇祯十四年刻本。

（嘉靖）《常熟县志》，《江苏历代方志丛书》本，凤凰出版社 2016年版。

（万历）《常山县志》，明万历刻顺治十七年递修刻本。

（万历）《常州府志》，明万历四十六年刻本。

（崇祯）《崇宁县志》，明崇祯十年刻本。

（明）李贤等：《大明一统志》，文渊阁《四库全书》本。

（康熙）《德清县志》，《中国方志丛书》本，成文出版社 1983 年版。

（嘉靖）《东乡县志》，《天一阁藏明代方志选刊续编》本。

（同治）《分宜县志》，清同治十年刻本。

（正德）《姑苏志》，《天一阁藏明代方志选刊》本。

（嘉靖）《广东通志初稿》，《北京图书馆古籍珍本丛刊》本。

（万历）《广东通志》，《四库全书存目丛书》本。

（嘉靖）《广西通志》，《北京图书馆古籍珍本丛刊》本。

（嘉靖）《海宁县志》，清光绪二十四年刻本。

（嘉靖）《汉阳府志》，《天一阁藏明代方志选刊》本，上海古籍书店 1964 年版。

（万历）《汉阳府志》，明万历四十一年刻本。

（成化）《杭州府志》，《四库全书存目丛书》本。

（万历）《杭州府志》，《中国方志丛书》本。

（嘉靖）《河间府志》，《天一阁藏明代方志选刊》本。

（嘉靖）《湖广图经志书》，《日本藏中国罕见地方志丛刊》本，书目文献出版社 1991 年版。

（万历）《湖广总志》，《四库全书存目丛书》本。

（万历）《湖州府志》，《四库全书存目丛书》本。

（正德）《华亭县志》，《南京图书馆藏稀见方志丛刊》本，国家图书馆出版社 2012 年版。

（弘治）《徽州府志》，《天一阁藏明代方志选刊》本。

（万历）《即墨志》，明万历八年刻本。

（正德）《建昌府志》，《天一阁藏明代方志选刊》本。

（万历）《江西省大志》，明万历二十五年刻本。

（万历）《括苍汇纪》，明万历七年刻本。

（嘉靖）《兰阳县志》，《天一阁藏明代方志选刊》本。

（万历）《兰溪县志》，《中国方志丛书》本。

（嘉庆）《溧阳县志》，《中国方志丛书》本。

（崇祯）《闽书》，《四库全书存目丛书》本。

（清）张承先著，程攸熙订，朱瑞熙标点：《南翔镇志》，上海古籍
　　出版社 2003 年版。

（成化）《宁波府简要志》，《四库全书存目丛书》本。

（嘉靖）《宁波府志》，《中国方志丛书》本。

（嘉靖）《宁国府志》，《天一阁藏明代方志选刊》本。

（成化）《重修毗陵志》，《四库全书存目丛书》本。

（天启）《平湖县志》，《天一阁藏明代方志选刊续编》本。

（嘉靖）《浦江志略》，《天一阁藏明代方志选刊》本。

（嘉靖）《秦安志》，《中国西北文献丛书》本，兰州古籍书店 1990
　　年版。

（万历）《青浦县志》，明万历刊本。

（正德）《琼台志》，《天一阁藏明代方志选刊》本。

（乾隆）《山东通志》，文渊阁《四库全书》本。

（同治）《重修上高县志》，清同治九年刻本。

（崇祯）《松江府志》，明崇祯三年刻本。

（嘉靖）《宿州志》，《天一阁藏明代方志选刊》本。

（嘉靖）《太平县志》，《天一阁藏明代方志选刊》本。

（康熙）《新修翁源县志》，《日本藏中国罕见地方志丛刊》本。

《吴兴续志》，《永乐大典方志辑佚》本，中华书局 2004 年版。

（嘉靖）《武义县志》，明正德十六年刻嘉靖三年增刻本。

（咸丰）《武定府志》，《中国地方志集成》本，凤凰出版社 2004 年版。

（嘉靖）《萧山县志》，《天一阁藏明代方志选刊续编》本。

（嘉靖）《新修靖江县志》，《稀见中国地方志汇刊》本，中国书店 1992 年版。

（弘治）《休宁县志》，《北京图书馆古籍珍本丛刊》本。

（嘉靖）《徐州志》，台湾学生书局 1987 年版。

（万历）《严州府志》，明万历六年刊本。

（万历）《兖州府志》，明万历刻本。

（顺治）《阳山县志》，《广东历代方志集成》本，岭南美术出版社 2006 年版。

（万历）《应天府志》，《四库全书存目丛书》本。

（隆庆）《岳州府志》，《天一阁藏明代方志选刊》本。

（天顺）《直隶安庆郡志》，全国图书馆缩微文献复制中心 1992 年版。

三　研究成果

（一）专著

柏桦：《明代州县政治体制研究》，中国社会科学出版社 2003 年版。

曹树基：《中国人口史·第四卷明时期》，复旦大学出版社 2000 年版。

陈宝良：《明代儒学生员与地方社会》，中国社会科学出版社 2005 年版。

杜志明：《明代地方武力与基层社会治安研究》，人民出版社 2021 年版。

高寿仙：《明代农业经济与农村社会》，黄山书社 2006 年版。

高寿仙：《嘤其鸣》，人民出版社 2019 年版。

何朝晖：《明代县政研究》，北京大学出版社 2006 年版。

胡恒：《皇权不下县？——清代县辖政区与基层社会治理》，北京师范大学出版社 2015 年版。

梁方仲编著：《中国历代户口、田地、田赋统计》，上海人民出版社
　　1980 年版。

刘志伟：《贡赋体制与市场》，中华书局 2019 年版。

刘志伟：《在国家与社会之间——明清广东地区里甲赋役制度与乡村
　　社会》（增订版），北京师范大学出版社 2021 年版。

鲁西奇：《中国古代乡里制度研究》，北京大学出版社 2021 年版。

栾成显：《明代黄册研究》，中国社会科学出版社 1998 年版。

瞿同祖著，范忠信等译：《清代地方政府》，法律出版社 2011 年版。

孙继民等：《新发现古籍纸背明代黄册文献复原与研究》，中国社会
　　科学出版社 2021 年版。

唐文基：《明代赋役制度史》，中国社会科学出版社 1991 年版。

王毓铨：《王毓铨集》，中国社会科学出版社 2006 年版。

王毓铨：《王毓铨史论集》，中华书局 2005 年版。

吴滔：《国事家事——〈致身录〉与吴江黄溪史氏的命运》，北京师
　　范大学出版社 2021 年版。

谢湜：《高乡与低乡——11—16 世纪江南区域历史地理研究》，生
　　活·读书·新知三联书店 2015 年版。

薛理禹：《明代保甲制研究》，中国社会科学出版社 2019 年版。

赵克生：《明代国家礼制与社会生活》，中华书局 2012 年版。

赵克生：《明代嘉靖时期国家祭礼改制》，社会科学文献出版社 2006
　　年版。

赵世瑜：《小历史和大历史：区域社会史的理念、方法和实践》，生
　　活·读书·新知三联书店 2006 年版。

赵秀玲：《中国乡里制度》，社会科学文献出版社 1998 年版。

赵轶峰：《明代的变迁》，生活·读书·新知三联书店 2008 年版。

郑丞良：《南宋明州先贤祠研究》，上海古籍出版社 2013 年版。

耿元骊：《唐宋乡村社会与国家经济关系研究》，中国社会科学出版
　　社 2021 年版。

［美］詹姆斯·C. 斯科特著，田雷译：《作茧自缚——人类早期国家

的深层历史》，中国政法大学出版社 2022 年版。

［日］栗林宣夫：《里甲制の研究》，东京文理书院 1971 年版。

［日］山根幸夫：《明代徭役制度の展开》，东京女子大学学会 1966
年版。

［日］伍躍：《明清時代の徭役制度と地方行政》，大阪经济法科大
学出版部 2000 年版。

［日］小山正明：《明清社会経済史研究》，东京大学出版会 1992
年版。

［日］岩见宏：《明代徭役制度の研究》，京都同朋舍 1986 年版。

［日］岩井茂树著，付勇译：《中国近代财政史研究》，社会科学文
献出版社 2011 年版。

［日］檀上宽：《明朝专治支配の史的构造》，汲古书院 1995 年版。

刘俊文主编：《日本学者研究中国史论著选译》第 6 卷《明清》，中
华书局 1993 年版。

［日］鹤见尚弘、吴滔、陈永福编：《日本学者明清赋役制度史研
究》，中西书局 2023 年版。

（二）论文

柏桦：《明清府县正佐官地位之变化述》，《河北学刊》2019 年第
1 期。

陈梧桐：《朱元璋推行乡饮酒礼述论》，《北京联合大学学报（人文
社会科学版）》2013 年第 2 期。

丁亮、赵毅：《明代浙江杂办银收支结构与"均平法"改革》，《中
国史研究》2016 年第 1 期。

丁亮：《市场与徭役：明代地方政府的财政流通机制探论》，《中国
经济史研究》2021 年第 5 期。

丁亮：《在徭役与市场之间：明代徽州府上供物料的派征与审编》，
《中山大学学报（社会科学版）》2019 年第 4 期。

丁亮：《走向一条鞭法的努力：征一法与明代南直隶的均徭役改
革》，《故宫博物院院刊》2019 年第 10 期。

杜志明：《明代民壮层级管理体制初探》,《前沿》2014 年第 Z4 期。

冯玉荣：《明伦、公议、教化——明末清初明伦堂与江南地方社会》,
《史林》2008 年第 2 期。

高寿仙：《财竭商罄：晚明北京的"公私困惫"问题——以〈宛署
杂记〉资料为中心的考察》,《北京联合大学学报（人文社会科学
版）》2010 年第 4 期。

高寿仙：《关于明朝的籍贯与户籍问题》,《北京联合大学学报（人
文社会科学版）》2013 年第 1 期。

耿洪利：《明初小黄册中寄庄户初探》,《中国经济史研究》2020 年
第 3 期。

胡恒：《清代江南佐杂分防与市镇管理献疑》,载刘昶、陆文宝主编
《水乡江南——历史与文化论集》,上海古籍出版社 2014 年版。

胡恒：《司的设立与明清广东基层行政》,《清史研究》2015 年第
2 期。

李媛：《弘治初年祀典厘正论初探》,《东北师大学报（哲学社会科
学版）》2008 年第 2 期。

林丽月：《俎豆宫墙：乡贤祠与明清的基层社会》,见黄宽重主编
《中国史新论：基层社会分册》,台北联经出版有限公司 2009
年版。

鲁西奇：《父老：中国古代乡村的"长老"及其权力》,《北京大学
学报（哲学社会科学版）》2022 年第 3 期。

马奏旦：《从军事到财政：明代中后期民壮的功能转变》,《聊城大
学学报（社会科学版）》2022 年第 6 期。

牛建强：《地方先贤祭祀的展开与明清国家权力的基层渗透》,《史
学月刊》2013 年第 4 期。

［日］山根幸夫：《关于明代里长职责的考察》,《东方学》1952 年
第 3 期。

宋坤、张恒：《明洪武三年处州府小黄册的发现及意义》,《历史研
究》2020 年第 3 期。

王彬、刘闪闪：《明朝申明亭制度的法律功能研究——以里老人主持理讼为视角》，《哈尔滨师范大学社会科学学报》2021 年第 3 期。

王泉伟：《明代县巡捕官初探》，《江苏警官学院学报》2010 年第 5 期。

王泉伟：《试论明代的巡检司》，《史学月刊》2006 年第 3 期。

武乾：《官治夹缝中的自治：明清江南市镇的非正式政体》，《法学》2013 年第 12 期。

谢湜：《十五至十六世纪江南粮长的动向与高乡市镇的兴起——以太仓璜泾赵市为例》，《历史研究》2008 年第 5 期。

徐泓：《从"军七民三"到"军三民七"和"官三民七"：明代广东的筑城运动》，《中国地方志》2018 年第 1 期。

杨艳秋：《明代的以礼化俗及礼向基层的渗透——明洪武朝乡饮酒礼考察》，《第四届世界儒学大会学术论文集》，文化艺术出版社 2011 年版。

尹敏志：《静嘉堂藏宋刊明印本〈汉书〉纸背文书初探——以洪武三年浙江试行黄册为中心》，《文史》2023 年第 2 期。

尹敏志：《论洪武初年浙江里甲的外役户——以静嘉堂文库藏〈汉书〉纸背文书为中心》，《社会科学论坛》2023 年第 3 期。

张海英：《明清江南市镇的行政管理》，《学术月刊》2008 年第 7 期。

张海英：《明清政府对基层管理的路径分析——以江南地区的"佐贰官"为视角》，唐力行主编：《江南社会历史评论》（第二十一期），商务印书馆 2022 年版。

张研：《清代市镇管理初探》，《清史研究》1999 年第 1 期。

赵克生：《明代地方庙学中的乡贤祠与名宦祠》，《中国社会科学院研究生院学报》2005 年第 1 期。

王泉伟：《明代州县僚属与幕友研究》，博士学位论文，南开大学，2014 年。

后　记

　　本书呈现的内容是作者近年来研究思考的一些心得，也是指导研究生科研写作过程中集体智慧的结晶。全书共由三章组成，每章分为两到三篇相对独立的文章，具体分工如下：

　　第一章由丁亮独立撰写完成；

　　第二章由张会会独立撰写完成；

　　第三章由王洁同学初步撰写，由丁亮扩充、完善撰写成章。

　　本书的出版得到辽宁师范大学历史文化学院中国史一级学科博士点建设经费的资助。本书从构思到写作、出版均得到院长李玉君、党委书记杨智国等领导以及各位同仁的鼎力支持。研究生查思扬在史料的搜集、整理方面贡献颇多，研究生于永波、陈紫婷不辞辛苦完成本书的校对工作，在此一并提出感谢。感谢责任编辑宋燕鹏编审对本书出版的辛苦付出。书中部分篇章曾以论文的形式发表，感谢文章写作过程中给予我宝贵修改意见的各位老师、编辑同志和外审专家。

　　本书也是国家社会科学基金"贡赋经济视角下明代地方财政流通机制研究"（项目批准号21BZS064）和国家社科基金后期资助项目"明代浙直地区乡贤祠传研究"（项目批准号21FZSB062）的阶段性研究成果。

　　敬请各位读者专家批评指正。

丁亮　张会会

2023 年 12 月于大连